GRIDS

G847 Grids : soluções criativas para designers gráficos / [organizado pelos] Editores da Rotovision ; revisão técnica Charles de Castro Vincent ; tradução Edson Furmankiewicz. – Porto Alegre : Bookman, 2009.
224 p. : il. color. ; 23 cm + CD

ISBN 978-85-7780-541-9

1. Projeto gráfico. 2. Tipografia. 3. Artes gráficas. 4. Grids.
I. Rotovision.

CDU 655.26

Catalogação na publicação: Renata de Souza Borges CRB-10/1922

GRIDS

Soluções Criativas para Designers Gráficos

Tradução:

Edson Furmankiewicz

Revisão técnica:

Charles de Castro Vincent
Doutor pela FAU-USP
Professor pesquisador da FAU-Mackenzie

bookman®

2009

Obra originalmente publicada sob o título
Grids: Creative Solutions for Graphic Designers

ISBN 978-2-88893-001-3

Design: *Studio Ink*

Fotografia para a Introdução: *Andrew Penketh*

Tutoriais de grid: *Tony Seddon*

Capa: *Rogério Grilho*

Leitura final: *Verônica de Abreu Amaral*

Preparação de original: *Mariana Belloli*

Supervisão editorial: *Elisa Viali*

Editoração eletrônica: *Techbooks*

Av. Jerônimo de Ornelas, 670 – Santana
90040-340 – Porto Alegre – RS
Fone: (51) 3027-7000 Fax: (51) 3027-7070

SÃO PAULO
Av. Angélica, 1.091 – Higienópolis
01227-100 – São Paulo – SP
Fone: (11) 3665-1100 Fax: (11) 3667-1333

SAC 0800 703-3444

IMPRESSO NA CINGAPURA
PRINTED IN SINGAPORE

CD e tutoriais

Os grids apresentados neste livro estão incluídos no CD nos formatos InDesign e QuarkXPress. Para localizar o grid que você deseja utilizar, procure o nome do arquivo que corresponde ao número da página em que o grid aparece no livro.

Além desse recurso útil, seis tutoriais que introduzem o leitor ao processo do design de um grid foram criados exclusivamente para este livro e estão disponíveis para download no site da Bookman (www.bookman.com.br). Para baixá-los, acesse o site, procure pelo livro **Grids**, clique no link **Conteúdo Online** ao lado da imagem da obra e preencha o cadastro de cliente. Depois de realizado o cadastro, insira seu CPF e sua senha. Você será direcionado a uma página que contém o link para download dos tutoriais. Se você preferir baixar os tutoriais em inglês, acesse:

www.rotovision.com/gridstutorials.

Medidas

Todas as medidas são fornecidas em milímetros ou pontos. Se você preferir trabalhar com polegadas, a maior parte dos aplicativos fornece essa opção na paleta de medidas.

Sumário

Introdução

O assunto grids é bem complicado para os designers gráficos. Embora a maioria de nós adore grids, temos medo de revelar certo formalismo ou, pior ainda, alguma tendência despótica; assim, levamos nossa vida menosprezando e venerando, ao mesmo tempo, o grid. Precisamos parecer despreocupados com ele, mas de uma maneira que os outros profissionais não pensem que nosso nível de trabalho com grids é inferior.

O problema é, em parte, de associação. Um grid geralmente é uma rígida série de linhas retas horizontais e verticais; logo, se você se interessa por grids significa que é "rígido" sob outros aspectos também? Este livro pretende mostrar que não é a noção de grid que importa, mas sim a mão que cria, o cérebro que calcula e o olho perspicaz que explora essas estruturas invisíveis.

Um grid de design gráfico é quase como uma mágica (algumas vezes você a percebe, outras não) composta de conjuntos de linhas que se cruzam e que ajudam o designer a decidir onde colocar os elementos, mas geralmente ninguém mais vê. As vantagens do uso de grids são muitas, variando de aspectos psicológicos a funcionais e, naturalmente, estéticos. O grid personifica todas as contradições com que os designers se confrontam. Esse é o enigma extremamente pessoal do designer que pode elevar a abordagem do design ao nível de uma ciência e erradicar o bloco criativo preenchendo "virtualmente" a página em branco.

O que é um grid?

Um grid subdivide uma página vertical e horizontalmente em margens, colunas, espaços entre colunas, linhas de texto e espaços entre blocos de texto e imagens. Essa subdivisão forma a base de uma abordagem modular e sistemática ao layout, sobretudo para documentos com várias páginas, tornando o processo de design mais rápido e garantindo a coerência visual entre páginas relacionadas.

No nível mais básico, os tamanhos das partes componentes de um grid são determinados pela facilidade de leitura e manuseio. As decisões sobre tamanhos de fonte, mancha e tamanho do papel baseiam-se tanto na fisiologia e na psicologia da percepção quanto na estética. Em geral, o corpo, ou tamanho da fonte, é determinado pela hierarquia – legendas menores que o corpo do texto etc. –, a largura das colunas pelo número ideal de oito a dez palavras por linha e o layout geral pela necessidade de agrupar itens relacionados. Tudo isso parece bastante formalista – e fácil. Mas os

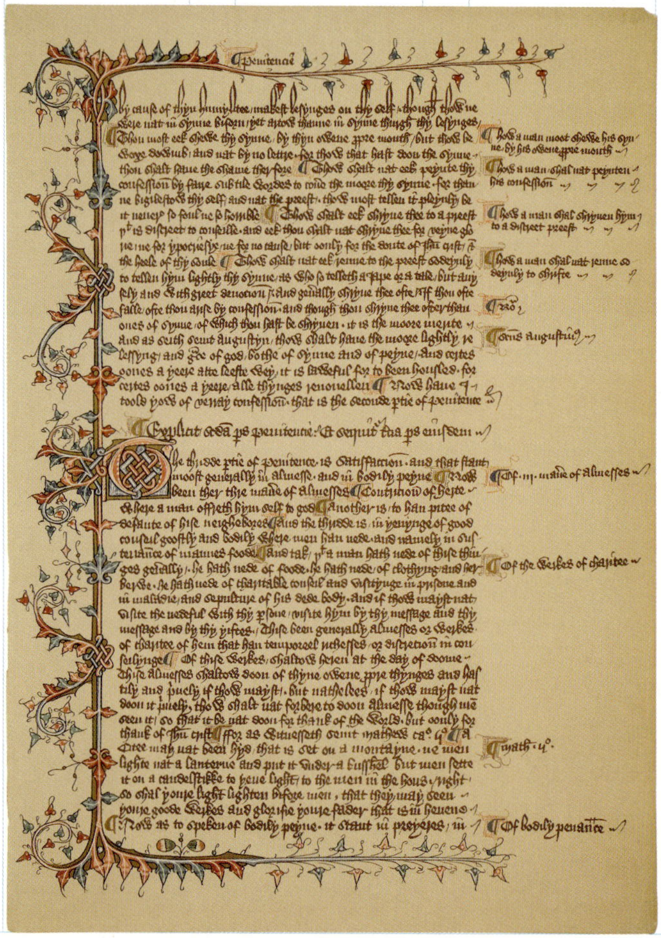

Esquerda
Este é um fac-símile de um manuscrito inglês do século XIV. O layout geral é assimétrico e, por isso, surpreendentemente moderno. A coluna principal está alinhada à esquerda da página, com uma grande margem direita utilizada para notas. Todo o texto é caligráfico e alinhado à esquerda.

designers cujos grids produzem resultados dinâmicos ou muito sutis utilizam essas regras apenas como um ponto de partida para desenvolver estruturas flexíveis que expressem sua sensibilidade.

Os primeiros cinco séculos

Filósofos e linguistas argumentam que algo só existe nas nossas mentes se tiver um nome e se houver uma língua com a qual discuti-lo. Antes de meados do século XX não se falava sobre *design gráfico* e *grids*. Uma vez nomeados, surgiram estruturas de grid complexas compreendendo múltiplas colunas, campos, grids de linhas de base etc. como nunca antes visto, mas isso não significa que os designers ou seus predecessores – artistas comerciais, tipógrafos e copistas – não tinham pensando sobre conteúdo, proporção, espaço e forma.

Mesmo antes da fotocomposição e da impressão havia textos disponíveis para leitura. Esses textos eram religiosos e criados por especialistas em caligrafia. As páginas eram surpreendentemente modernas, frequentemente utilizando mais de uma coluna, com o texto alinhado à esquerda e cores e variações no tamanho de letra para dar ênfase. Assim como os primeiros carros eram semelhantes a carroças, as primeiras páginas impressas tinham uma aparência visual derivada dos manuscritos. Porém, ao longo do tempo uma diferença básica foi introduzida – o alinhamento justificado. Os espaços entre as palavras no texto contínuo eram ajustados em cada linha para que as colunas se alinhassem à direita e à esquerda. Embora os manuscritos fossem simétricos se vistos como páginas duplas (spreads), o alinhamento à direita os tornava essencialmente assimétricos. Com o alinhamento justificado, seguiram-se 450 anos de simetria e somente no século XX essa convenção foi verdadeiramente desafiada.

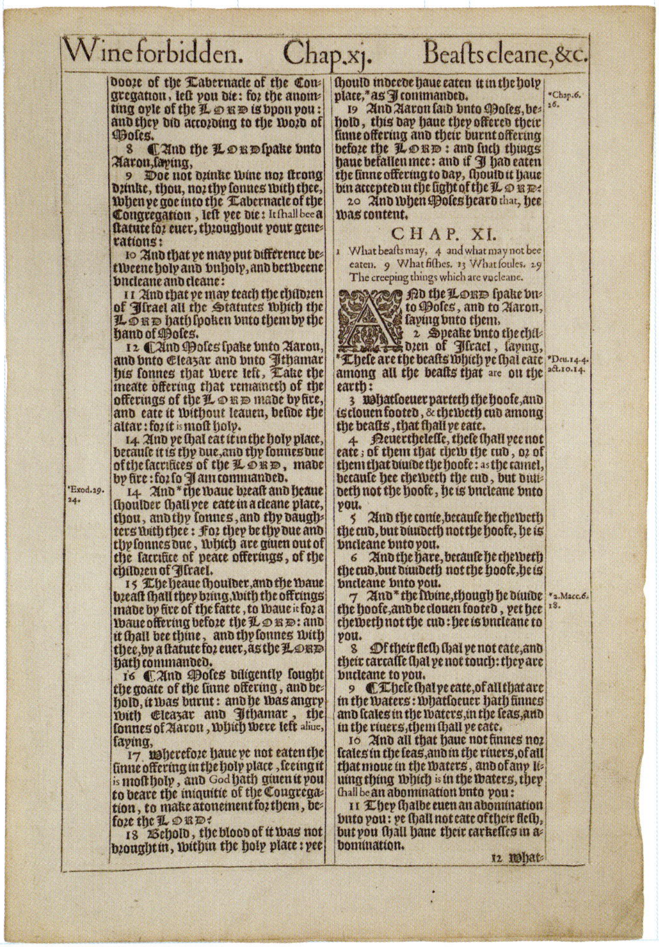

Wine forbidden. Chap.xj. Beaſts cleane, &c.

dooꝛe of the Tabernacle of the Con-
gregation, leſt you die: foꝛ the anoin-
ting oyle of the LORD is vpon you:
and they did accoꝛding to the woꝛd of
Moſes.
8 And the LORD ſpake vnto
Aaron, ſaying,
9 Doe not dꝛinke wine noꝛ ſtrong
dꝛinke, thou, noꝛ thy ſonnes with thee,
when ye goe into the Tabernacle of the
Congregation, leſt yee die: It ſhall bee a
ſtatute foꝛ euer, thꝛoughout your gene-
rations:
10 And that ye may put difference be-
tweene holy and vnholy, and betweene
vncleane and cleane:
11 And that ye may teach the childꝛen
of Iſrael all the Statutes which the
LORD hath ſpoken vnto them by the
hand of Moſes.
12 And Moſes ſpake vnto Aaron,
and vnto Eleazar and vnto Ithamar
his ſonnes that were left, Take the
meate offering that remaineth of the
offerings of the LORD made by fire,
and eate it without leauen, beſide the
altar: foꝛ it is moſt holy.
14 And ye ſhal eat it in the holy place,
becauſe it is thy due, and thy ſonnes due
of the ſacrifices of the LORD, made
by fire: foꝛ ſo I am commanded.
*Exod.29. 24. 14 And * the waue bꝛeaſt and heaue
ſhoulder ſhall yee eate in a cleane place,
thou, and thy ſonnes, and thy daugh-
ters with thee: Foꝛ they be thy due and
thy ſonnes due, which are giuen out of
the ſacrifice of peace offerings, of the
childꝛen of Iſrael.
15 The heaue ſhoulder, and the waue
bꝛeaſt ſhall they bꝛing, with the offrings
made by fire of the fatte, to waue it foꝛ a
waue offering befoꝛe the LORD: and
it ſhall bee thine, and thy ſonnes with
thee, by a ſtatute foꝛ euer, as the LORD
hath commanded.
16 And Moſes diligently ſought
the goate of the ſinne offering, and be-
hold, it was burnt: and he was angry
with Eleazar and Ithamar, the
ſonnes of Aaron, which were left aliue,
ſaying,
17 Wherefoꝛe haue ye not eaten the
ſinne offering in the holy place, ſeeing it
is moſt holy, and God hath giuen it you
to beare the iniquitie of the Congrega-
tion, to make atonement foꝛ them, be-
foꝛe the LORD?
18 Behold, the blood of it was not
bꝛought in, within the holy place: yee
ſhould indeede haue eaten it in the holy
place, * as I commanded. *Chap.6. 26.
19 And Aaron ſaid vnto Moſes, be-
hold, this day haue they offered their
ſinne offering and their burnt offering
befoꝛe the LORD: and ſuch things
haue befallen mee: and if I had eaten
the ſinne offering to day, ſhould it haue
bin accepted in the ſight of the LORD?
20 And when Moſes heard that, hee
was content.

CHAP. XI.

1 What beaſts may, 4 and what may not bee
eaten. 9 What fiſhes. 13 What foules. 29
The creeping things which are vncleane.

AND the LORD ſpake vn-
to Moſes, and to Aaron,
ſaying vnto them,
2 Speake vnto the chil-
dꝛen of Iſrael, ſaying,
* These are the beaſts which ye ſhal eate *Deu.14.4.
among all the beaſts that are on the act.10.14.
earth:
3 Whatſoeuer parteth the hoofe, and
is clouen footed, & cheweth cud among
the beaſts, that ſhall ye eate.
4 Neuertheleſſe, theſe ſhall yee not
eate; of them that chew the cud, oꝛ of
them that diuide the hoofe: as the camel,
becauſe hee cheweth the cud, but diui-
deth not the hoofe, he is vncleane vnto
you.
5 And the conie, becauſe he cheweth
the cud, but diuideth not the hoofe, he is
vncleane vnto you.
6 And the hare, becauſe he cheweth
the cud, but diuideth not the hoofe, he is
vncleane vnto you.
7 And * the ſwine, though he diuide *2.Macc.6. 18.
the hoofe, and be clouen footed, yet hee
cheweth not the cud: hee is vncleane to
you.
8 Of their fleſh ſhal ye not eate, and
their carcaſſe ſhal ye not touch: they are
vncleane to you.
9 These ſhal ye eate, of all that are
in the waters: whatſoeuer hath finnes
and ſcales in the waters, in the ſeas, and
in the riuers, them ſhall ye eate.
10 And all that haue not finnes noꝛ
ſcales in the ſeas, and in the riuers, of all
that moue in the waters, and of any li-
uing thing which is in the waters, they
ſhall be an abomination vnto you:
11 They ſhalbe euen an abomination
vnto you: ye ſhall not eate of their fleſh,
but you ſhall haue their carkeſſes in a-
bomination.

12 What-

Esquerda
Embora derivado de formas caligráficas, na verdade, esse texto foi tipografado. Extraída da Bíblia inglesa do final do século XVI, essa página mostra como os impressores rapidamente adotaram a simetria. O texto está justificado e as duas colunas estão simetricamente alinhadas na página, com as notas laterais também alinhadas de acordo com um eixo central.

Proporção e geometria

Da invenção da imprensa (meados do século XV) à Revolução Industrial (final do século XVIII), o livro foi o principal produto da impressão. Exceto no caso de versos, o texto era geralmente composto em uma coluna justificada por página individual, alinhado simetricamente no conjunto de duas páginas duplas com as margens externas sendo maiores que as internas e uma margem maior no rodapé do que na parte superior. Porém, assim como cada decisão tomada em arte minimalista tem grande peso, também eram de grande importância os relacionamentos relativos desses poucos elementos na página. As proporções dessas páginas e margens eram determinadas pela geometria, preocupada com a relação dos pontos, linhas, superfícies e corpos sólidos entre si em vez de em relação a suas medidas.

Há muitas construções geométricas que podem produzir uma bela página, mas a proporção áurea é normalmente citada como a mais bem-sucedida. Por ser uma forma derivada da geometria, ela pode ser desenhada com um esquadro e um compasso – nenhuma medida é exigida. Para os que gostam de entender medidas, a relação entre o maior e o menor lado de um retângulo áureo é 1:1,618. Muitos designers contemporâneos acham esse coeficiente aparentemente irregular um tanto caótico, mas outros pensam que, basicamente, a sequência de números tem propriedades quase mágicas. Somando o comprimento do maior e do menor lado, é possível chegar à próxima medida na sequência, que fornece um retângulo maior com as mesmas proporções. Isso também funciona inversamente para criar um retângulo menor.

Somar dois números para encontrar o próximo em uma série também é a base da progressão de números da sequência de Fibonacci, cujo nome vem do matemático italiano do século XIII, que primeiro a identificou em muitas formas naturais, desde os arranjos de pétalas até espirais de conchas marinhas. Uma combinação da proporção áurea com a sequência de Fibonacci (1, 1, 2, 3, 5, 8, 13 etc.) era frequentemente utilizada para determinar a proporção geral da página e das margens do livro clássico.

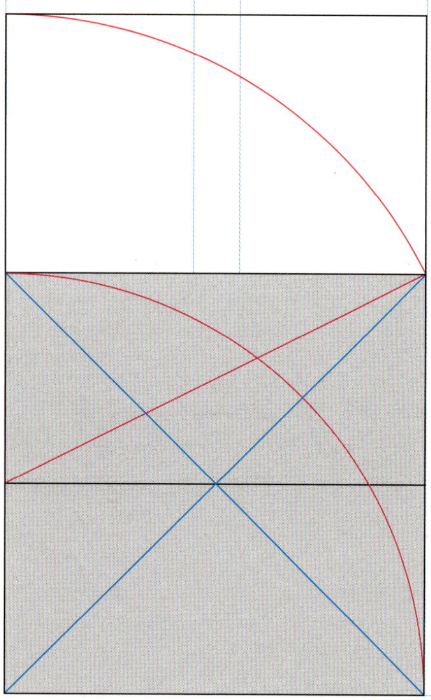

Esquerda
Este diagrama mostra como desenhar um retângulo com base na proporção áurea utilizando apenas um esquadro e um compasso. As proporções resultantes são consideradas as mais agradáveis esteticamente. Comece utilizando um esquadro para desenhar um ângulo reto. Posicione um compasso em um canto e desenhe um arco para chegar a um quadrado, então desenhe uma linha horizontal no centro. Utilize o compasso para ligar os dois pontos mostrados e completar o retângulo.

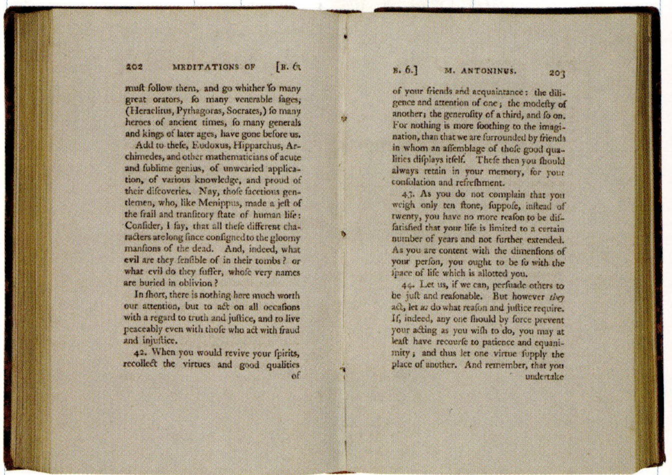

202 MEDITATIONS OF [B. 6.

muſt follow them, and go whither ſo many great orators, ſo many venerable ſages, (Heraclitus, Pythagoras, Socrates,) ſo many heroes of ancient times, ſo many generals and kings of later ages, have gone before us.

Add to theſe, Eudoxus, Hipparchus, Archimedes, and other mathematicians of acute and ſublime genius, of unwearied application, of various knowledge, and proud of their diſcoveries. Nay, thoſe facetious gentlemen, who, like Menippus, made a jeſt of the frail and tranſitory ſtate of human life: Conſider, I ſay, that all theſe different characters are long ſince conſigned to the gloomy manſions of the dead. And, indeed, what evil are they ſenſible of in their tombs? or what evil do they ſuffer, whoſe very names are buried in oblivion?

In ſhort, there is nothing here much worth our attention, but to act on all occaſions with a regard to truth and juſtice, and to live peaceably even with thoſe who act with fraud and injuſtice.

42. When you would revive your ſpirits, recollect the virtues and good qualities of

B. 6.] M. ANTONINUS. 203

of your friends and acquaintance: the diligence and attention of one; the modeſty of another; the generoſity of a third, and ſo on. For nothing is more ſoothing to the imagination, than that we are ſurrounded by friends in whom an aſſemblage of thoſe good qualities diſplays itſelf. Theſe then you ſhould always retain in your memory, for your conſolation and refreſhment.

43. As you do not complain that you weigh only ten ſtone, ſuppoſe, inſtead of twenty, you have no more reaſon to be diſſatisfied that your life is limited to a certain number of years and not further extended. As you are content with the dimenſions of your perſon, you ought to be ſo with the ſpace of life which is allotted you.

44. Let us, if we can, perſuade others to be juſt and reaſonable. But however *they* act, let *us* do what reaſon and juſtice require. If, indeed, any one ſhould by force prevent your acting as you wiſh to do, you may at leaſt have recourſe to patience and equanimity; and thus let one virtue ſupply the place of another. And remember, that you undertake

Acima
Este conjunto de páginas duplas das Meditações de Marco Aurélio Antonino, publicadas em 1792, utiliza a proporção áurea para determinar a área de texto e a sequência de Fibonacci para chegar às medidas relativas de margem (margem interna, 3 unidades; margens superior e externa, 5 unidades; margem inferior, 8 unidades). A medianiz é tratada como o eixo central e há uma coluna de texto. As margens externas e inferiores são maiores do que as margens internas e superiores. Esses ajustes ópticos fazem com que o texto não ultrapasse a parte inferior da página.

Os cem anos seguintes

A Revolução Industrial marcou o início da economia baseada no capital, tendo a produção em massa no seu núcleo. Nascia o design gráfico, embora ainda não tivesse esse nome. A função do design gráfico era transmitir diferentes mensagens a uma quantidade cada vez maior de pessoas alfabetizadas. O crescimento da produção impressa foi fenomenal – pôsteres, folhetos, publicidade de todo tipo, jornais, calendários e todas as formas do design baseadas na informação. De repente, os designs começaram a competir pela atenção. As imagens, primeiro na forma de gravuras e depois fotografias, precisavam ser incorporadas a uma crescente variedade de fontes de título. Tipógrafos altamente experientes e intelectualizados permaneceram firmes no setor de livros, enquanto tipógrafos e compositores profissionais esforçavam-se para organizar esse vasto material para o qual o livro clássico não era um precedente útil.

No final do século XIX, artistas e pensadores identificaram isso como um problema que precisava ser resolvido. Embora o trabalho artístico produzido por William Morris e o movimento Artes e Ofícios possa parecer bem diferente daquele do modernismo, Artes e Ofícios foi seu precursor em um aspecto importante. Morris acreditava que forma e função estavam inextricavelmente entrelaçadas. Ocorrendo quase paralelamente a essas ideias estavam os experimentos cubistas revolucionários de Picasso e Braque,

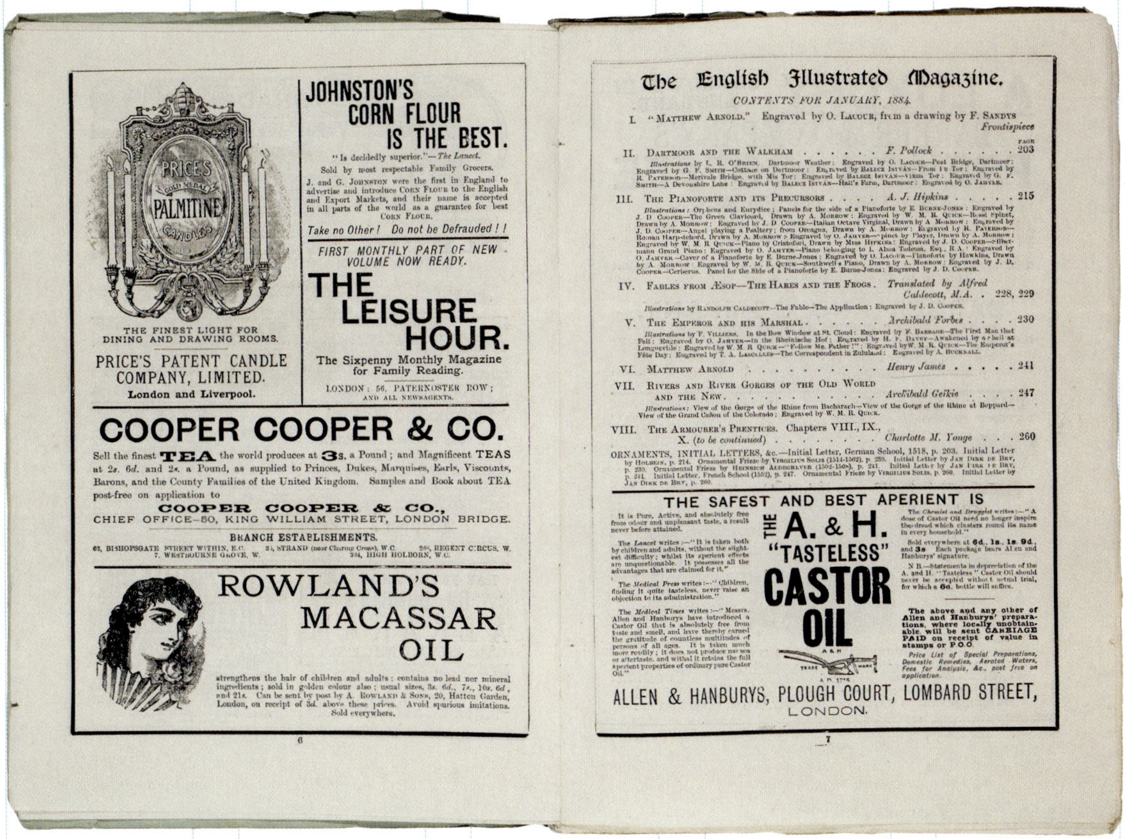
JOHNSTON'S CORN FLOUR IS THE BEST.

"Is decidedly superior."—*The Lancet.*

Sold by most respectable Family Grocers.

J. and G. JOHNSTON were the first in England to advertise and introduce CORN FLOUR to the English and Export Markets, and their name is accepted in all parts of the world as a guarantee for best CORN FLOUR.

Take no Other! Do not be Defrauded!!

THE FINEST LIGHT FOR DINING AND DRAWING ROOMS.

PRICE'S PATENT CANDLE COMPANY, LIMITED.
London and Liverpool.

FIRST MONTHLY PART OF NEW VOLUME NOW READY.

THE LEISURE HOUR.

The Sixpenny Monthly Magazine for Family Reading.

LONDON: 56, PATERNOSTER ROW; AND ALL NEWSAGENTS.

COOPER COOPER & CO.

Sell the finest TEA the world produces at 3s. a Pound; and Magnificent TEAS at 2s. 6d. and 2s. a Pound, as supplied to Princes, Dukes, Marquises, Earls, Viscounts, Barons, and the County Families of the United Kingdom. Samples and Book about TEA post-free on application to

COOPER COOPER & CO.,
CHIEF OFFICE—50, KING WILLIAM STREET, LONDON BRIDGE.

BRANCH ESTABLISHMENTS.
63, BISHOPSGATE STREET WITHIN, E.C. 35, STRAND (near Charing Cross), W.C. 268, REGENT CIRCUS, W.
7, WESTBOURNE GROVE, W. 334, HIGH HOLBORN, W.C.

ROWLAND'S MACASSAR OIL

strengthens the hair of children and adults; contains no lead nor mineral ingredients; sold in golden colour also; usual sizes, 3s. 6d., 7s., 10s. 6d., and 21s. Can be sent by post by A. ROWLAND & SONS, 20, Hatton Garden, London, on receipt of 3d. above these prices. Avoid spurious imitations. Sold everywhere.

6

The English Illustrated Magazine.

CONTENTS FOR JANUARY, 1884.

I. "MATTHEW ARNOLD." Engraved by O. LACOUR, from a drawing by F. SANDYS — *Frontispiece*

			PAGE
II.	DARTMOOR AND THE WALKHAM	*F. Pollock*	203
III.	THE PIANOFORTE AND ITS PRECURSORS	*A. J. Hipkins*	215
IV.	FABLES FROM ÆSOP—THE HARES AND THE FROGS	*Translated by Alfred Caldecott, M.A.*	228, 229
V.	THE EMPEROR AND HIS MARSHAL	*Archibald Forbes*	230
VI.	MATTHEW ARNOLD	*Henry James*	241
VII.	RIVERS AND RIVER GORGES OF THE OLD WORLD AND THE NEW	*Archibald Geikie*	247
VIII.	THE ARMOURER'S PRENTICES. Chapters VIII., IX., X. (*to be continued*)	*Charlotte M. Yonge*	260

Illustrations (II) by L. R. O'BRIEN. Dartmoor Weather: Engraved by O. LACOUR—Post Bridge, Dartmoor: Engraved by G. F. SMITH—Cottage on Dartmoor: Engraved by BALECZ ISTVÁN—From Iu Tor: Engraved by R. PATERSON—Merivale Bridge, with Mis Tor: Engraved by BALECZ ISTVÁN—Vixen Tor: Engraved by G. F. SMITH—A Devonshire Lane: Engraved by BALECZ ISTVÁN—Hall's Farm, Dartmoor: Engraved by O. JAHYER.

Illustrations (IV) by RANDOLPH CALDECOTT—The Fable—The Application: Engraved by J. D. COOPER.

Illustrations (VII): View of the Gorge of the Rhine from Bacharach—View of the Gorge of the Rhine at Boppard—View of the Grand Cañon of the Colorado: Engraved by W. M. R. QUICK.

ORNAMENTS, INITIAL LETTERS, &c.—Initial Letter, German School, 1518, p. 203. Initial Letter by HOLBEIN, p. 214. Ornamental Frieze by VIRGILIUS SOLIS (1514-1562), p. 230. Initial Letter by JAN DIRK DE BRY, p. 230. Ornamental Frieze by HEINRICH ALDEGREVER (1502-1508), p. 241. Initial Letter by JAN DIRK DE BRY, p. 241. Initial Letter, French School (1552), p. 247. Ornamental Frieze by VIRGILIUS SOLIS, p. 260. Initial Letter by JAN DIRK DE BRY, p. 260.

THE SAFEST AND BEST APERIENT IS THE A. & H. "TASTELESS" CASTOR OIL

It is Pure, Active, and absolutely free from odour and unpleasant taste, a result never before attained.

The *Lancet* writes:—"It is taken both by children and adults, without the slightest difficulty; whilst its aperient effects are unquestionable. It possesses all the advantages that are claimed for it."

The *Medical Press* writes:—"Children, finding it quite tasteless, never raise an objection to its administration."

The *Medical Times* writes:—"Messrs. Allen and Hanburys have introduced a Castor Oil that is absolutely free from taste and smell, and have thereby earned the gratitude of countless multitudes of persons of all ages. It is taken much more readily; it does not produce nausea or aftertaste, and withal it retains the full aperient properties of ordinary pure Castor Oil."

The *Chemist and Druggist* writes:—"A dose of Castor Oil need no longer inspire the dread which clusters round its name in every household."

Sold everywhere at 6d., 1s., 1s. 9d., and 3s. Each package bears Allen and Hanburys' signature.

N.B.—Statements in depreciation of the A. and H. "Tasteless" Castor Oil should never be accepted without actual trial, for which a 6d. bottle will suffice.

The above and any other of Allen and Hanburys' preparations, where locally unobtainable, will be sent CARRIAGE PAID on receipt of value in stamps or P.O.O.

Price List of Special Preparations, Domestic Remedies, Aerated Waters, Fees for Analysis, &c., post free on application.

ALLEN & HANBURYS, PLOUGH COURT, LOMBARD STREET, LONDON.

7

Esquerda
O design como o conhecemos nasceu em parte em resposta à Revolução Industrial. Como mostra este conjunto de páginas duplas da English Illustrated Magazine de 1884, os designs começaram a competir pela atenção. A confusão visual resultante poderia ter certo encanto, mas esses layouts aleatórios eram confusos e muitas vezes inacessíveis. Os designers contemporâneos consideravam isso um problema a resolver e começaram a explorar diferentes abordagens teóricas nos seus trabalhos.

que exploravam a representação de formas tridimensionais sobre planos bidimensionais, produzindo resultados cada vez mais abstratos. Artistas, e depois designers, foram influenciados por essas obras e, como resultado, fizeram uma reavaliação da composição.

Os primeiros movimentos artísticos do século XX – futurismo, dadaísmo, surrealismo, construtivismo, suprematismo e expressionismo – também influenciaram o desenvolvimento do grid. Os artistas estavam unidos em torno da tentativa de representar uma nova era industrial exemplificada pela velocidade das viagens e pela comunicação mais rápida. Eles reconheceram a força da palavra e romperam com toda a tradição gráfica anterior utilizando textos em ângulos conflitantes ou em curvas; introduzindo variação extrema no corpo das fontes; utilizando formas de letras desenhadas e abstratas; e, de modo geral, ignorando a natureza vertical e horizontal do texto. Pela primeira vez, o espaço foi utilizado como um componente dinâmico do layout tipográfico. O etos que fundamenta esse trabalho era a antítese da abordagem racional e lógica implícita no grid. O rompimento tão resoluto com o passado, porém, abriu as portas a De Stijl, à Bauhaus e a tipógrafos como Herbert Bayer e Jan Tschichold, que exigiam que alguma ordem fosse imposta sobre aquilo que parecia um caos.

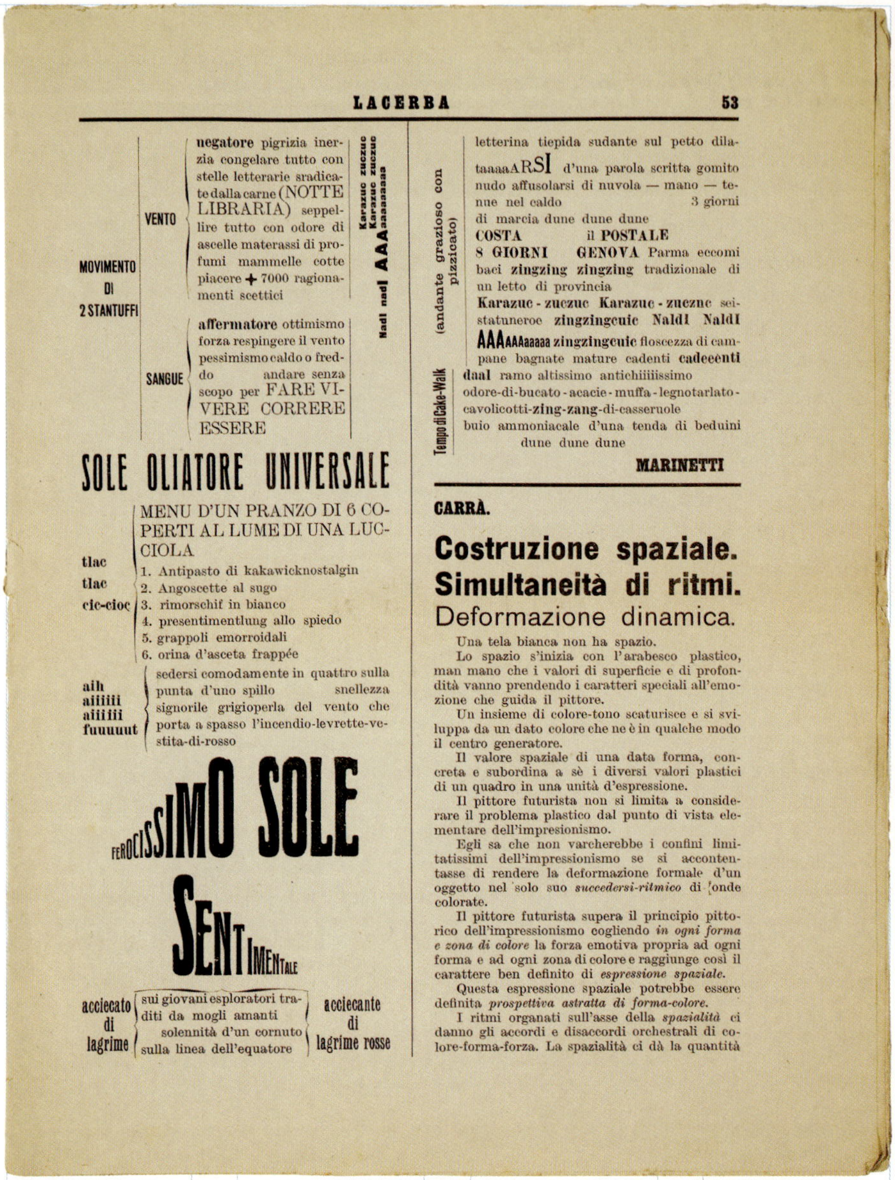

LACERBA 53

MOVIMENTO DI 2 STANTUFFI

VENTO — **negatore** pigrizia inerzia congelare tutto con stelle letterarie sradicate dalla carne (NOTTE LIBRARIA) seppellire tutto con odore di ascelle materassi di profumi mammelle cotte piacere + 7000 ragionamenti scettici

SANGUE — **affermatore** ottimismo forza respingere il vento pessimismo caldo o freddo andare senza scopo per FARE VIVERE CORRERE ESSERE

Karazuc zuczuc Karazuc zuczuc Nadl nadl AAAaaaaaaaaa

SOLE OLIATORE UNIVERSALE

MENU D'UN PRANZO DI 6 COPERTI AL LUME DI UNA LUCCIOLA

tlac tlac cic-cioc

1. Antipasto di kakawicknostalgin
2. Angoscette al sugo
3. rimorschif in bianco
4. presentimentlung allo spiedo
5. grappoli emorroidali
6. orina d'asceta frappée

aih aiiiiii aiiiiii fuuuuut — sedersi comodamente in quattro sulla punta d'uno spillo snellezza signorile grigioperla del vento che porta a spasso l'incendio-levrette-vestita-di-rosso

FEROCISSIMO SOLE SENTIMENTALE

acciecato di lagrime — sui giovani esploratori traditi da mogli amanti solennità d'un cornuto sulla linea dell'equatore — acciecante di lagrime rosse

(andante grazioso con pizzicato)

letterina tiepida sudante sul petto dilataaaaARSI d'una parola scritta gomito nudo affusolarsi di nuvola — mano — tenue nel caldo 3 giorni di marcia dune dune dune **COSTA** il **POSTALE** 8 **GIORNI GENOVA** Parma eccomi baci **zingzing zingzing** tradizionale di un letto di provincia **Karazuc - zuczuc Karazuc - zuczuc** seistatuneroe **zingzingcuic Naldl Naldl AAAAAAaaaaa zingzingcuic** floscezza di campane bagnate mature cadenti **cadeeenti**

Tempo di Cake-Walk

daal ramo altissimo antichiiiiiissimo odore-di-bucato-acacie-muffa-legnotarlato-cavolicotti-**zing-zang**-di-casseruole buio ammoniacale d'una tenda di beduini dune dune dune

MARINETTI

CARRÀ.

Costruzione spaziale. Simultaneità di ritmi.

Deformazione dinamica.

Una tela bianca non ha spazio.

Lo spazio s'inizia con l'arabesco plastico, man mano che i valori di superficie e di profondità vanno prendendo i caratteri speciali all'emozione che guida il pittore.

Un insieme di colore-tono scaturisce e si sviluppa da un dato colore che ne è in qualche modo il centro generatore.

Il valore spaziale di una data forma, concreta e subordina a sè i diversi valori plastici di un quadro in una unità d'espressione.

Il pittore futurista non si limita a considerare il problema plastico dal punto di vista elementare dell'impresionismo.

Egli sa che non varcherebbe i confini limitatissimi dell'impressionismo se si accontentasse di rendere la deformazione formale d'un oggetto nel solo suo *succedersi-ritmico* di onde colorate.

Il pittore futurista supera il principio pittorico dell'impressionismo cogliendo *in ogni forma e zona di colore* la forza emotiva propria ad ogni forma e ad ogni zona di colore e raggiunge così il carattere ben definito di *espressione spaziale*.

Questa espressione spaziale potrebbe essere definita *prospettiva astratta di forma-colore*.

I ritmi organati sull'asse della *spazialità* ci danno gli accordi e disaccordi orchestrali di colore-forma-forza. La spazialità ci dà la quantità

Acima

Esta é página de um número da revista futurista Lacerba, publicada em 1914. Rompendo com as abordagens anteriores de layout e design, os primeiros movimentos artísticos do século XX influenciaram o desenvolvimento do grid.

O trabalho artístico era, muitas vezes, intencionalmente caótico, mas à medida que as regras antigas foram rompidas, um sistema novo e mais racional teve espaço para se desenvolver.

De Stijl, Bauhaus e Jan Tschichold

Em 1917, o arquiteto, designer e pintor holandês Theo van Doesburg fundou o movimento De Stijl. A importância desse movimento para o grid é que ele explorou a forma como determinada pela função e colocou essa ideia dentro de um contexto político. Argumentando que a simplicidade da forma era acessível e democrática, os membros desse movimento defendiam o minimalismo, utilizando apenas formas retilíneas e erradicando toda decoração superficial que não fosse derivada de uma paleta de cores limitada: as cores primárias mais preto e branco. Os tipógrafos afiliados ao De Stijl quiseram aplicar essas ideias ao mundo real, não apenas à sua causa artística. Designers como Piet Zwart e Paul Schuitema utilizaram esses princípios para produzir anúncios comerciais e materiais publicitários.

A Bauhaus foi fundada em Weimar, Alemanha, em 1919, tendo o arquiteto Walter Gropius como seu diretor. Ele acreditava que a arquitetura, as artes gráficas, o desenho industrial, a pintura, a escultura etc. estavam inter-relacionados e tinham um impacto profundo sobre o desenvolvimento da tipografia e do design gráfico muito antes de os nazistas forçarem o fechamento dessa escola na década de 30. Em um período de tempo surpreendentemente curto, os artistas gráficos uniram habilidades analíticas a formas abstratas para chegar a designs produzidos em massa determinados tanto pelo idealismo político como por um desejo de autoexpressão. Em 1925, Herbert Bayer foi indicado a dirigir a nova oficina de impressão e publicidade. Ele prestou atenção aos detalhes tipográficos, testando uma paleta tipográfica limitada, a fim de alcançar uma melhor clareza visual e páginas facilmente navegáveis.

No final das décadas 20 e 30, o tipógrafo Jan Tschichold estabeleceu seus princípios tipográficos em dois livros seminais: *The New Typography* (1928) e *Asymmetric Typography* (1935). O trabalho de Tschichold era mais refinado do que a maioria dos trabalhos que o precederam. Ele escreveu sobre a consistência tipográfica como um precursor necessário ao entendimento, descreveu os designers como engenheiros e defendeu de maneira convincente a assimetria como um princípio central do modernismo. Era a maneira lógica de organizar o texto que é lido da esquerda para a direita e produzia soluções mais "naturais" em vez de "formalistas" para os novos desafios de design do que o classicismo, com seu eixo central forçado. Em seu trabalho, Tschichold explorou sutis alinhamentos horizontais e verticais e utilizou uma variedade limitada de família, corpo e peso de fontes.

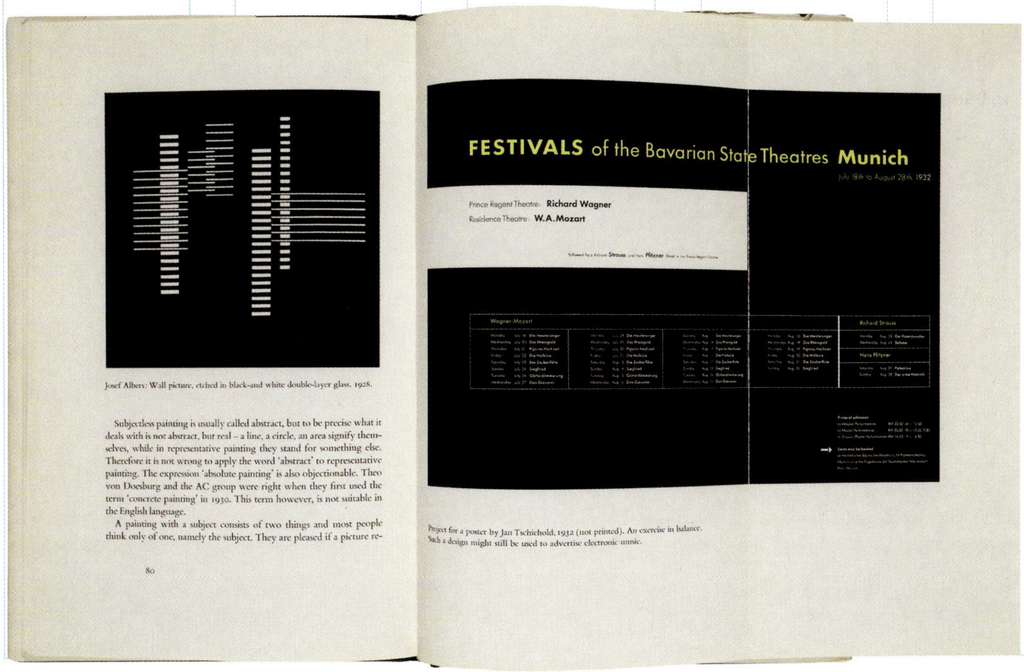

Esquerda

Este conjunto de páginas duplas com uma folha desdobrável foi extraído do trabalho seminal de Tschichold, Asymmetric Typography, originalmente publicado em 1935. Nele, Tschichold argumenta que a consistência tipográfica é um precursor necessário ao entendimento e descreve os designers como engenheiros. Mesmo assim, seu trabalho era esteticamente refinado e dinâmico. Aqui, ele explica o paralelo entre arte abstrata e layout tipográfico.

Grid e tipografia suíça

Os primeiros modernistas exploraram o layout, o espaço e a escala. Eles trataram dos benefícios da democratização da produção em massa e, na medida do possível, utilizavam o idioma da ciência como uma arte. Defendiam a consistência e o minimalismo como uma marca de confiança do design e de maior acessibilidade. Durante a Segunda Guerra Mundial, e nas décadas seguintes, essas ideias se transformaram em um manifesto de design coerente com um novo recurso de design no seu centro – o grid.

Grid e tipografia suíça são sinônimos. A Suíça permaneceu neutra na Segunda Guerra Mundial. Isso não apenas atraiu vários intelectuais refugiados, incluindo designers como Jan Tschichold, como manteve a maioria das atividades depois da guerra em ritmo normal e evitou o racionamento de suprimentos como tinta e papel. Além disso, as publicações precisavam ser especificadas em três idiomas oficiais – francês, alemão e italiano –, o que demandava uma abordagem modular, utilizando estruturas de várias colunas.

Vários artistas/designers suíços, mais notavelmente Max Bill e Richard Paul Lohse, exploraram formas sistemáticas nas suas pinturas paralelamente ao design gráfico, enquanto os designers gráficos Emil Ruder e Josef Müller-Brockmann escreviam textos educativos explicando o que eram os grids e como utilizá-los. Eles abordaram o assunto com grande rigor, argumentando apaixonadamente que o "design integral" exigia estruturas que unissem todos os elementos tanto no design em 2D como no design em 3D: texto, imagens, diagramas e o próprio espaço. Apesar de seu entusiasmo por ordem e exatidão, eles entendiam o valor da intuição artística.

"Nenhum sistema de coeficientes, independentemente da engenhosidade, pode substituir a decisão do tipógrafo de como um valor deve estar relacionado a outro. O tipógrafo precisa fazer todos os esforços para ensinar seu sentido de proporção. Ele precisa conhecer intuitivamente quando a tensão entre várias coisas é tão grande que coloca a harmonia em risco. Mas ele também precisa saber como evitar relacionamentos que não têm uma tensão suficiente, uma vez que resultam em monotonia."
Emil Ruder, *Typography*

O grid e a filosofia de design do qual ele é parte foram criticados por colocar o designer narcisista no centro da solução e gerar soluções formalistas mecanicistas, inacessíveis e rígidas. Mas para Ruder, Müller-Brockmann e muitos outros designers, desde então, o grid era a resposta natural a um problema de design. Era também uma metáfora da condição humana, sendo encontrada em todas as áreas de atividade humana.

"Assim como na natureza, sistemas de ordem regem o crescimento e estruturam a matéria animada e inanimada; portanto, a própria atividade humana, desde os tempos mais remotos, foi diferenciada pela busca da ordem... O desejo de trazer ordem à confusão inquietante das aparências reflete uma necessidade humana profunda."
Josef Müller-Brockmann, *Grid Systems in Graphic Design*

Direita
A engenhosidade do sistema de tamanhos de papel "A" é útil para designers interessados em abordagens modulares. Para os modernistas, trabalhar com tamanhos de papel padrão é mais econômico e contempla a produção em massa. Mas para designers que desejam fraudar o sistema, há inúmeras maneiras de subdividir os tamanhos das folhas para criar os mais variados formatos.

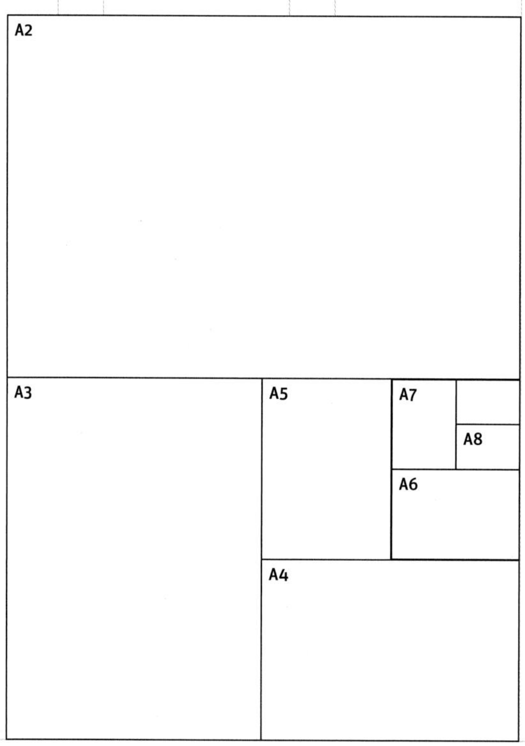

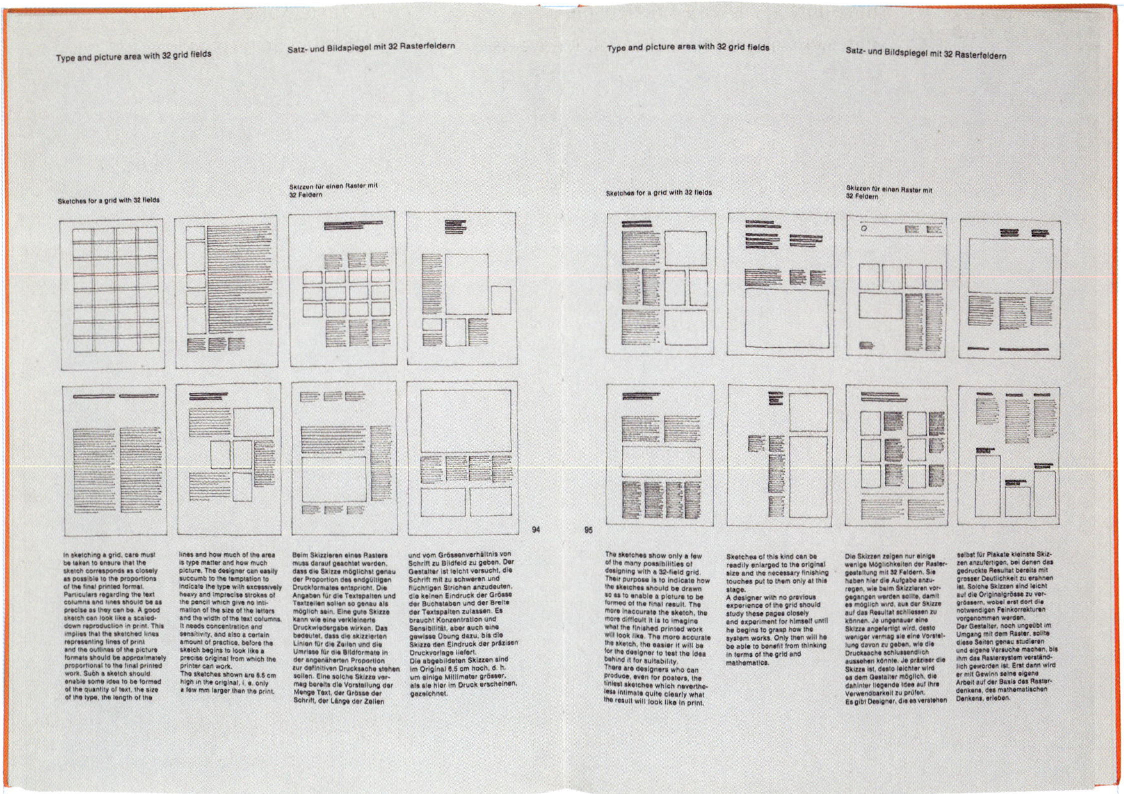

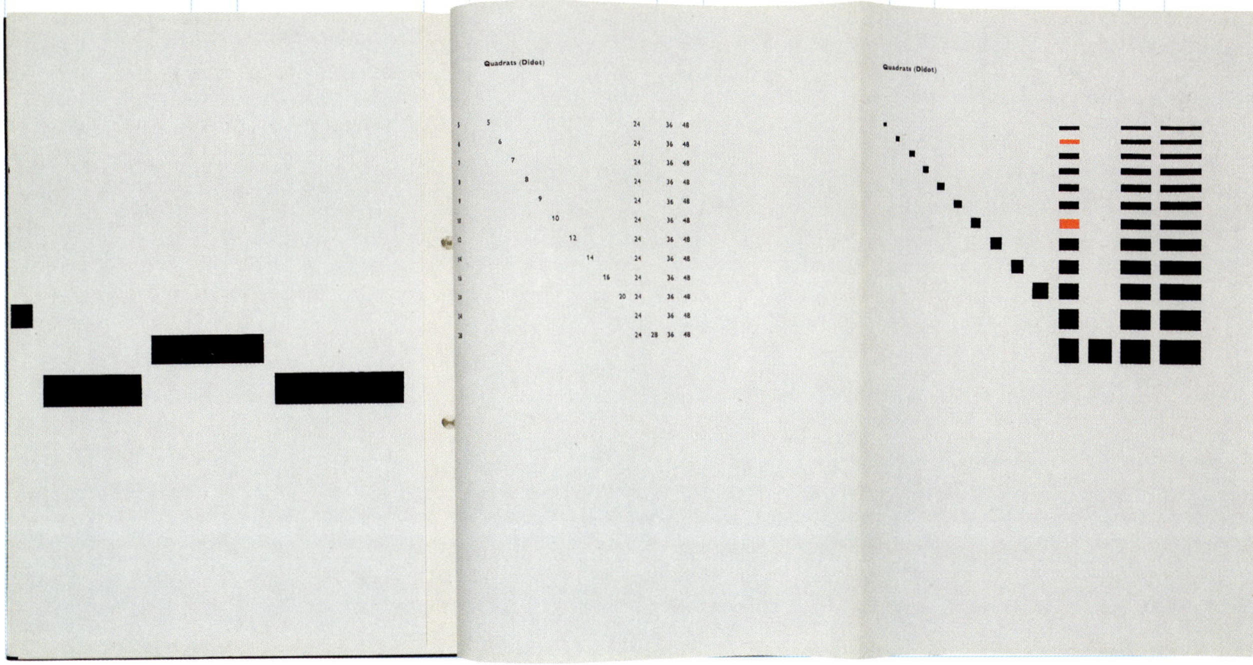

Esquerda

Vários designers suíços do pós-guerra são os expoentes mais conhecidos do grid. Este conjunto de páginas espelhadas é do Grid Systems in Graphic Design, *de Josef Müller-Brockmann, no qual ele explica, em detalhes meticulosos, como grids de múltiplas colunas e baseados em campos podem ser utilizados de modo flexível para alcançar vários diferentes layouts em trabalhos 2D e 3D.*

Abaixo

Este conjunto de páginas duplas com uma folha desdobrável extraído de Typographic Norms, *de Anthony Froshaug, publicado em 1964, explora os sistemas de medidas modulares que estavam no centro da tipografia e do design gráfico da época e que formam a base de muitas estruturas de grid de hoje.*

Grids e matemática

A diferença entre os grids da maneira como os conhecemos e os layouts de página do passado está na maior flexibilidade e destreza matemática. Isso começa com a consideração do formato e termina com grids de linha de base, para os quais as linhas muitas vezes são subdivididas em unidades tão pequenas quanto 2 pt. O computador facilitou a maior precisão dos grids, e os grids contemporâneos subdividem a página em pequenas partes que podem ser combinadas de várias maneiras que continuam a assegurar a coesão no design. As pequenas colunas são ligadas para criar colunas mais largas, os números das unidades de linha de base são ligados para criar campos etc.

O grid de Karl Gerstner para o periódico *Capital*, criado em 1962, muitas vezes ainda é citado como um tipo de grid próximo da perfeição no que tange a sua engenhosidade matemática. A menor unidade no grid de Gerstner, ou matriz, é 10pt – a medida entre uma linha de base e outra do texto. A área principal para texto e imagens é um quadrado, com uma área acima dos títulos e títulos correntes. Sua perspicácia reside na subdivisão do quadrado em 58 unidades iguais em ambas as direções. Se todos os espaços entre as colunas tivessem duas unidades, seria então possível uma estrutura de duas, três, quatro, cinco ou seis colunas sem resto na divisão.

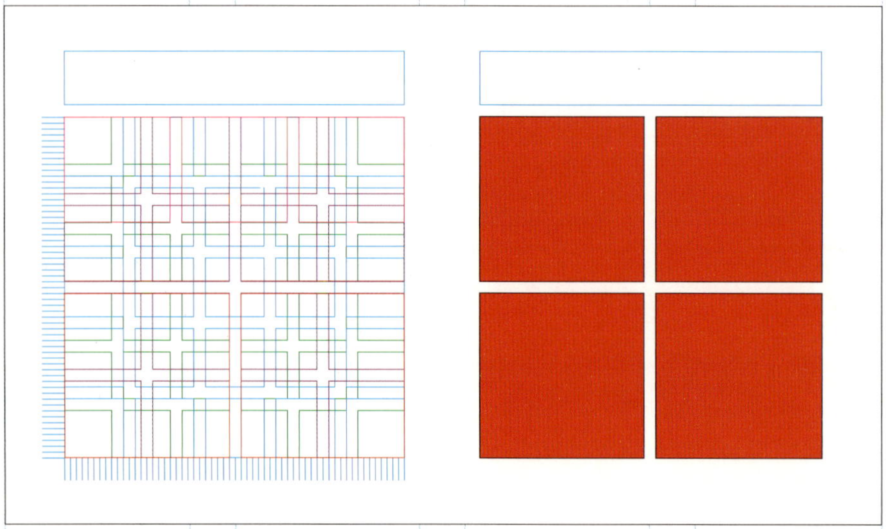

Acima
O grid de 1962 do designer suíço Karl Gerstner para o periódico Capital *é quase perfeito. Sua unidade, tanto horizontal como verticalmente, tinha 10 pt – a medida entre uma linha de base e outra do corpo do texto. A área do texto tinha um quadrado de 58 unidades. Permitindo espaços entre as colunas, isso dava aos grids de Gerstner duas, três, quatro, cinco e seis colunas e campos.*

O grid tornou-se visível

Geralmente, os grids só se tornam visíveis por meio do uso, mas alguns designers mostraram o funcionamento da máquina de design gráfico para demonstrar que o grid é não apenas útil, mas também belo. Uma vez visível, a precisão do grid funciona como uma evidência da credibilidade do design, e a pureza da sua forma tem um desenho místico.

O designer holandês Wim Crouwel explorou a aplicação do design sistemático nos Países Baixos durante as décadas de 50 e 60. Sua identidade para a exposição Vormgevers no Stedelijk Museum, em Amsterdã, em 1968, utilizou um grid exposto no layout dos pôsteres e catálogos que também era a base do texto. Em 1990, o número 7 do influente periódico *Octavo*, do estúdio 8vo, utilizou grids com coordenadas, como mapas, em cada conjunto de páginas

Direita
O designer holandês Wim Crouwel é conhecido por sua exploração e experimentação com grids. Neste pôster para a exposição Vormgevers, em 1968, ele tornou o grid visível. Esse recurso formou então a base não apenas do layout, mas também do texto.

espelhadas. O *Octavo* chamava seu método de trabalho de "engenharia visual".

"Para criar coisas, você tem de ser capaz de descrevê-las. O ato da especificação exige uma definição bem precisa da estrutura de um design. Ele coloca o design de alguém sob intenso escrutínio em termos de estrutura e processo lógico. Muito diferente do ambiente de 'arrastar e soltar' da tela dos computadores, onde suficientemente próximo muitas vezes é suficientemente bom."
Mark Holt e **Hamish Muir**, *8vo: On the Outside*

O designer Astrid Stavro levou essa concepção um estágio à frente. Inspirados em um conjunto diverso de grids, desde a Bíblia de Gutenberg até o jornal *The Guardian*, os GRID-IT notepads de Stavro celebram o grid normalmente invisível do design gráfico na sua forma mais purista – embora visível, ela simplesmente não é utilizada. Talvez possamos ver isso como um sinal de que os designers não se preocupam mais em ser um pouco formais ou despóticos.

Esquerda
Depois de começar o projeto do periódico Octavo, os designers do estúdio 8vo o editaram entre meados da década de 80 e início dos anos 90. O design frequentemente explorava abordagens sistemáticas e modulares, mas, no número 7, os designers optaram por revelar seus métodos fornecendo as coordenadas do grid, como um mapa, e imprimindo-a como um fundo em cada página.

Acima
O designer italiano Astrid Stavro trabalhou no projeto Grid-it! Notepads enquanto estudava no Royal College of Art de Londres. A intenção é celebrar a noção de grid em sua forma pura. Cada bloco de notas mostra um grid diferente. Eles vão desde os clássicos de Müller-Brockmann e Tschichold, à Bíblia de Gutenberg e ao The Guardian. *[Fotógrafo: Mauricio Salinas]*

Catálogos, folhetos & brochuras

The Chartered Society of Designers
Annual Review & Summary Financial Statements
for the year ended 31/12/04

Below The voice of the Society—our magazine, *The Designer* issues 21 to 24

it will be firmly established within the design sector, increasing in regularity.

The Designer Now at issue number 24 the magazine has moved on from being the voice of the Society to having also developed a following in its own right. The most recent issue shows a confidence in tackling design sector issues that impact upon business and the community in discussing the demise of one of the UK's leading automotive manufacturers with a history of design innovation.

Over the past 2 years—contrary to the norm—the costs for the magazine have been reduced by good management and generous sponsorship. It was never the intention that the magazine should be dependent on advertising revenue but recently this has increased as the title becomes more prominent. More importantly are the partnerships and affinity marketing opportunities being exploited by the magazine. These are seeing members benefit from special offers on books, events and subscriptions and the Society as a whole benefiting from favourable costs on many of its activities.

The title is now becoming a valuable asset and will be protected over the coming years. Contrary to original thoughts of outsourcing the magazine to a contract publisher, the Society will continue to produce the *The Designer* in-house and exploit it to further CSD strategy and initiatives.

Design Sector Relationships For many years the Society was forced to withdraw from joint initiatives in the design sector due to lack of funds. It was often the case that the Society generously funded projects that some members deemed questionable and of little real value to the membership.

Our current financial strength, imaginative and relevant initiatives in education and practice and potential sector influence sees CSD once again as a focus of attention. Over the past few years the Society has focussed its attention on servicing its members and developing a strategy for long term growth and influence in a global design economy. In order to follow through this strategy we will remain selective as to the relationships, collaborations and projects we enter into.

The focus for the next 2 years will be relationships with education as part of our overall recruitment policy of younger members. However, we will maintain the qualities the Society is well known for, those of promoting professional practice and quality in design education.

The Society is currently developing bespoke courses/workshops for graduate members in collaboration with The Cultural Industries Development Agency (CIDA). These will be aimed at those starting out in their chosen career and instilling best practice at the earliest possible stage.

Now in its 5th year, *Free Range* is a programme set up to support and promote new creatives. This major annual event showcases the work of art & design courses from all over the country bringing the very best of the nation's graduates together in a festival of exhibitions.

Graduate work, from across the disciplines, is exhibited by the numerous colleges involved, from art and design to photography and interiors. In addition to the event, the work of thousands of exhibitors is showcased in the official *Free Range* catalogue and website.

Next year's event will see the first collaboration with CSD and this will provide an ideal opportunity to recruit Graduate members, promote course accreditation and enhance further CSD's educational profile.

The development of the Design Association will also allow us to build strong relationships with a diverse range

8

CSD ANNUAL REVIEW & SUMMARY FINANCIAL STATEMENTS 2004 9

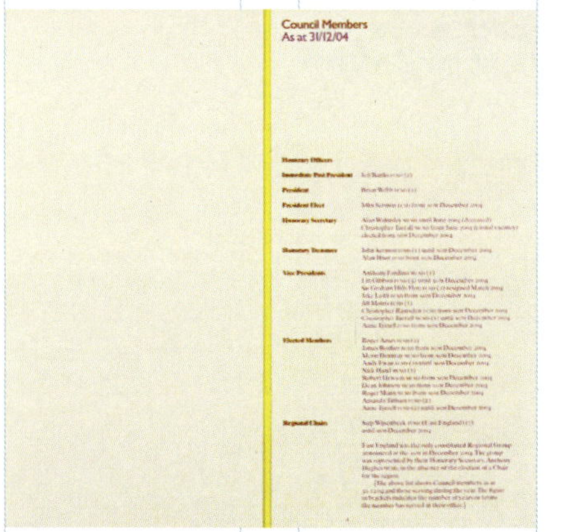

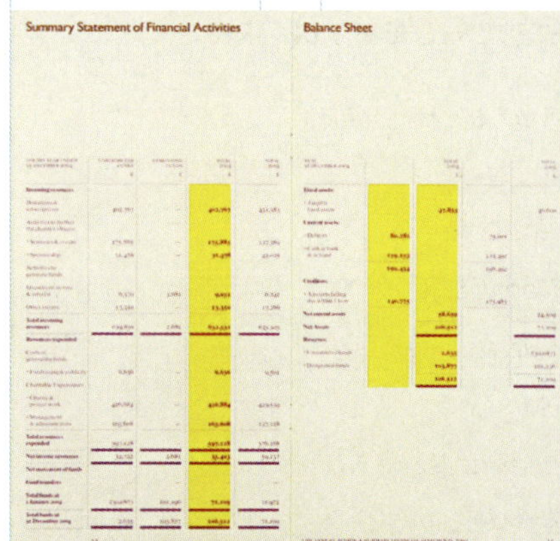

RELATÓRIO ANUAL DE 2004 DA CSD

Design: Brad Yendle, Design Typography

O estúdio Design Typography encontrou inspiração para essa publicação anual de 24 páginas nas capas dos livros SUNschrift de Karel Marten dos anos 70 e 80. As capas de Marten foram impressas em duas cores, criando uma terceira cor por meio de impressão sobreposta. Os designers desse estúdio costumam afirmar que a necessidade é a mãe da invenção – aqui, Brad Yendle introduziu essa técnica não apenas para tornar visível a estrutura da página, mas também para dar vida à fotografia vazia e pouco coerente fornecida. Yendle descreve seu grid como razoavelmente padrão – quatro colunas com uma margem superior maior do que a média – mas, introduzindo os blocos coloridos deslocados, ele simultaneamente quebra o grid e reforça a clareza do seu design.

ESPECIFICAÇÕES DO GRID

Tamanho da página (refilado)	150 x 297 mm
Margem superior	7 mm
Margem inferior	15 mm
Margem externa	7 mm
Margem interna	7 mm
Número de colunas	4
Largura da medianiz	4 mm
Extras	Grid de linhas de base, 12 pt iniciando em 87,2 mm

ISLINGTON
Islington has long been known as one of London's most fashionable and stylish boroughs. It draws its vibrant character from around the world and there is a real sense of community in this thriving and prosperous area. Home to some of the most diverse shopping in London, it offers unrivalled choice.
THE BUSINESS DESIGN CENTRE
Crafted by CARROT.

L'ÉCOLE
L'ÉCOLE

L'ÉCOLE
Available January 2007
CARROT

L'ÉCOLE
L'École, a former Victorian schoolhouse and architectural landmark, located on the northern fringes of Islington, has been crafted into 52 spacious apartments by Carrot. L'École consists of two buildings, a sympathetic conversion of the Victorian schoolhouse and a contemporary new building. The two buildings sit side by side, designed in unison and working together to create a distinctive development where 21st-century technology is mixed with classic Victorian elegance. The development embodies Carrot's philosophy of creating individually crafted spaces with a modern style, whilst retaining a warm, sensuous feel.

ESPECIFICAÇÕES DO GRID

Tamanho da página (refilado)	330 x 310 mm
Margem superior	25 mm
Margem inferior	18 mm
Margem externa	25 mm
Margem interna	15 mm
Número de colunas	8
Largura da medianiz	5 mm
Extras	Grid de linhas de base, 21,5 pt iniciando em 35,7 mm

CATÁLOGO DA L'ÉCOLE

Design: Brad Yendle, Design Typography

A l'École, uma antiga escola no norte de Londres, foi reformulada por Carrot e transformada em um conjunto de apartamentos. O edifício foi reformado em várias fases, assim, os designers Brad Yendle e Zoë Bather foram solicitados a desenvolver um sistema flexível que pudesse ser facilmente atualizado e ampliado ao longo do tempo. Esse requisito permeou todos os aspectos do design. A publicação contém folhas soltas e uma encadernação espiral. Além de prática, é extremamente funcional – o estúdio Design Typography e seu cliente queriam que a publicação refletisse o detalhamento do projeto e não fosse considerada uma revista promocional e previsível. O grid baseia-se em oito pequenas colunas que podem ser utilizadas em diferentes combinações para acomodar texto, imagens, mapas, plantas e diagramas.

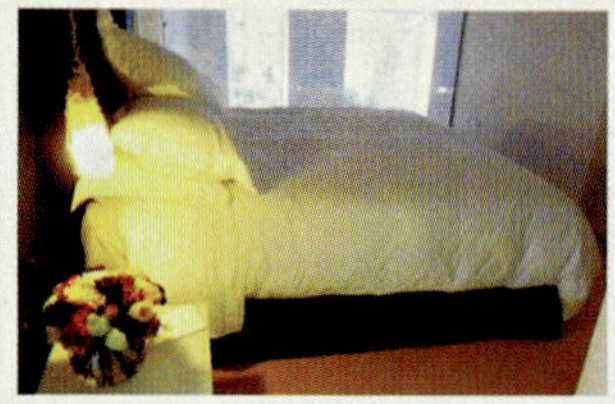

Contemporary architecture and spacious layouts dominate the feel of the new build apartments at L'École. Building in a U-shape around the communal courtyard garden has given the development a real sense of community.

The Winter Gardens add a unique focal feature to the front elevation, providing a fabulous enclosed glass space all year round, offering seclusion and serenity in this bustling London borough.

At the top of the buildings sit the stunning penthouses, whose abundant use of glass ensures they are always flooded with light. The penthouse lifestyle offered at L'École is one of true indulgence – whilst relaxing on the terrace, one can enjoy panoramic views across Islington.

Crafted by CARROT.

KITCHENS
- Individual Swedish-designed black high-gloss 'Kvanum' kitchens combined with white 'Corian' worktops
- Fully integrated 'Siemens' appliances: dishwasher, fridge freezer, ceramic hob, oven & extractor hood

BATHROOMS
- Underfloor electric heating
- 'Porcelanosa' porcelain floor & wall tiles in 'Cube Nature'

BEDROOMS
- Bespoke floor to ceiling wardrobes in master bedrooms
- Satellite TV point
- Telephone socket
- Wall lights
- Carpets

GENERAL
- Oak wide-board floors
- Fully wired for home entertainment system installation

SPECIFICATION

Throughout L'École, detail and finish are second to none and this is synonymous with the Carrot brand and concept. Each L'École apartment is individually crafted by Carrot with precise attention to detail using high-quality materials to the highest level of specification.

Crafted by CARROT.

Q – WHERE IS L'ÉCOLE SITUATED?

A – JUST 2 STOPS AWAY FROM PARIS ON THE EUROSTAR

ALL THAT YOU WILL EVER NEED…

Whether it is a theatre, university, museum, green space, antique shop or good transport links that you need, living at L'École will ensure that it is right on your doorstep.

1 King's Cross St Pancras, Eurostar
2 Arsenal, Highbury Fields, Metropolitan University
3 Upper Street, N1 Shopping Centre, Business Design Centre, Almeida Theatre, Antiques Arcade
4 Sadler's Wells Theatre, Exmouth Market, Clerkenwell
5 The City, St Paul's
6 Camden Passage Market
7 Hampstead Heath
8 Tate Modern, London Eye
9 Regent's Park
10 2012 Olympic Site

CARROT® Carrot Limited is a niche property developer specialising in bespoke residential and mixed use schemes in city centres – creating inspiring urban homes which focus on space and design quality.

Carrot was formed in 2001 by Tim Carr. Tim has been in the Central London property business since 1975, by way of estate agencies and consultancy, with a particular dexterity in acting for developers and house builders in acquisitions, site disposal and marketing.

Prior to setting up Carrot, Tim co-founded CYZ. For the past 12 years his management of CYZ has ensured that it has built a reputation as a 'class act' in urban regeneration and warehouse conversions, notably in Clerkenwell, London.

Tim founded Urban Construction Management Ltd (UCM) in 2001, the construction company for all Carrot projects. This relationship ensures a tighter control of the cost and management of the construction process, allowing Carrot to exercise 'hands-on' control of its schemes. Since formation, UCM have consistently delivered projects on budget and to planned timescales.

Central London is Carrot's core market. However Bristol in the South West, where Carrot is already developing, has been identified as having similar regeneration potential and market characteristics, allowing the Company's expertise to be fruitfully applied in a new city.

For more information about L'École and other developments, please contact Charlotte Steedman.

Carrot Ltd
48 Britton Street
London EC1M 5UL
T +44 (0)20 7251 3999
F +44 (0)20 7251 8008
E charlottesteedman@carrotltd.com
www.lecolecarrot.com

lost souls
S/S 07
lost souls
S/S 07

lost souls

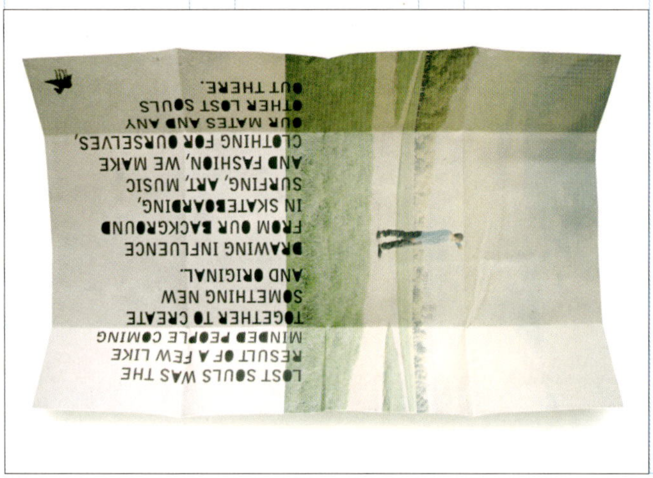
LOST SOULS WAS THE
RESULT OF A FEW LIKE
MINDED PEOPLE COMING
TOGETHER TO CREATE
SOMETHING NEW
AND ORIGINAL.
DRAWING INFLUENCE
FROM OUR BACKGROUND
IN SKATEBOARDING,
SURFING, ART, MUSIC
AND FASHION, WE MAKE
CLOTHING FOR OURSELVES,
OUR MATES AND ANY
OTHER LOST SOULS
OUT THERE.

LOOKBOOK DA LOST SOULS

Design: Julian Harriman-Dickinson, Harriman Steel

Um simples cartão postal foi a inspiração por trás desse “lookbook” promocional para a empresa de roupas Lost Soul, criada por Julian Harriman-Dickinson. Consistindo em quatro cartões postais encartados nas dobras de um pôster de dupla-face A3 (297 x 420 mm [$11^1/_4$ x $16^1/_2$ pol.]), o design geral utiliza o grid gerado pelo processo de dobra. Os grids dos designs gráficos geralmente permanecem invisíveis ao usuário final e, embora determinados pelo formato, são adições a ele. Aqui o grid está completamente visível e é inseparável do formato. Essa reinterpretação do grid é, por natureza, tridimensional e cria relacionamentos inesperados entre o texto e a imagem à medida que a estrutura abre e o conteúdo é revelado.

ESPECIFICAÇÕES DO GRID

Tamanho da página (refilado)	167 x 193 mm
Margem superior	7 mm
Margem inferior	7 mm
Margem externa	9 mm
Margem interna	12 mm
Número de colunas	5
Largura da medianiz	4 mm
Extras	6 campos horizontais

MAKE THE
POWER PLAY

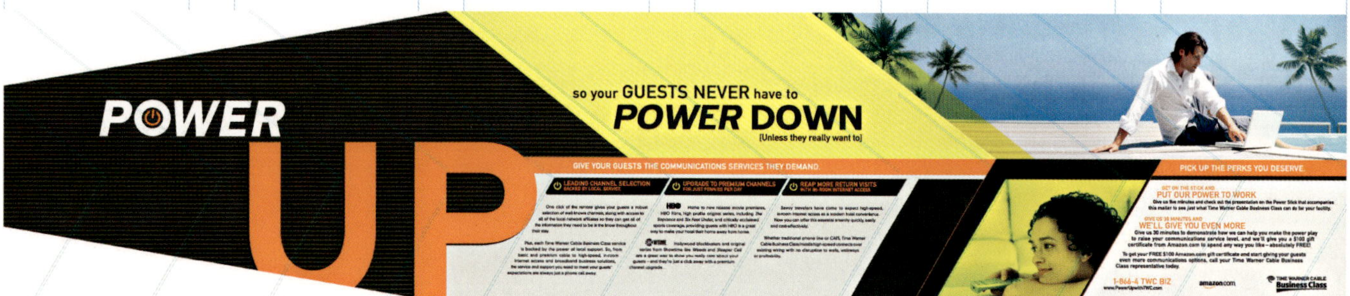
POWER
UP
so your GUESTS NEVER have to
POWER DOWN
[Unless they really want to]
GIVE YOUR GUESTS THE COMMUNICATIONS SERVICES THEY DEMAND.
PICK UP THE PERKS YOU DESERVE.

MALA-DIRETA DA TV A CABO TIME WARNER DE SAN DIEGO

Design: Saima Malik, Origin Design

O estúdio Origin recebeu um briefing para criar uma mala-direta que capturasse o dinamismo do sul da Califórnia e ajudasse a revitalizar a imagem da marca B2B da Time Warner nessa região. Para destacar a ideia de visão voltada para o futuro de seu cliente, o designer Jim Mousner utilizou um grid inclinado e introduziu colunas anguladas junto com imagens cortadas de modo a se ajustar em formas abstratas oblíquas. De modo inteligente, o grid girado é espelhado horizontalmente por toda a parte superior e inferior da página para que formas parecidas com uma seta sejam criadas onde as colunas e as formas se encontram. O dinamismo é acentuado ainda mais pelo uso de cortes de máquina especiais em ângulo, tipografia arrojada e cores fluorescentes em pares.

ESPECIFICAÇÕES DO GRID

Tamanho da página (refilado)	784,225 x 171,45 mm
Margem superior	7,938 mm
Margem inferior	7,938 mm
Margem externa	7,938 mm
Margem interna	7,938 mm
Número de colunas	4, interior em 141,5° de rotação
Largura da medianiz	1,588 mm
Extras	2 campos horizontais

ANNUAL REPORT 2003

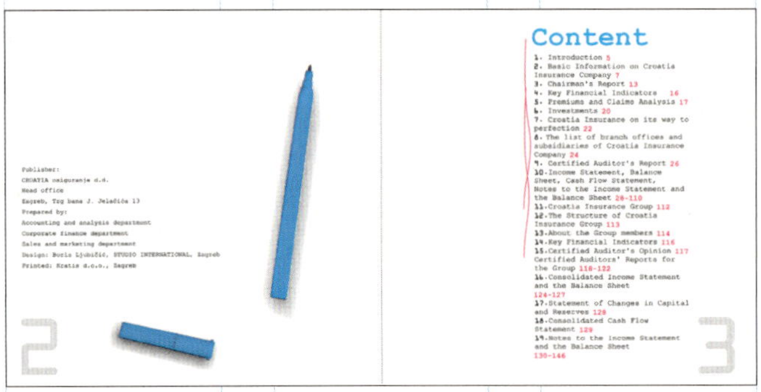
Content

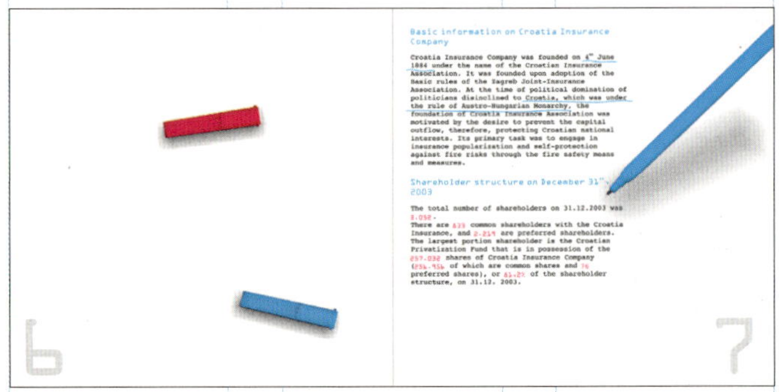

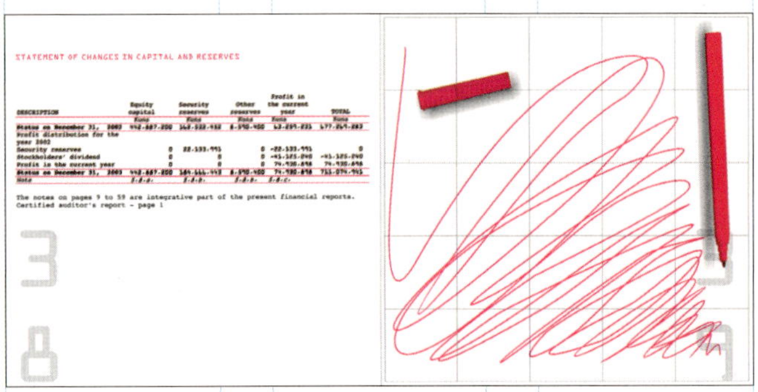
STATEMENT OF CHANGES IN CAPITAL AND RESERVES

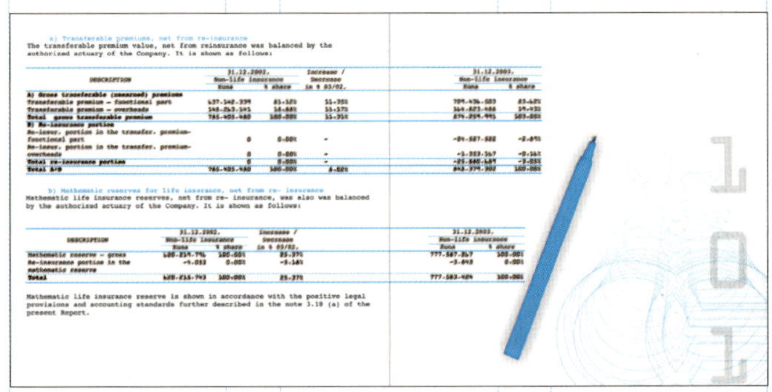

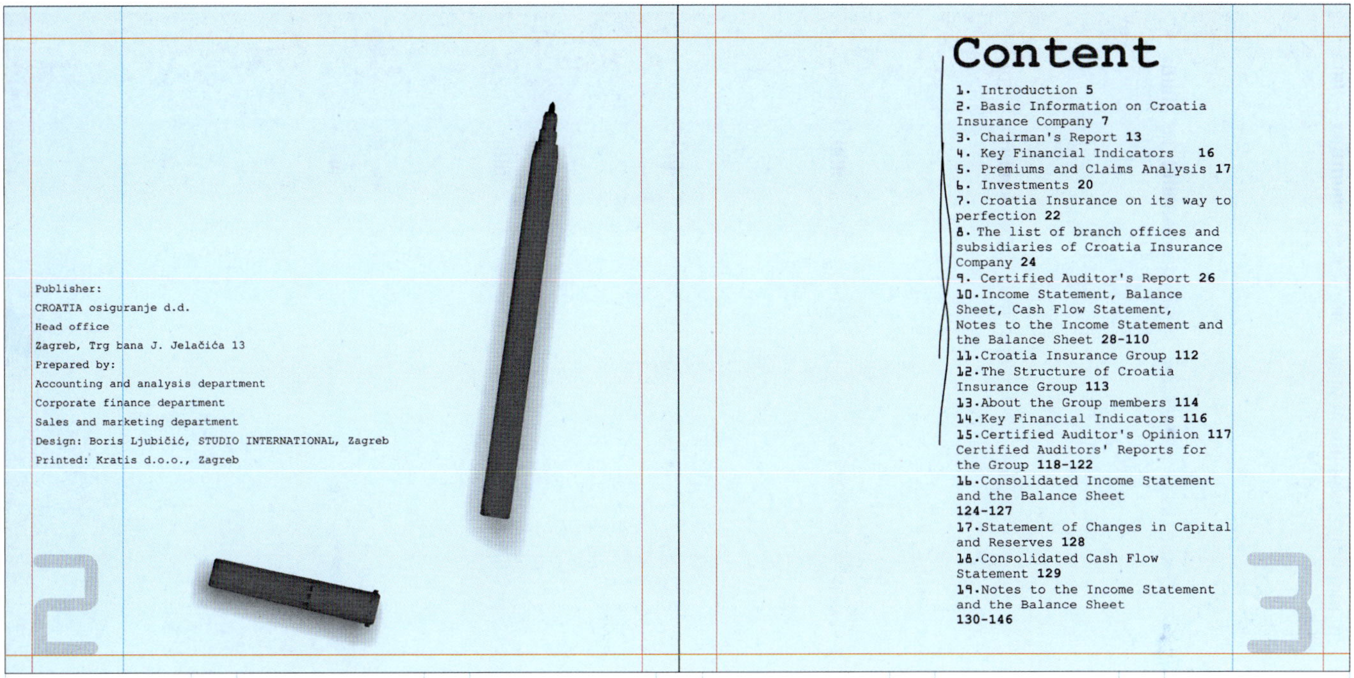

ESPECIFICAÇÕES DO GRID

Tamanho da página (refilado)	210 x 210 mm
Margem superior	10,3 mm
Margem inferior	5,3 mm
Margem externa	8 mm
Margem interna	11,5 mm
Número de colunas	2
Largura da medianiz	N/D
Extras	N/D

RELATÓRIO ANUAL 2003 DA SEGURADORA CROATIA OSIGURANJE

Design: Boris Ljubicic, Studio International

A Croatia Osiguranje é uma das empresas de seguros mais bem-conceituadas da Croácia. Embora desejasse aprimorar sua reputação e longa história, a empresa estava ciente de que seus sucessos tinham de ser apresentados de maneira acessível. Seu relatório anual é repleto de dados tabulados ao lado de informações factuais e dados numéricos. O objetivo do designer Boris Ljubicic era tornar a navegação fácil e facilitar o entendimento desse denso documento por meio de elementos gráficos simples. O grid introduz uma grande quantidade de espaço em branco e permite um layout claro e limpo das informações, texto, tabelas e gráficos. O recurso dos lápis coloridos é um elemento divertido e humanizador utilizado para criar uma hierarquia clara fazendo sublinhados e realces no conteúdo.

U.S. GREEN BUILDING COUNCIL
ANNUAL REPORT

ESPECIFICAÇÕES DO GRID

Tamanho da página (refilado)	200,025 x 254 mm
Margem superior	2,54 mm
Margem inferior	22,225 mm
Margem externa	6,35 mm
Margem interna	6,35 mm
Número de colunas	3
Largura da medianiz	N/D
Extras	N/D

RELATÓRIO ANUAL DO U.S. GREEN BUILDING COUNCIL

Design: Richard Chartier

Richard Chartier queria que o relatório anual do U.S. Green Building Council (USGBC) tivesse um ar arquitetônico, então, decidiu utilizar o grid como metáfora para a construção. Sua solução foi "construir" o design para que ele gradualmente revelasse sua própria arquitetura de suporte – um grid de colunas verticais e campos horizontais. Essa ideia foi desenvolvida em toda a publicação e nos seus vários suplementos, incluindo um encarte financeiro em que o grid de linha de base é exposto. Chartier também introduziu vários elementos ilustrativos, justapondo-os a seu grid limpo e abstrato para acentuar o relacionamento entre as estruturas artificiais e naturais.

Exposições

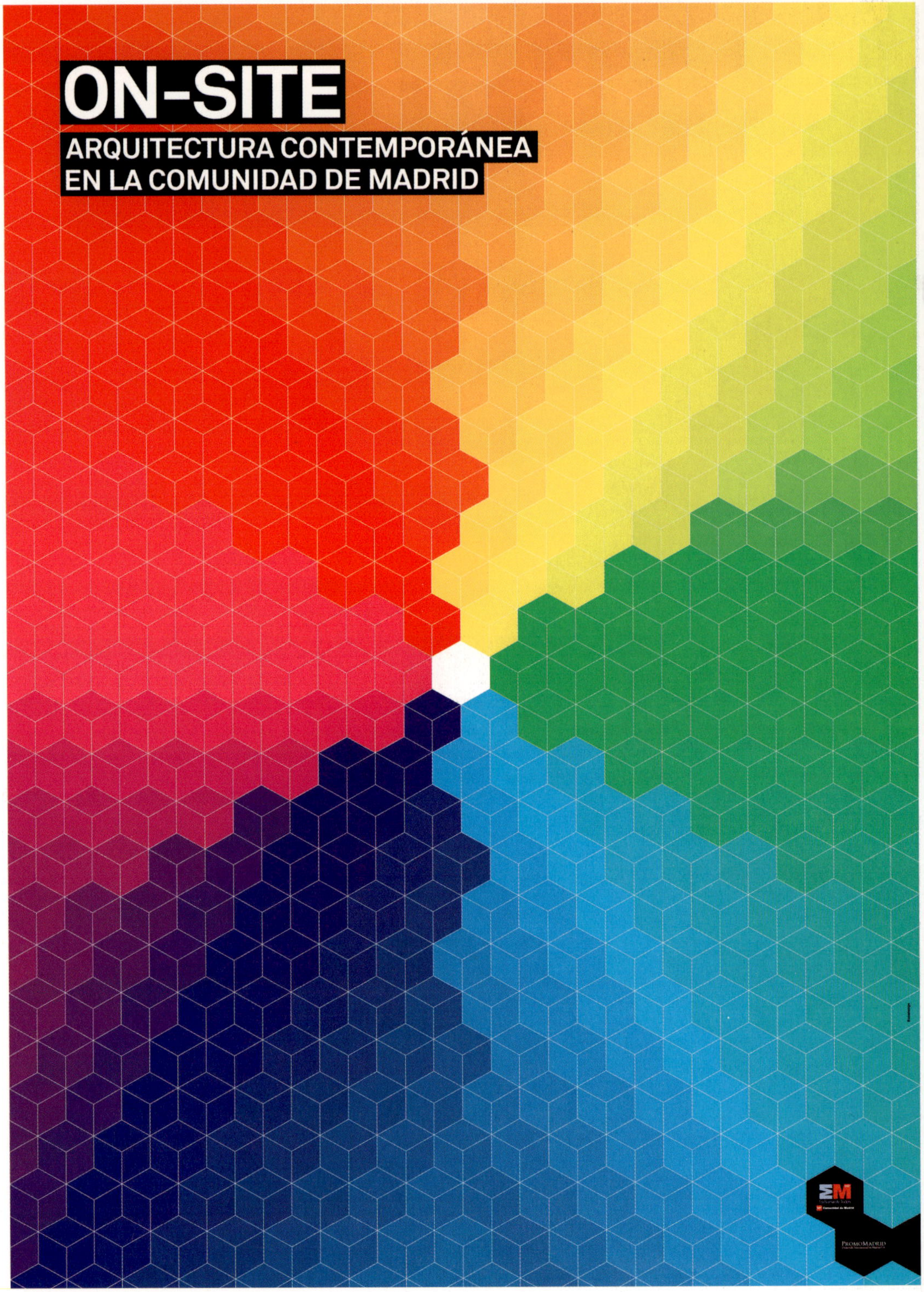
ON-SITE
ARQUITECTURA CONTEMPORÁNEA
EN LA COMUNIDAD DE MADRID

ESPECIFICAÇÕES DO GRID

Tamanho da página (refilado)	Redimensionável, conforme requerido
Margem superior	½ unidade de base
Margem inferior	½ unidade de base
Margem externa	½ unidade de base
Margem interna	½ unidade de base
Número de colunas	Flexível
Largura da medianiz	2,5 mm
Extras	Grid desenvolvido a partir de unidade de base – hexágono

EXPOSIÇÃO ON-SITE: NEW ARCHITECTURE IN SPAIN

Design: BaseDESIGN

A exposição *On-Site: New Architecture in Spain* documentou a recente inovação arquitetônica espanhola. Uma iniciativa do Museum of Modern Art, a exposição abriu em Nova York antes de chegar à Madri. A solução gráfica da BaseDESIGN utiliza a forma arquitetônica de um cubo (sugerida pela perspectiva do hexágono) como uma base para a identidade. Os três lados visíveis do cubo simbolizam a exposição, os tours e as palestras, que também foram codificadas por cores como vermelho, azul e verde, respectivamente. Embora não seja um grid tipográfico convencional, esse é um sistema modular altamente flexível que fornece a estrutura para uma variedade de combinações de cores e padrões, a fim de transmitir a diversidade na forma, escala e geografia das exposições.

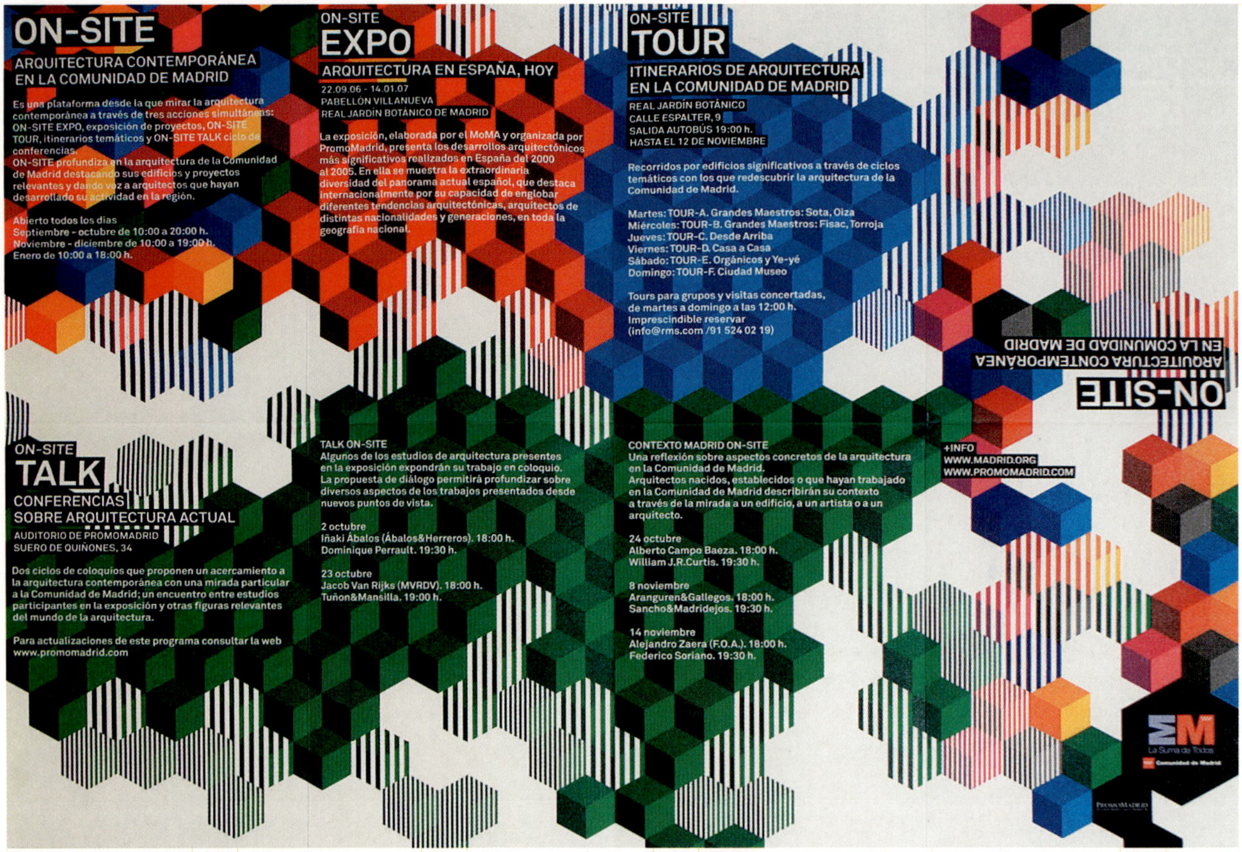
ON-SITE
ARQUITECTURA CONTEMPORÁNEA EN LA COMUNIDAD DE MADRID
Es una plataforma desde la que mirar la arquitectura contemporánea a través de tres acciones simultáneas: ON-SITE EXPO, exposición de proyectos, ON-SITE TOUR, itinerarios temáticos y ON-SITE TALK ciclo de conferencias.
ON-SITE profundiza en la arquitectura de la Comunidad de Madrid destacando sus edificios y proyectos relevantes y dando voz a arquitectos que hayan desarrollado su actividad en la región.
Abierto todos los días
Septiembre - octubre de 10:00 a 20:00 h.
Noviembre - diciembre de 10:00 a 19:00 h.
Enero de 10:00 a 18:00 h.
ON-SITE
EXPO
ARQUITECTURA EN ESPAÑA, HOY
22.09.06 - 14.01.07
PABELLÓN VILLANUEVA
REAL JARDÍN BOTÁNICO DE MADRID
La exposición, elaborada por el MoMA y organizada por PromoMadrid, presenta los desarrollos arquitectónicos más significativos realizados en España del 2000 al 2005. En ella se muestra la extraordinaria diversidad del panorama actual español, que destaca internacionalmente por su capacidad de englobar diferentes tendencias arquitectónicas, arquitectos de distintas nacionalidades y generaciones, en toda la geografía nacional.
ON-SITE
TOUR
ITINERARIOS DE ARQUITECTURA EN LA COMUNIDAD DE MADRID
REAL JARDÍN BOTÁNICO
CALLE ESPALTER, 9
SALIDA AUTOBÚS 19:00 h.
HASTA EL 12 DE NOVIEMBRE
Recorridos por edificios significativos a través de ciclos temáticos con los que redescubrir la arquitectura de la Comunidad de Madrid.
Martes: TOUR-A. Grandes Maestros: Sota, Oiza
Miércoles: TOUR-B. Grandes Maestros: Fisac, Torroja
Jueves: TOUR-C. Desde Arriba
Viernes: TOUR-D. Casa a Casa
Sábado: TOUR-E. Orgánicos y Ye-yé
Domingo: TOUR-F. Ciudad Museo
Tours para grupos y visitas concertadas, de martes a domingo a las 12:00 h.
Imprescindible reservar
(info@rms.com /91 524 02 19)
ON-SITE
ARQUITECTURA CONTEMPORÁNEA EN LA COMUNIDAD DE MADRID
ON-SITE
TALK
CONFERENCIAS SOBRE ARQUITECTURA ACTUAL
AUDITORIO DE PROMOMADRID
SUERO DE QUIÑONES, 34
Dos ciclos de coloquios que proponen un acercamiento a la arquitectura contemporánea con una mirada particular a la Comunidad de Madrid; un encuentro entre estudios participantes en la exposición y otras figuras relevantes del mundo de la arquitectura.
Para actualizaciones de este programa consultar la web www.promomadrid.com
TALK ON-SITE
Algunos de los estudios de arquitectura presentes en la exposición expondrán su trabajo en coloquio. La propuesta de diálogo permitirá profundizar sobre diversos aspectos de los trabajos presentados desde nuevos puntos de vista.
2 octubre
Iñaki Ábalos (Ábalos&Herreros). 18:00 h.
Dominique Perrault. 19:30 h.
23 octubre
Jacob Van Rijks (MVRDV). 18:00 h.
Tuñon&Mansilla. 19:00 h.
CONTEXTO MADRID ON-SITE
Una reflexión sobre aspectos concretos de la arquitectura en la Comunidad de Madrid.
Arquitectos nacidos, establecidos o que hayan trabajado en la Comunidad de Madrid describirán su contexto a través de la mirada a un edificio, a un artista o a un arquitecto.
24 octubre
Alberto Campo Baeza. 18:00 h.
William J.R.Curtis. 19:30 h.
8 noviembre
Aranguren&Gallegos. 18:00 h.
Sancho&Madridejos. 19:30 h.
14 noviembre
Alejandro Zaera (F.O.A.). 18:00 h.
Federico Soriano. 19:30 h.
+INFO
WWW.MADRID.ORG
WWW.PROMOMADRID.COM
La Suma de Todos
Comunidad de Madrid

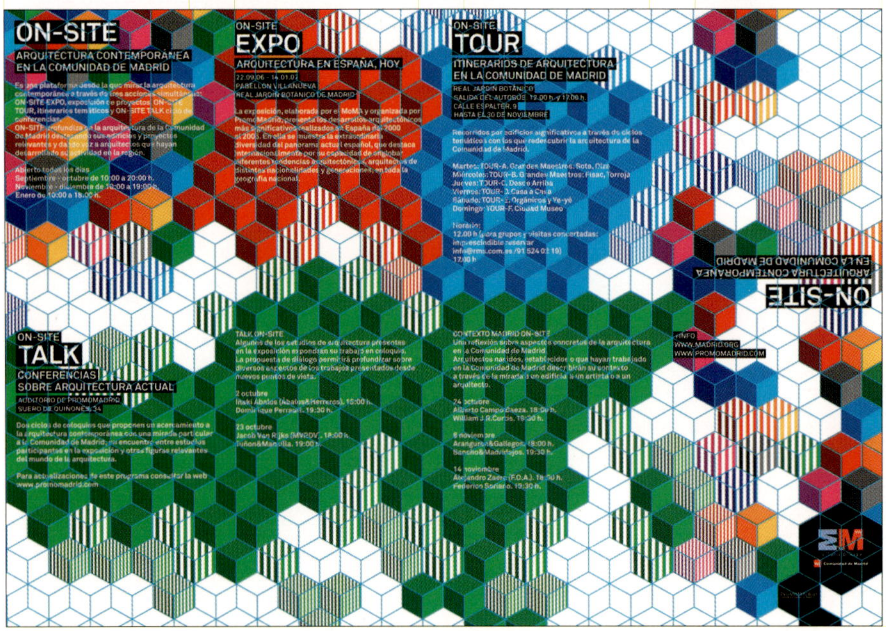
ON-SITE
ARQUITECTURA CONTEMPORÁNEA EN LA COMUNIDAD DE MADRID
ON-SITE
EXPO
ARQUITECTURA EN ESPAÑA, HOY
ON-SITE
TOUR
ITINERARIOS DE ARQUITECTURA EN LA COMUNIDAD DE MADRID
ON-SITE
ARQUITECTURA CONTEMPORÁNEA EN LA COMUNIDAD DE MADRID
ON-SITE
TALK
CONFERENCIAS SOBRE ARQUITECTURA ACTUAL
+INFO
WWW.MADRID.ORG
WWW.PROMOMADRID.COM

ON-SITE
TOUR
TOUR-A
GRANDES MAESTROS:
SOTA, OIZA

ON-SITE
TOUR
TOUR-A
GRANDES MAESTROS:
SOTA, OIZA

TORRES BLANCAS
Francisco Javier Sáenz de Oiza
1961-1968
Avenida de América, 37
Juan Huarte, promotor y gran mecenas de la arquitectura madrileña de los sesenta, quiso construir un nuevo modelo de residencias en altura. Siguiendo las ideas de Le Corbusier, Oiza propuso un proyecto ideal de torre que tuviera todas las ventajas de las viviendas unifamiliares. Decidió apilar un conjunto de villas en vertical formando una estructura arbórea, donde las raíces son el acceso semienterrado conectado con la ciudad y prolongado bajo tierra en aparcamientos e instalaciones; las viviendas forman el tronco y la parte alta, las ramas, agrupan todos los elementos sociales de la torre: restaurante, tiendas, piscina, gimnasio, etc., inclusión que permite segregar los usos domésticos en favor de la privacidad, así como optimizar recursos, mejorar la calidad de vida y fomentar el intercambio social.
Originalmente concebida como una pareja de torres, de las que solamente se llevó a cabo una, fue construida con pantallas semicirculares de hormigón armado.
Alrededor del núcleo central de comunicaciones se disponen cuatro viviendas por planta, algunas en dúplex, todas con amplios balcones semicirculares que amplifican el límite entre el interior y el exterior, dotando al conjunto de una gran expresividad plástica desarrollada en la Basílica de Aránzazu y culminada en Torres Blancas, convertidas voluntariamente en uno de los iconos de la arquitectura madrileña.
No te pierdas...
todo el edificio, cada una de sus esquinas merece la pena: la piscina, el restaurante, los apartamentos, el portal, los núcleos de comunicación...
→ Metro Línea 7 Cartagena

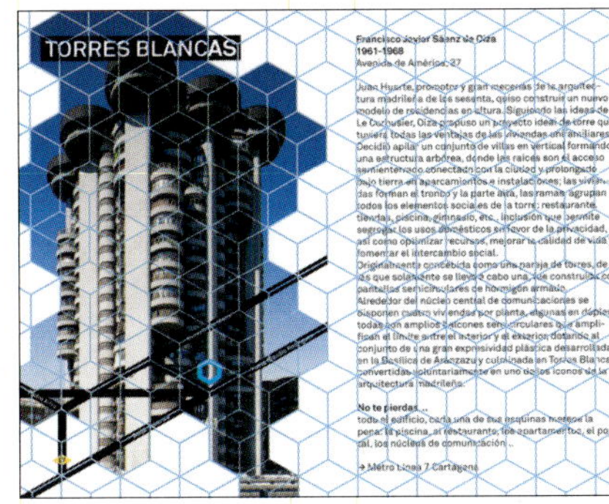
TORRES BLANCAS

ON-SITE
ARQUITECTURA CONTEMPORÁNEA
EN LA COMUNIDAD DE MADRID
ON-SITE
EXPO
ARQUITECTURA EN ESPAÑA, HOY
22.09.06 - 14.01.07
PABELLÓN VILLANUEVA
REAL JARDÍN BOTÁNICO DE MADRID
ON-SITE
TOUR
ITINERARIOS DE ARQUITECTURA
EN LA COMUNIDAD DE MADRID
ON-SITE
TALK
CONFERENCIAS
SOBRE ARQUITECTURA ACTUAL
+INFO: WWW.PROMOMADRID.COM

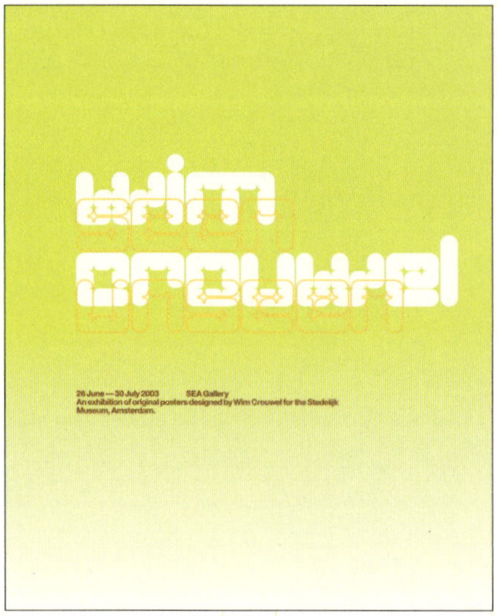

CATÁLOGO DA EXPOSIÇÃO DO ARTISTA GRÁFICO WIM CROUWEL

Design: SEA

O próprio estúdio SEA publicou este catálogo para acompanhar uma exposição de pôsteres de Wim Crouwel na galeria do estúdio em Londres. Famoso por seu fascínio por estruturas de grid e por uma abordagem sistemática do design, os pôsteres de Crouwel justapõem formas de letra estruturadas, muitas vezes desenhadas à mão, com layouts tipográficos cuidadosamente compostos. O catálogo da SEA utiliza um grid de nove colunas divididas horizontalmente em 11 campos. Essa estrutura fornece excelente flexibilidade e, ao mesmo tempo, mantém a unidade por toda a publicação. As colunas são ligadas em diferentes combinações para permitir medidas de texto variadas. As duas imagens e o texto permanecem suspensos em alturas diferentes determinadas pelos campos. Deixando as colunas e os campos vazios, o estúdio SEA utilizou o espaço criativamente para dar ênfase e ajudar o leitor a navegar pela página.

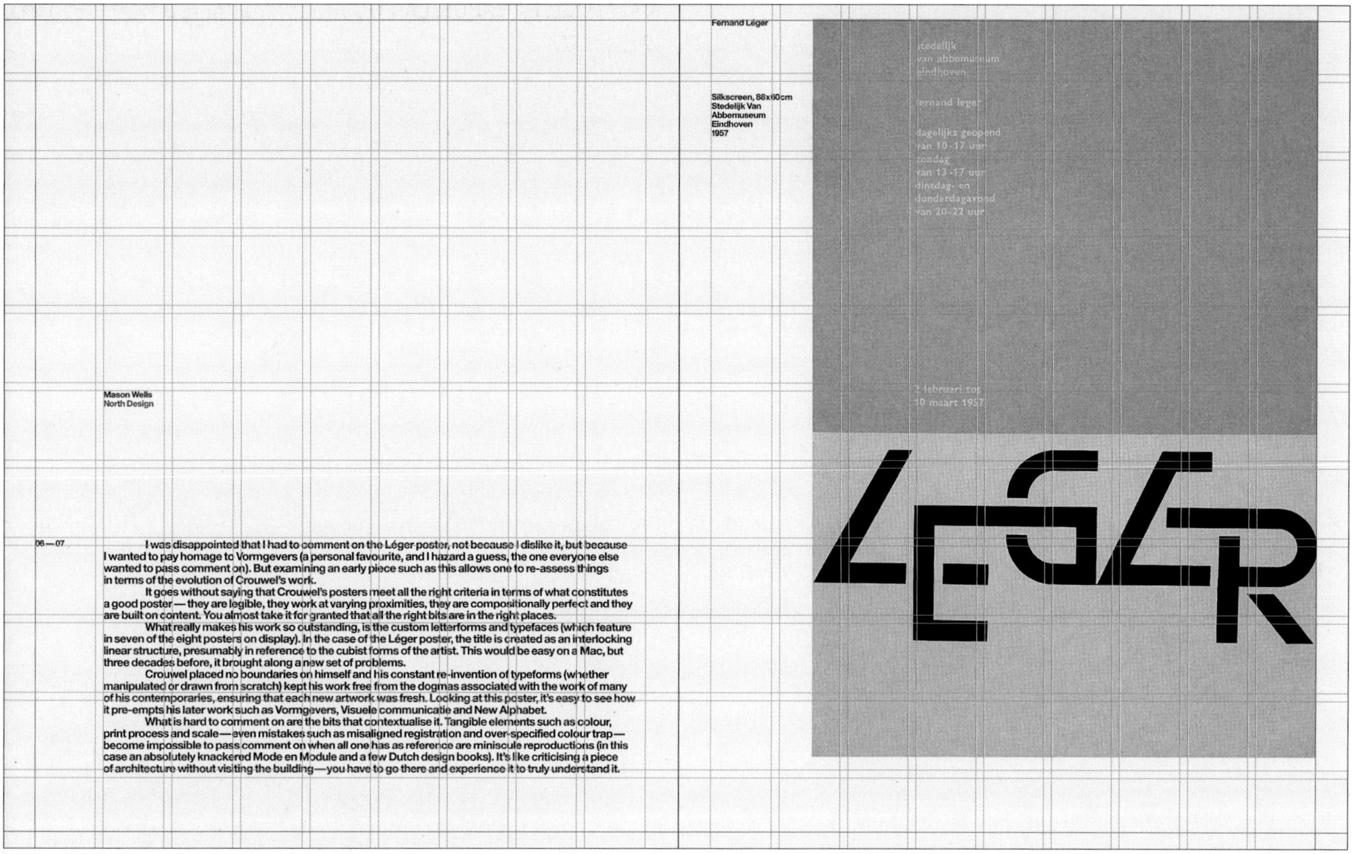
Fernand Léger

Silkscreen, 88x60cm
Stedelijk Van
Abbemuseum
Eindhoven
1957

Mason Wells
North Design

06—07

I was disappointed that I had to comment on the Léger poster, not because I dislike it, but because I wanted to pay homage to Vormgevers (a personal favourite, and I hazard a guess, the one everyone else wanted to pass comment on). But examining an early piece such as this allows one to re-assess things in terms of the evolution of Crouwel's work.

It goes without saying that Crouwel's posters meet all the right criteria in terms of what constitutes a good poster — they are legible, they work at varying proximities, they are compositionally perfect and they are built on content. You almost take it for granted that all the right bits are in the right places.

What really makes his work so outstanding, is the custom letterforms and typefaces (which feature in seven of the eight posters on display). In the case of the Léger poster, the title is created as an interlocking linear structure, presumably in reference to the cubist forms of the artist. This would be easy on a Mac, but three decades before, it brought along a new set of problems.

Crouwel placed no boundaries on himself and his constant re-invention of typeforms (whether manipulated or drawn from scratch) kept his work free from the dogmas associated with the work of many of his contemporaries, ensuring that each new artwork was fresh. Looking at this poster, it's easy to see how it pre-empts his later work such as Vormgevers, Visuele communicatie and New Alphabet.

What is hard to comment on are the bits that contextualise it. Tangible elements such as colour, print process and scale—even mistakes such as misaligned registration and over-specified colour trap—become impossible to pass comment on when all one has as reference are miniscule reproductions (in this case an absolutely knackered Mode en Module and a few Dutch design books). It's like criticising a piece of architecture without visiting the building—you have to go there and experience it to truly understand it.

ESPECIFICAÇÕES DO GRID

Tamanho da página (refilado)	210 x 265 mm
Margem superior	5 mm
Margem inferior	5 mm
Margem externa	10 mm
Margem interna	10 mm
Número de colunas	9
Largura da medianiz	2,5 mm
Extras	11 campos horizontais

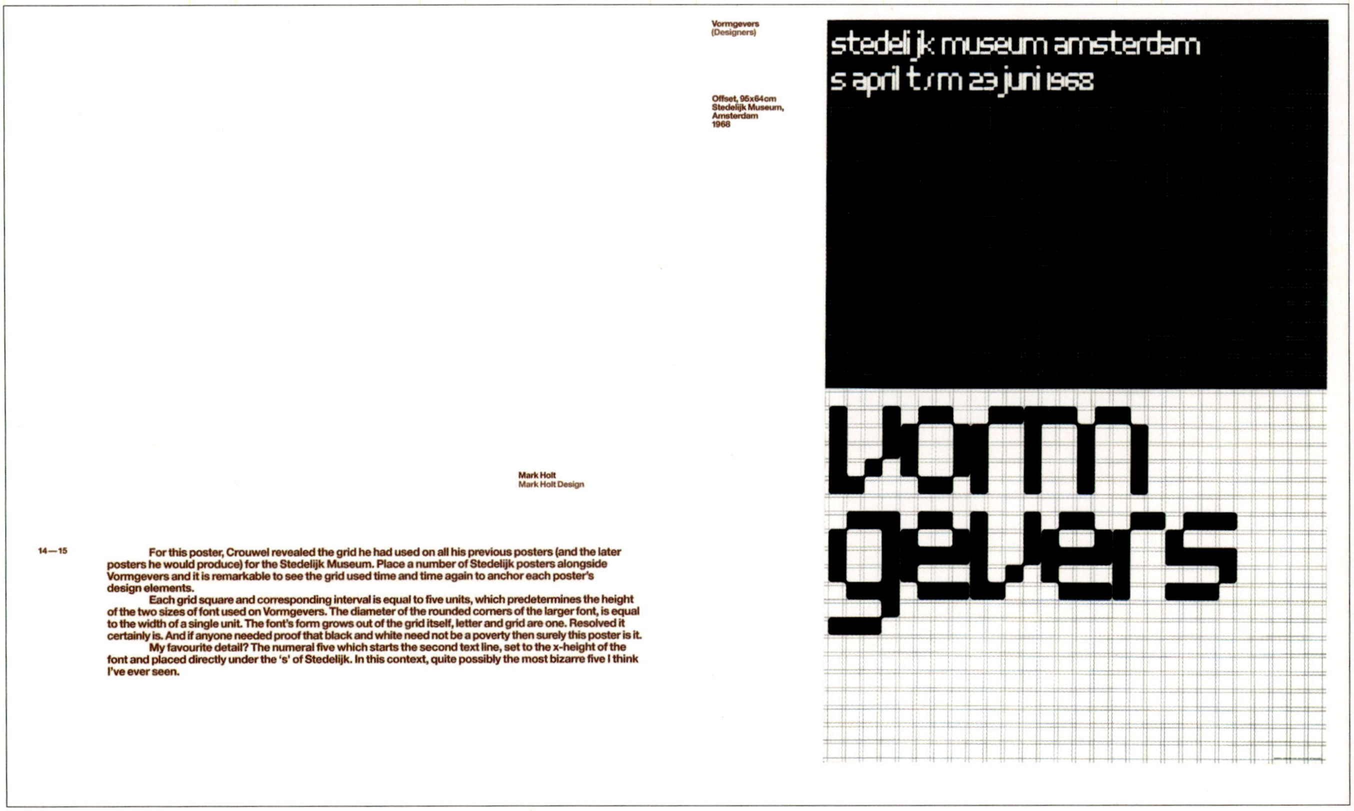

Vormgevers
(Designers)

Offset, 95x64cm
Stedelijk Museum,
Amsterdam
1968

Mark Holt
Mark Holt Design

14—15

For this poster, Crouwel revealed the grid he had used on all his previous posters (and the later posters he would produce) for the Stedelijk Museum. Place a number of Stedelijk posters alongside Vormgevers and it is remarkable to see the grid used time and time again to anchor each poster's design elements.

Each grid square and corresponding interval is equal to five units, which predetermines the height of the two sizes of font used on Vormgevers. The diameter of the rounded corners of the larger font, is equal to the width of a single unit. The font's form grows out of the grid itself, letter and grid are one. Resolved it certainly is. And if anyone needed proof that black and white need not be a poverty then surely this poster is it.

My favourite detail? The numeral five which starts the second text line, set to the x-height of the font and placed directly under the 's' of Stedelijk. In this context, quite possibly the most bizarre five I think I've ever seen.

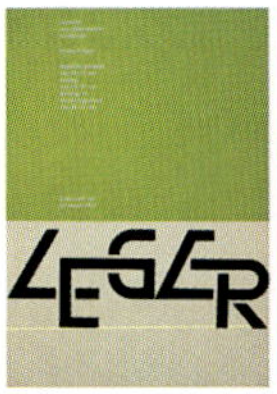

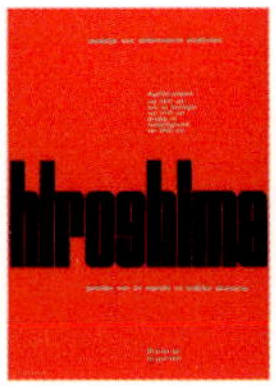

22—23

Fernand Léger
1957

One of Crouwel's best known posters, and a personal favourite of his. Drawn without the aid of graph paper, the poster's strong diagonal black lines reveal Crouwel's initial point of reference — it was a continuation from his New Acquisitions poster of 1956.

The Léger poster is simply constructed, with a letter 'r' which is formed from part of a pure circle, rather than being optically corrected.

Crouwel was very impressed by Léger's paintings and he has described this piece as being a typographic, if somewhat poetic, interpretation of the artist's work.

Hiroshima
1957

Designed in the same year as the Léger poster, this poster marked an exhibition of Japanese drawings based on Hiroshima. The background colour was similar to that of Japanese lacquer and the word Hiroshima is based on a small Grotesk — the way the letters were constructed determined their very tight spacing.

Crouwel wanted the word Hiroshima to appear heavy and threatening, and likens the ascenders to singed chimneys rising up from the black form.

Beelden in Het Heden
1959

A poster which was designed for an exhibition of sculpture. Crouwel designed the poster in portrait format to look like a landscape with three vertical sculptures, but it was always hung horizontally by mistake.

The bands of colour represent earth, sky and the horizon and the letterforms form the three sculptures. The letters are tightly spaced and the serifs extended to give the effect of a solid sculpture — they were individually drawn, pushed together and then painstakingly drawn again.

Edgar Fernhout
1963

In this poster for an exhibition of paintings by Edgar Fernhout, Crouwel was influenced by the artist's abstract landscapes, which were painted using small brushstrokes. The letterforms which were influenced to some extent by Tschichold, were divided into four equal parts, two above and two below the 'horizon' that Crouwel created through the middle of the text, also in reference to the artist's work.

Crouwel only designed these letters at the time of making the poster — he did not make them into a complete alphabet until four years later.

Vormgevers
1968

One of Crouwel's most talked about pieces, this poster featured a visible grid that was used for the layouts of all of the catalogues Crouwel designed for the Stedelijk.

The original graph sheets were printed in light grey — for this poster, Crouwel made the lines more visible and composed the letterforms inside them. The letterforms were a precursor to Crouwel's Fodor typeface, which was designed three years later.

Visuele Communicatie Nederland
1968

Designed for the Dutch Art Directors Club, this poster combines simplified pointed letterforms, all three points wide, which sit on a background inspired by the first bar codes.

The letterforms were reduced to very simple forms and are similar to those in Crouwel's soft alphabet, designed for his Claes Oldenburg poster of 1970.

Although it is a poster about visual communication, Crouwel admits that it is the most illegible poster that he has made.

Het Nederlandse Affice 1890—1968
1968

This poster was created for an exhibition about posters and features a folded down corner in the top left hand side, which reveals the Stedelijk marque and is a reference to the transient nature of the artform.

The letterforms are constructed around a square, and give rise to a strong sense of perspective, creating striking diagonals. The letters that form the word 'Affiche' go off the page on both sides, suggesting a fleeting glimpse of a poster as you walk past it.

Lucht/Kunst
1971

This poster is for an exhibition that was devoted to art made with air — pieces that were inflatable. Crouwel rounded off the letterforms (which are constructed from a narrow Grotesk) and pushed them together to give them a feeling of being blown full of air.

Both the outline and the spaces between the letters become very significant and the speech bubble is another (somewhat more literal) take on the subject matter.

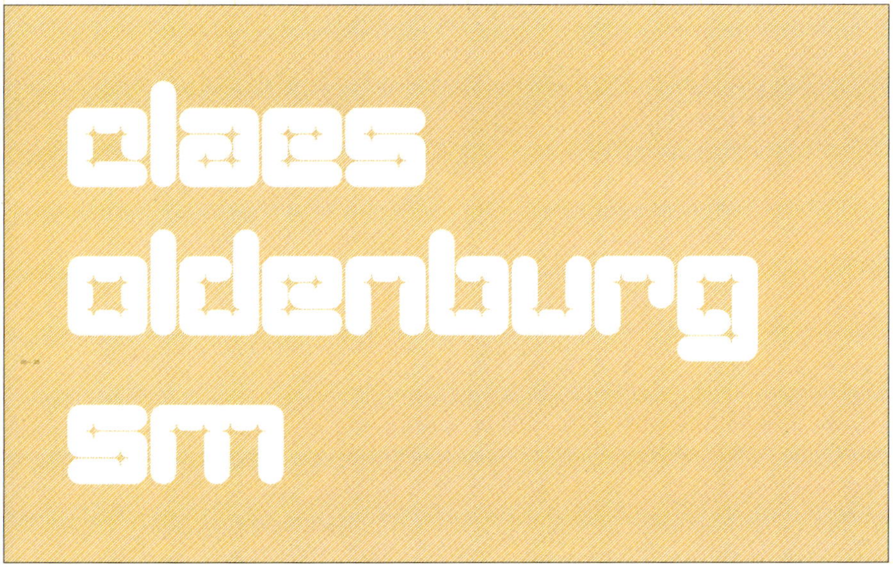

HORROR VACUI
Urban implosions in the Netherlands
Text: Hans Ibelings
Photos: Roel Backaert

HORROR VACUI
Urban implosions in the Netherlands
Text: Hans Ibelings
Photos: Roel Backaert
Implosões urbanas na Holanda

ESPECIFICAÇÕES DO GRID

Tamanho da página (refilado)	Painéis: 1100 x 1100 mm Livreto: 170 x 235 mm
Margem superior	Painéis: 52,5 mm / Livreto: 7,8 mm
Margem inferior	Painéis: 200 mm / Livreto: 7,8 mm
Margem externa	Painéis: 52,5 mm / Livreto: 7,8 mm
Margem interna	Painéis: 52,5 mm / Livreto: 0 mm (interior)
Número de colunas	Painéis: 5 / Livreto: 5 (virado de lado)
Largura da medianiz	Painéis: 30 mm / Livreto: 5 mm
Extras	N/D

PAINÉIS DA EXPOSIÇÃO HORROR VACUI

Design: Arlan Groot e Julia Müller

Estes painéis e o livreto foram criados para a exposição itinerante *Horror Vacui: Urban Implosions* na Holanda, inicialmente mostrada na Trienal de Arquitetura de Lisboa. A exposição examinou como os espaços em branco são preenchidos dentro do tecido urbano das cidades holandesas – o termo "horror vacui" pode ser traduzido como "medo de espaços vazios". Os designers selecionaram esse tema como o ponto de partida para seus designs. Eles preencheram todos os espaços vazios nas páginas com diversos padrões gráficos que lembram diferentes tramas têxteis, como o tartã escocês. Com reminiscências da op art, esse padrão cria uma espécie de vertigem visual apropriada ao tema geral. As marcas gráficas repetitivas são, por si sós, um grid bem-elaborado e formam a base do grid tipográfico mais convencional utilizado para o layout das imagens e do texto.

HORROR VACUI

Urban implosions in the Netherlands

Cities in the Netherlands, from Groningen in the north to Maastricht in the south, are undergoing a remarkable transformation. While Dutch cities, with the exception of Almere, are scarcely growing at all in terms of population, a great deal of building is going on. Open areas, 'overshot' zones, and disused port and industrial areas are, or soon will be, turned into new fragments of city, with urban densities and urban-looking buildings; consolidation is under way in city centres and around the railway stations; in nearly every city residential and office towers are under construction or in the pipeline; dual land use is an undeniable trend, manifested in road-straddling construction and tunneling beneath or building on top of existing buildings. The gaps in the urban fabric that were an accepted part of Dutch cities until the mid 1980s, are fast disappearing.

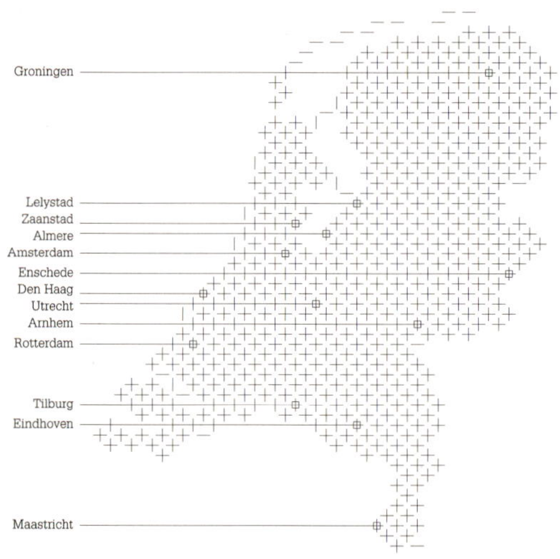

This exhibition is produced by the Netherlands Architecture Institute in collaboration with A10 new European architecture, with financial support from the Netherlands Architecture Fund.

Curators: Hans Ibelings + Kirsten Hannema. Exhibition design: Marta Malé-Alemany + José Pedro Sousa (ReD). Graphic design: Arjan Groot + Julia Müller. Photography: Roel Backaert. Production: Suzanne Kole + Marinke van der Horst. Supervisor: Martien de Vletter. International coordinator: Agnes Wijers

NAi Nederlands Architectuurinstituut — Stimuleringsfonds voor Architectuur / The Netherlands Architecture Fund — A10 new European architecture

Special thanks to: AAS Architecten, ARCADIS Bouw en Vastgoed BV, Architectenbureau Art Zaaijer, Architectenbureau Marlies Rohmer, Architectuurstudio Herman Hertzberger, Atelier Rijksbouwmeester, Benthem Crouwel Architekten BV, Bouwfonds MAB Development, Bureau B+B stedebouw en landschapsarchitectuur, City of Eindhoven, City of Tilburg, Claus en Kaan Architecten, De Architekten Cie, De Zwarte Hond, Department of Physical Planing and Economic Affairs Groningen, Department of Physical Planning Amsterdam, Dick van Gameren architecten B.V., Dienst Stedelijke Ontwikkeling – City of The Hague, dS+V Rotterdam, (EEA) Erick van Egeraat associated architects, FARO Architecten bv, FPW Rotterdam, hvdn Architecten, JHK Architecten, Jo Coenen & Co Architecten, KCAP Architects&Planners, Köther | Salman | Koedijk | Architecten bv, Meyer en Van Schooten Architecten BV, MVRDV, NL Architects, OD 205 architectuur bv, Office for Metropolitan Architecture, OMS Beheer bv (City of Lelystad and William Properties bv), ONL [Oosterhuis_Lénárd], Ontwikkelingsbedrijf Rotterdam, Pierre Gautier architecture, PPKS Architects Ltd., Project Organisation Stationsgebied – City of Utrecht, Projectbureau Amsterdam Zuidas – City of Amsterdam, Projectbureau Zuidelijke IJ-oevers – City of Amsterdam, Rijnboutt Van der Vossen Rijnboutt bv, S333 architects, Soeters Van Eldonk Architecten, Stadsdeel Geuzenveld-Slotermeer – City of Amsterdam, Tania Concko Architectes, THALEN\BASELINE, UN Studio, Van Sambeek & Van Veen Architecten, Vera Yanovshtchinsky architecten, vof ontwikkelingscombinatie IMA (ING, MOESbouw, AM), West 8 urban design & landscape architecture b.v., Wiel Arets Architects, Ymere Ontwikkeling, Zwarts & Jansma Architects

Groningen Ciboga

Rotterdam Wijnhaven

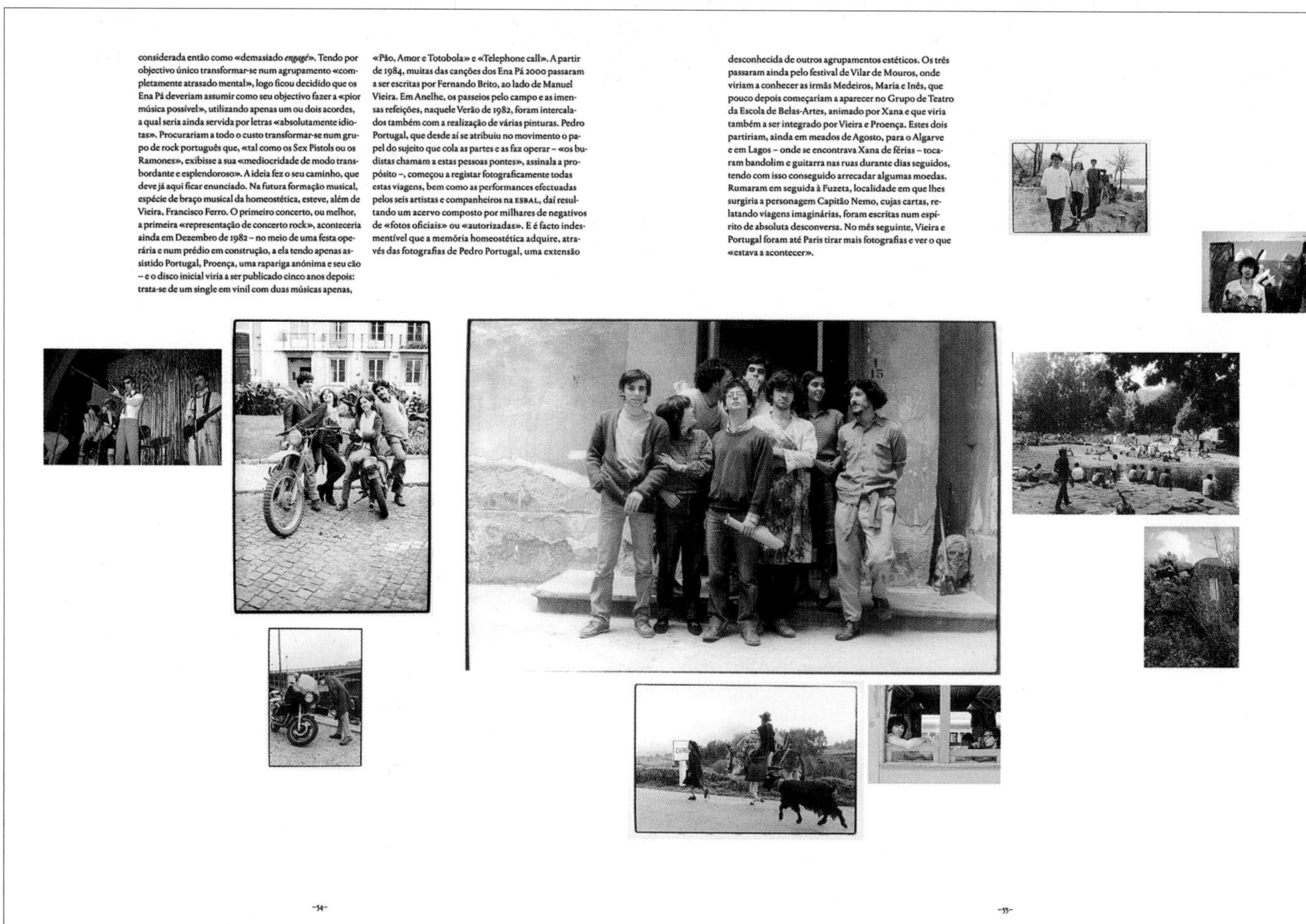

considerada então como «demasiado *engagé*». Tendo por objectivo único transformar-se num agrupamento «completamente atrasado mental», logo ficou decidido que os Ena Pá deveriam assumir como seu objectivo fazer a «pior música possível», utilizando apenas um ou dois acordes, a qual seria ainda servida por letras «absolutamente idiotas». Procurariam a todo o custo transformar-se num grupo de rock português que, «tal como os Sex Pistols ou os Ramones», exibisse a sua «mediocridade de modo transbordante e esplendoroso». A ideia fez o seu caminho, que deve já aqui ficar enunciado. Na futura formação musical, espécie de braço musical da homeostética, esteve, além de Vieira, Francisco Ferro. O primeiro concerto, ou melhor, a primeira «representação de concerto rock», aconteceria ainda em Dezembro de 1982 – no meio de uma festa operária e num prédio em construção, a ela tendo apenas assistido Portugal, Proença, uma rapariga anónima e seu cão – e o disco inicial viria a ser publicado cinco anos depois: trata-se de um single em vinil com duas músicas apenas, «Pão, Amor e Totobola» e «Telephone call». A partir de 1984, muitas das canções dos Ena Pá 2000 passaram a ser escritas por Fernando Brito, ao lado de Manuel Vieira. Em Anelhe, os passeios pelo campo e as imensas refeições, naquele Verão de 1982, foram intercalados também com a realização de várias pinturas. Pedro Portugal, que desde aí se atribuiu no movimento o papel do sujeito que cola as partes e as faz operar – «os budistas chamam a estas pessoas pontes», assinala a propósito –, começou a registar fotograficamente todas estas viagens, bem como as performances efectuadas pelos seis artistas e companheiros na ESBAL, daí resultando um acervo composto por milhares de negativos de «fotos oficiais» ou «autorizadas». E é facto indesmentível que a memória homeostética adquire, através das fotografias de Pedro Portugal, uma extensão desconhecida de outros agrupamentos estéticos. Os três passaram ainda pelo festival de Vilar de Mouros, onde viriam a conhecer as irmãs Medeiros, Maria e Inês, que pouco depois começariam a aparecer no Grupo de Teatro da Escola de Belas-Artes, animado por Xana e que viria também a ser integrado por Vieira e Proença. Estes dois partiriam, ainda em meados de Agosto, para o Algarve e em Lagos – onde se encontrava Xana de férias – tocaram bandolim e guitarra nas ruas durante dias seguidos, tendo com isso conseguido arrecadar algumas moedas. Rumaram em seguida à Fuzeta, localidade em que lhes surgiria a personagem Capitão Nemo, cujas cartas, relatando viagens imaginárias, foram escritas num espírito de absoluta desconversa. No mês seguinte, Vieira e Portugal foram até Paris tirar mais fotografias e ver o que «estava a acontecer».

-54-

-55-

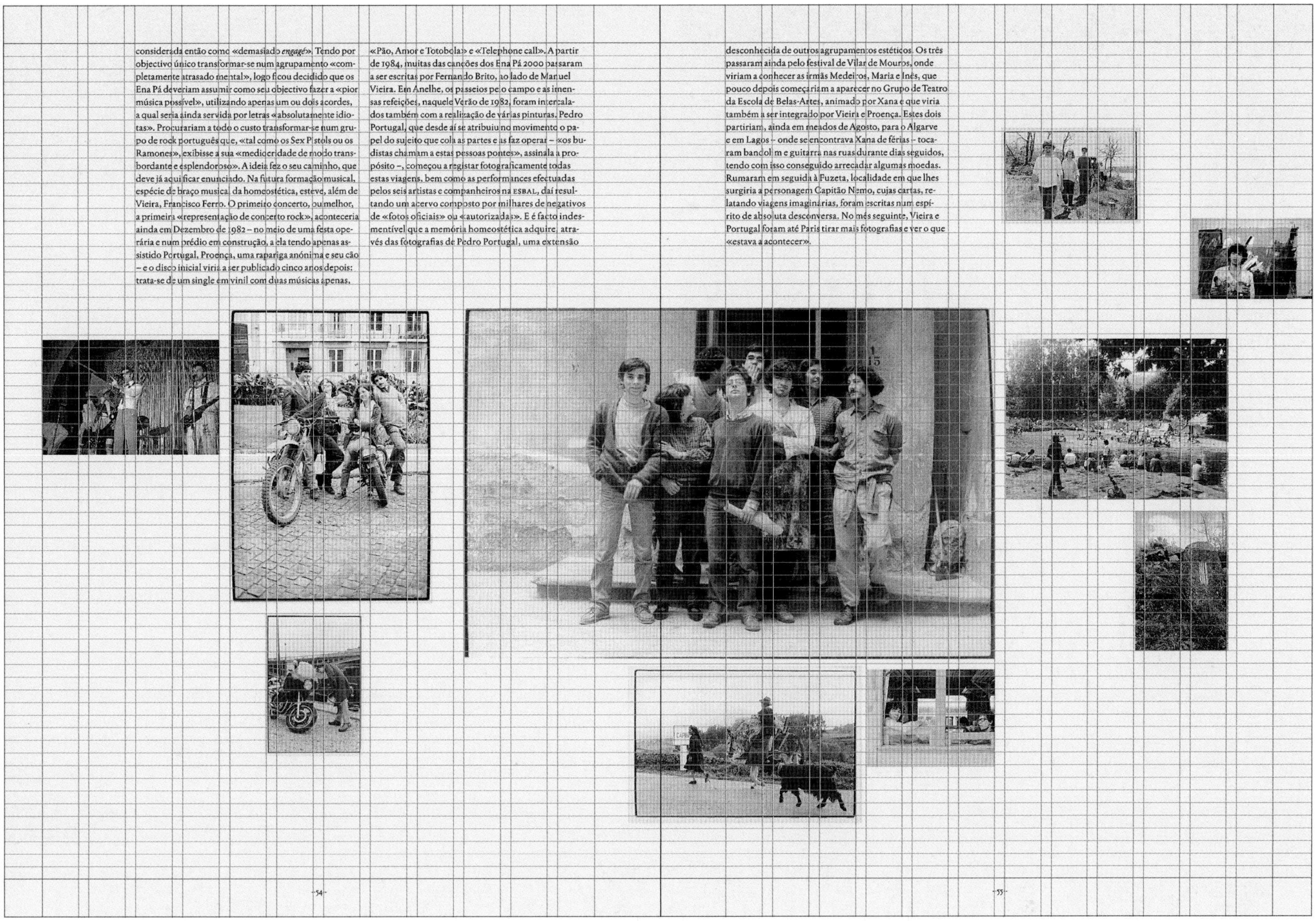

considerada então como «demasiado *engagé*». Tendo por objectivo único transformar-se num agrupamento «completamente atrasado mental», logo ficou decidido que os Ena Pá deveriam assumir como seu objectivo fazer a «pior música possível», utilizando apenas um ou dois acordes, a qual seria ainda servida por letras «absolutamente idiotas». Procurariam a todo o custo transformar-se num grupo de rock português que, «tal como os Sex Pistols ou os Ramones», exibisse a sua «mediocridade de modo transbordante e esplendoroso». A ideia fez o seu caminho, que deve já aqui ficar enunciado. Na futura formação musical, espécie de braço musical da homeostética, esteve, além de Vieira, Francisco Ferro. O primeiro concerto, ou melhor, a primeira «representação de concerto rock», aconteceria ainda em Dezembro de 1982 – no meio de uma festa operária e num prédio em construção, a ela tendo apenas assistido Portugal, Proença, uma rapariga anónima e seu cão – e o disco inicial viria a ser publicado cinco anos depois: trata-se de um single em vinil com duas músicas apenas, «Pão, Amor e Totobola» e «Telephone call». A partir de 1984, muitas das canções dos Ena Pá 2000 passaram a ser escritas por Fernando Brito, ao lado de Manuel Vieira. Em Anelhe, os passeios pelo campo e as imensas refeições, naquele Verão de 1982, foram intercalados também com a realização de várias pinturas. Pedro Portugal, que desde aí se atribuiu no movimento o papel do sujeito que cola as partes e as faz operar – «os budistas chamam a estas pessoas pontes», assinala a propósito –, começou a registar fotograficamente todas estas viagens, bem como as performances efectuadas pelos seis artistas e companheiros na ESBAL, daí resultando um acervo composto por milhares de negativos de «fotos oficiais» ou «autorizadas». E é facto indesmentível que a memória homeostética adquire, através das fotografias de Pedro Portugal, uma extensão desconhecida de outros agrupamentos estéticos. Os três passaram ainda pelo festival de Vilar de Mouros, onde viriam a conhecer as irmãs Medeiros, Maria e Inês, que pouco depois começariam a aparecer no Grupo de Teatro da Escola de Belas-Artes, animado por Xana e que viria também a ser integrado por Vieira e Proença. Estes dois partiriam, ainda em meados de Agosto, para o Algarve e em Lagos – onde se encontrava Xana de férias – tocaram bandolim e guitarra nas ruas durante dias seguidos, tendo com isso conseguido arrecadar algumas moedas. Rumaram em seguida à Fuzeta, localidade em que lhes surgiria a personagem Capitão Nemo, cujas cartas, relatando viagens imaginárias, foram escritas num espírito de absoluta desconversa. No mês seguinte, Vieira e Portugal foram até Paris tirar mais fotografias e ver o que «estava a acontecer».

-54- -55-

ESPECIFICAÇÕES DO GRID

Tamanho da página (refilado)	252 x 356 mm
Margem superior	15 mm
Margem inferior	15 mm
Margem externa	25 mm
Margem interna	15 mm
Número de colunas	12
Largura da medianiz	4 mm
Extras	Grid de linhas de base, 14 pt

CATÁLOGO DA EXPOSIÇÃO 6 = 0

Design: Lizá Ramalho, Artur Rebelo e Nuno Bastos, R2 design

Este catálogo acompanhou uma exposição dos Homeostéticos, um grupo português de arte coletiva da década de 80, realizada no Museu de Arte Contemporânea de Serralves, Porto. O título, 6=0, reflete quão subestimado esse grupo de seis artistas se sentia. Os designers Lizá Ramalho, Artur Rebelo e Nuno Bastos enfatizaram essa noção invertendo a equação do título e posicionando um zero na capa e um seis na quarta capa.

Poemas Homeostéticos

1 O ORGÃO HUMANO
2 AZERTES DE UMA GALINHA
3 SAGA DE PEDRO PUTANHEIRO NA CIDADE DO PORTO
4 DOIS POEMAS: AU TOUR DE LA CRITIQUE
5 A IDADE DA CHUPETA
6 VANGUARDA, ONDE ESTÁS?
7 AS ORELHAS DE BUGS BUNNY
8 FRAGMENTO DO «NEOLÍTICO POSTLÍTICO»
9 EX-LÍRICO
10 ROSA EXTRAVAGANTE (LADO B)
11 SONHO (PIRAMIDAL) DE RENATO ORNATO
12 PRÁTICO
13 OS REIS QUE COMIAM SARDINHAS À SOBREMESA
14 A COBRA COM CABEÇA DE ARANHA
15 QUADRAS
16 PLUM PUDDING POEM
17 ANA COMENA
18 SONHO DISCRETO
19 AMEI
20 SOPA DE LEGUMES
21 LET ME KISS YOU TIZIANO
22 PARANÁLISE
23 EU AMO O NÉON
24 DOIS POEMAS A DESPROPÓSITO [1] [2]
25 FIZ DA ARTE UM CAMINHO
26 FRÁGIL, 17/10/85
27 TRIOLOGIA DE UMA DÚZIA (O QUE FICOU!)
28 ATELIER
29 GÉNESIS
30 TESEIDA
31 A FAINA
32 ESTÁDIO
33 ESTRANHO PÁSSARO

Edição

ASA DE ICARVS

-143-

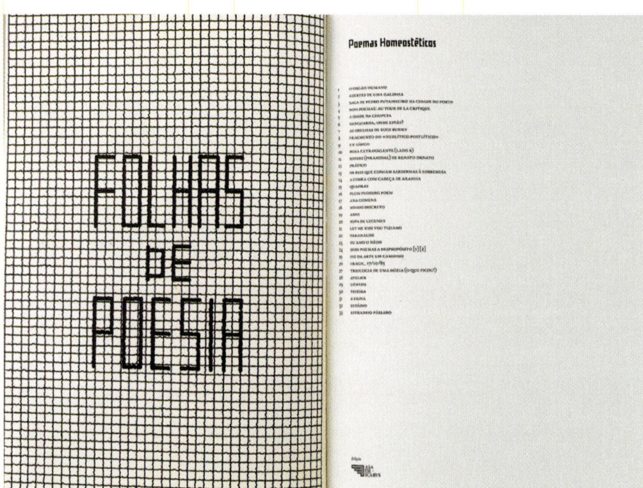

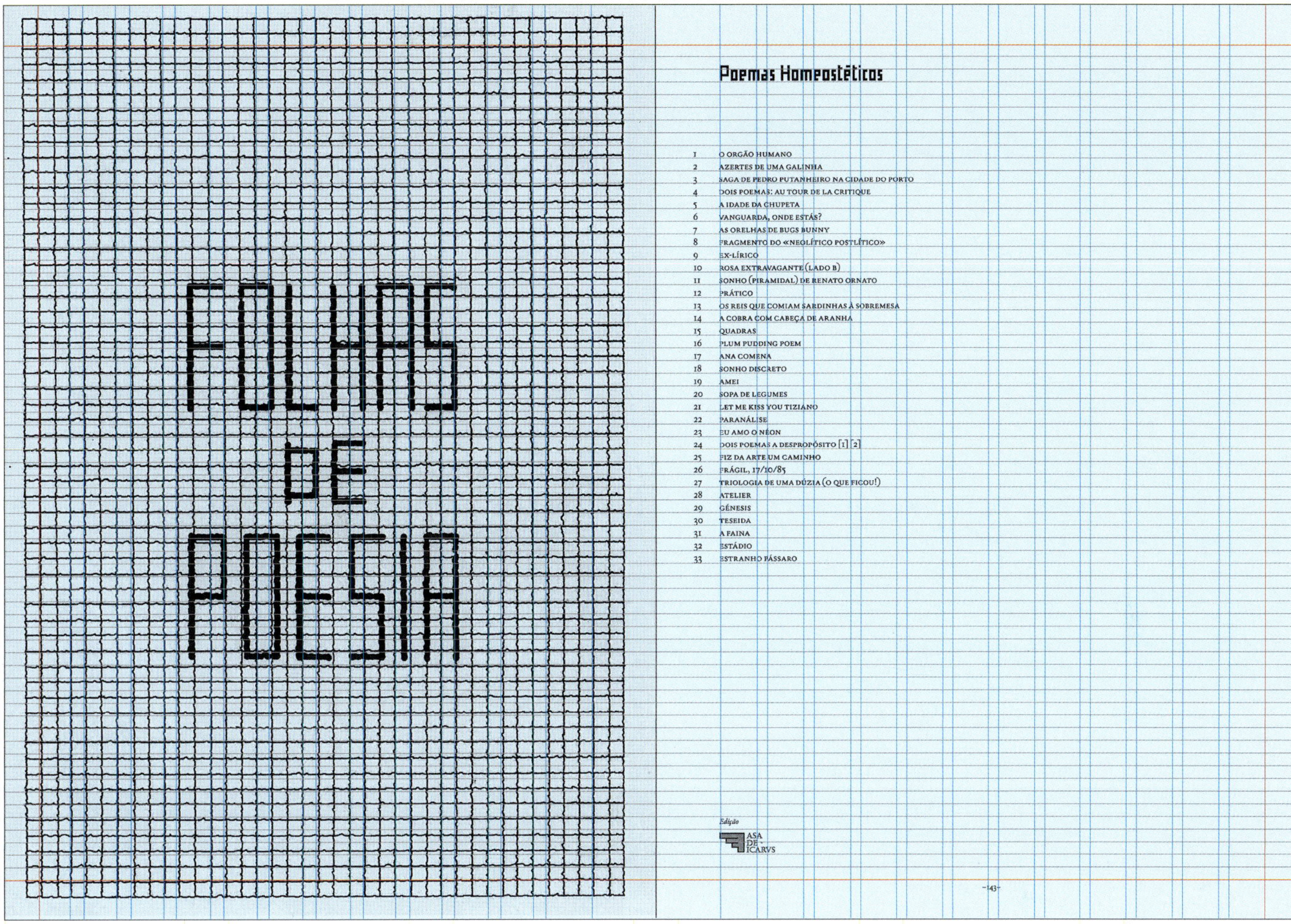

A seleção do trabalho para a publicação foi feita em colaboração com o artista Pedro Portugal, que pendurou o trabalho nas paredes do estúdio e o editou intuitivamente. A composição das páginas tenta capturar isso; a dispersão das imagens dentro do grid com múltiplas colunas reflete a natureza orgânica do processo de seleção e se assemelha à composição em progresso nas paredes do estúdio. O grid foi especificado para permitir flexibilidade, mas ainda confere à publicação uma estrutura geral forte.

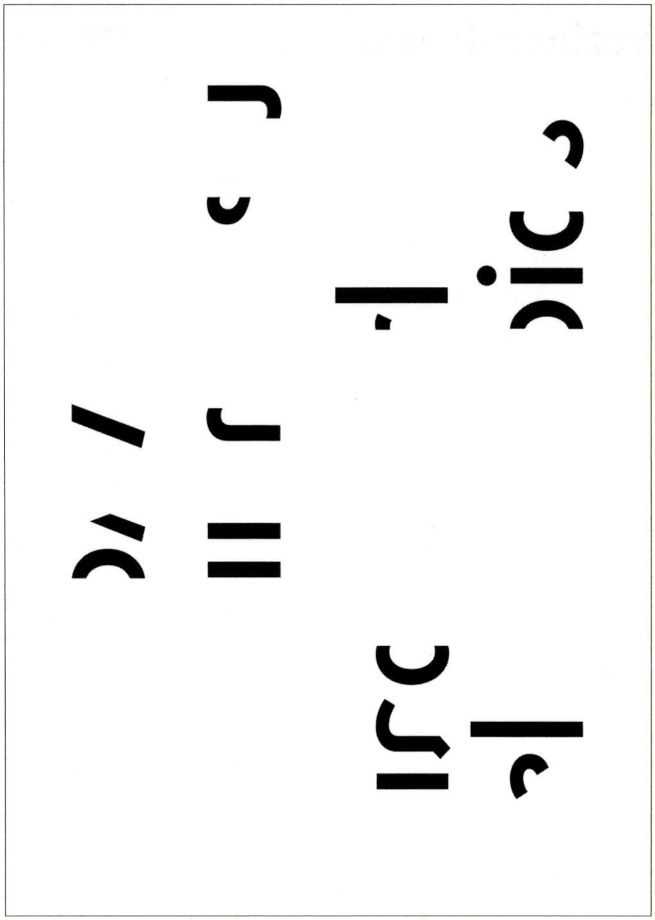

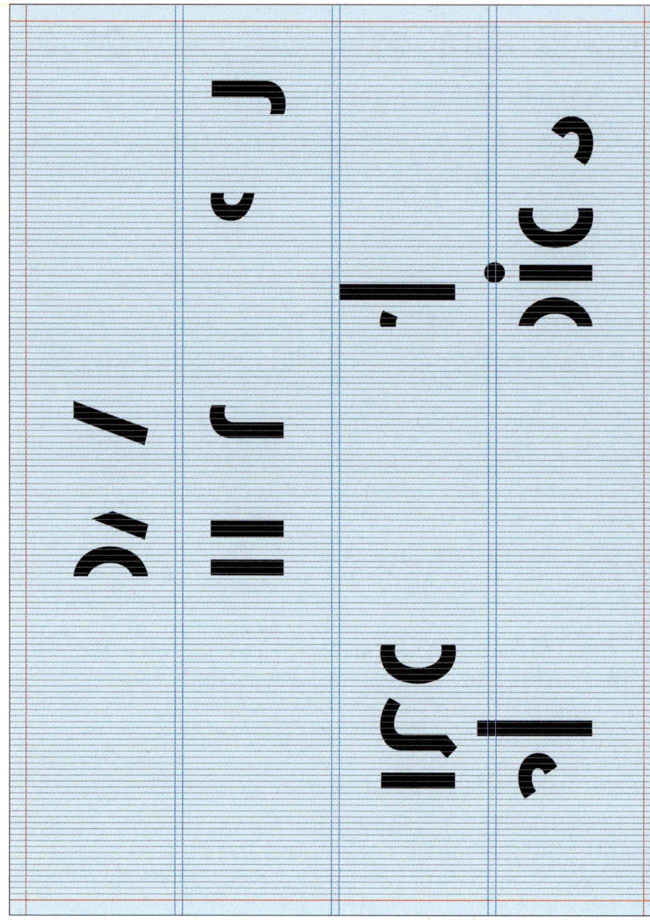

CATÁLOGO DA EXPOSIÇÃO URBAN VOIDS (VAZIOS URBANOS)

Design: Lizá Ramalho, Artur Rebelo e Liliana Pinto, P2 design

Este material promocional para a Trienal de Arquitetura de Lisboa foi criado para refletir o tema universal do evento – vazios urbanos. Os designers Lizá Ramalho, Artur Rebelo e Liliana Pinto utilizaram formas gráficas para transmitir ideias de abandono e chamar a atenção aos espaços da cidade que muitas vezes são negligenciados. Escolhendo uma fonte do tipo estêncil e mostrando-a na sua forma fragmentada, os designers produziram o que, de início, parece ser uma composição deslocada. Mas, imprimindo em papel transparente (como os utilizados em projetos arquitetônicos) de diferentes densidades, o nome do evento torna-se claro depois que a publicação é dobrada para o tamanho final. A estrutura geral do grid é simples, mas os grandes espaçamentos entre os blocos de texto reforçam ainda mais o sentido de isolamento e deslocamento temporário.

ESPECIFICAÇÕES DO GRID

Tamanho da página (refilado)	420 x 594 mm
Margem superior	10 mm
Margem inferior	10 mm
Margem externa	10 mm
Margem interna	10 mm
Número de colunas	4
Largura da medianiz	5 mm
Extras	Grid de linhas de base, 11 pt

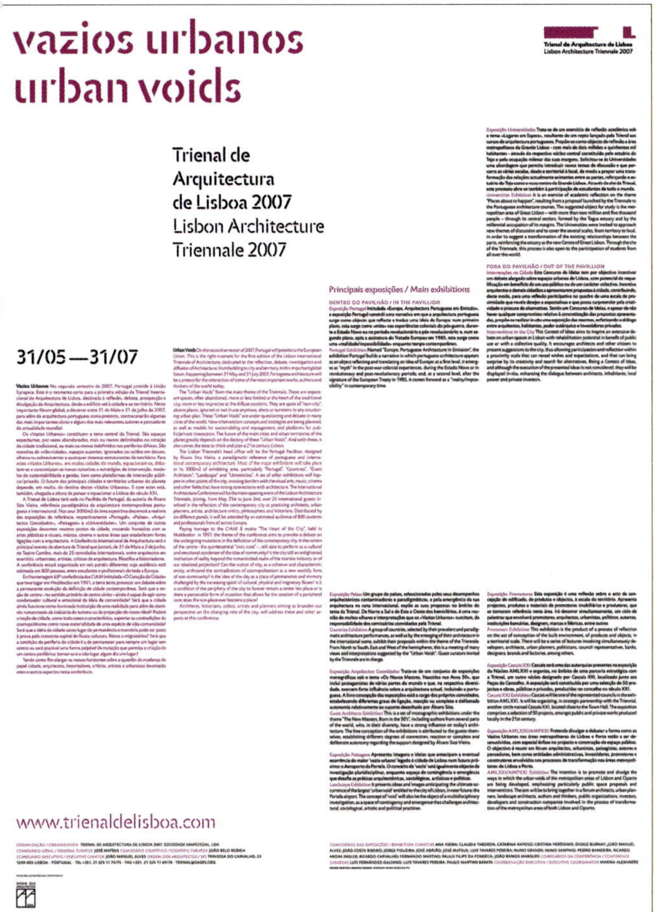
vazios urbanos
urban voids
Trienal de Arquitectura de Lisboa
Lisbon Architecture Triennale 2007
Trienal de
Arquitectura
de Lisboa 2007
Lisbon Architecture
Triennale 2007
Principais exposições / Main exhibitions
31/05—31/07
www.trienaldelisboa.com

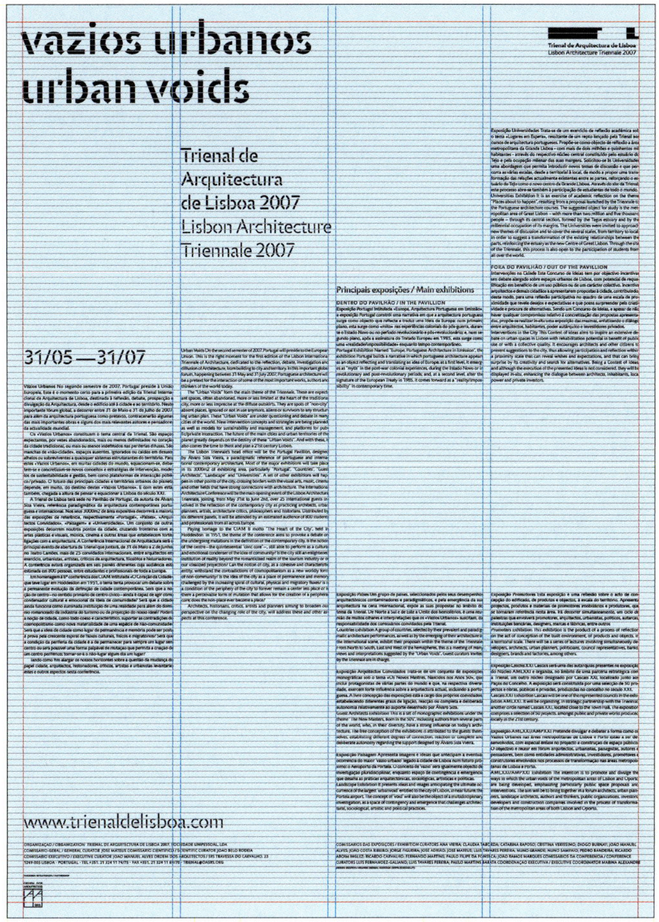
vazios urbanos
urban voids
Trienal de Arquitectura de Lisboa
Lisbon Architecture Triennale 2007
Trienal de
Arquitectura
de Lisboa 2007
Lisbon Architecture
Triennale 2007
Principais exposições / Main exhibitions
31/05—31/07
www.trienaldelisboa.com

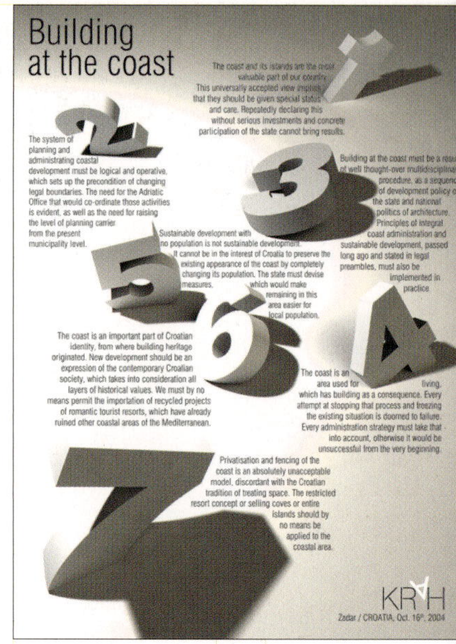

KRAH: PÔSTER DO PRIMEIRO CONGRESSO DE ARQUITETOS CROATAS

Design: Boris Ljubicic, Studio International

Estes pôsteres foram encomendados pela Croatian Architects Association para elevar o perfil da arquitetura dentro da política. Eles estabelecem 10 objetivos e defendem diretrizes que beneficiam o ambiente construído. O designer Boris Ljubicic decidiu utilizar números em 3D como um ponto de partida para seus pôsteres. Ele começou com um tradicional grid de colunas e campos e o utilizou para organizar a composição dos objetos. O ângulo da câmara e a iluminação dramática criam diagonais fortes que dão vida ao design geral. Estes pôsteres funcionam em conjunto; o pôster *Ten Proposals* utiliza o corpo dos numerais como base para o texto, enquanto o pôster *Building at the Coast*, que aborda o contexto em que esses princípios poderiam ser aplicados, utiliza o espaço em torno dos números.

ESPECIFICAÇÕES DO GRID

Tamanho da página (refilado)	595 x 840 mm
Margem superior	Sangrada
Margem inferior	Sangrada
Margem externa	Sangrada
Margem interna	Sangrada
Número de colunas	14
Largura da medianiz	N/D
Extras	Unidade de linhas de base, quadrado de 42 mm

Livros ilustrados

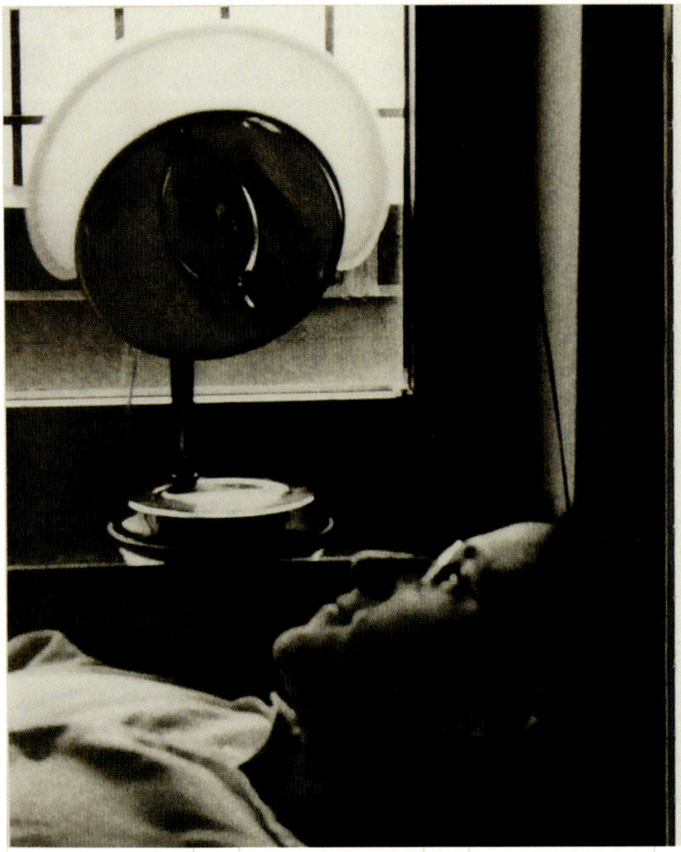

The Art of the Jester

Chip Kidd. Photograph by Duane Michals, 2001.

Pull a book at random from your bookcase and look at its cover. That is all you need to do to travel back to that specific moment in your life when you first read it. As compact as a time capsule, a book jacket holds forever the memory of the brief cultural period when it was in print. But a short shelf life is the price a book jacket must pay for leaving a vivid impression in the mind. My 1987 hardcover edition of Tom Wolfe's *The Bonfire of The Vanities*, so promising when it came out during the heady days of the Reagan administration, looks and feels today like a dear old friend wearing a toupee.[1] However, the fact that most book jackets look dated within a couple of years of their publication does not take anything away from their graphic appeal. One of the things we love about books is the way they age along with us. 7

Yet today, newness is considered a critical design element of a book jacket. Indeed, when I survey bookstores, the future obsolescence of the latest best-sellers' covers is the furthest thing from my mind. Even though I am aware that the current jackets will one day have the same emotional patina as award-winning jackets designed or art directed a decade ago by Louise Fili, Carin Goldberg, Sara Eisenman, Paula Scher, Frank Metz, Krystyna Skalski, Fred Marcellino or Neil Stuart, I cannot help but be seduced by the allure of instant modernity that the new books seem to capture. One of the things that tells me that a book is brand new is the presence of photography on its cover. Over the last couple of years, I have been conditioned to equate the use of conceptual photography on American book jackets with cutting-edge, contemporary literature. In contrast, if a book has an illustrated jacket, I regret to admit that I assume that its content is somewhat behind the curve. Graphic profiling, like racial profiling, is an inescapable reality in the world in which we live today.

The now popular photographic approach was originally pioneered in the late 1980s by a group of young designers working for the Knopf Publishing Group. Famous for its emblematic Borzoi logo, the Knopf

Donnie Brasco

Director – Mike Newell, 1997
Titles – *Kyle Cooper (dir.)*
for Imaginary Forces

One of the first main titles to be done under the Imaginary Forces name, *Donnie Brasco* is a micro-narrative so moody and evocative that it had one New Yorker critic praising it above the film itself. Using a combination of predominantly black-and-white and colour stills shot in surveillance style – complete with Kodak markings and grease-pencil scribblings – Cooper choreographs an unsettling sequence about friendship, betrayal and the implosion of relationships caught in the middle. Accompanied by a delicate piece of music by Beethoven, the gritty still images become animated thanks to a carefully choreographed edit that favours slow fades punctuated by rapid-cut action sequences and the occasional piece of live footage. The titles begin and end with a view of Johnny Depp's dark-ringed eyes looking from outside – an imposter cop in the midst of New York wise guys.

56

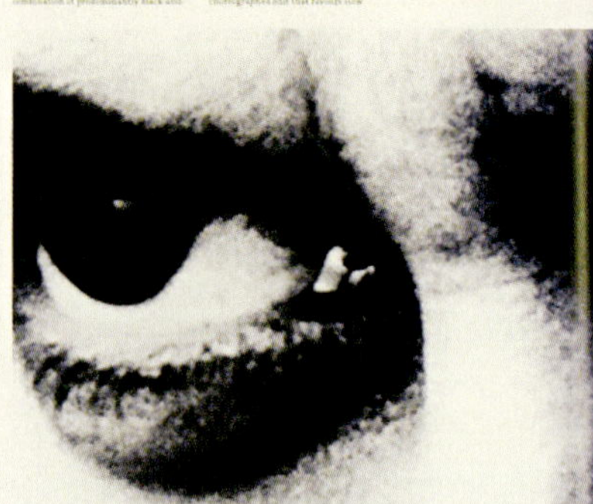

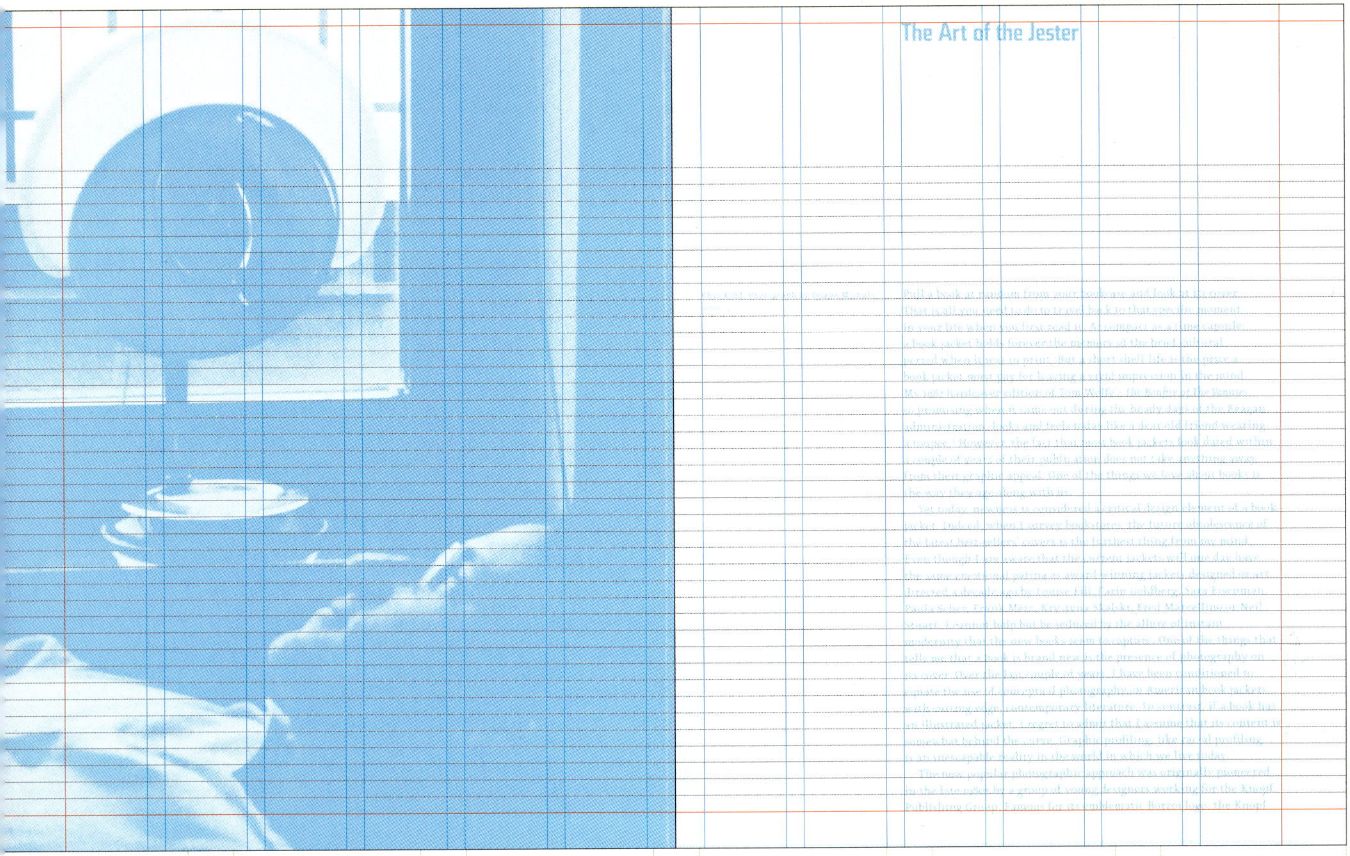

ESPECIFICAÇÕES DO GRID	
Tamanho da página (refilado)	189 x 238 mm
Margem superior	5 mm
Margem inferior	10 mm
Margem externa	8 mm
Margem interna	18 mm
Número de colunas	6
Largura da medianiz	5 mm
Extras	Grid de linhas de base, 13,25 pt iniciando em 45,5 mm

SÉRIE MONOGRAPHICS

Design: Brad Yendle, Design Typography

Cada livro na série *Monographics*, da Laurence King, se concentra no trabalho de um artista. O estilo da série precisa ser reconhecível, mas flexível, e funcionar como um plano de fundo razoavelmente neutro em relação ao trabalho apresentado. Essas considerações dão suporte à decisão do designer Brad Yendle de criar o que ele descreve como um design bastante elaborado, mas relativamente austero. A revista *Typographica*, de Herbert Spencer, e os anuários *Graphis*, dos anos 60, foram sua inspiração. O grid de Yendle é uma estrutura de múltiplas colunas que pode acomodar facilmente texto contínuo, legendas e índice. Sua grande margem superior introduz o bem-vindo espaço de arejamento para as páginas que incluem exemplos visuais e formatos de uma variedade de disciplinas – fotogramas e títulos, capas de livros, páginas espelhadas, impressos e gibis.

Véronique Vienne

Chip Kidd

Laurence King Publishing

Through the Glass Darkly

Kyle Cooper. Photograph by Michael Power.

Kyle Cooper is a postmodern paradox. He is an iconoclast who loves what he transgresses, whether the tenets of modernist typography, the idea of apple-pie America or even the belief in an all-loving, all-powerful God. He is by nature betwixt and between, not quite fitting into the commercial world of Hollywood and not entirely at home in the realm of high-design discourse. He is a true-believing Christian whose oeuvre has often lingered on the sinister themes of murder and madness. The work that he has created over the past decade – first at R/Greenberg and then at Imaginary Forces, the studio he cofounded in 1996 with Peter Frankfurt and Chip Houghton – distinctively plays off this tension to great effect. 7

In an age predicated on irony – the knowing collusion between auteur and audience via winking references made at breakneck speed – Cooper's work comes into bold relief, for it is marked by something that seems all but lost in our cleverness-as-king culture: earnestness. This may sound an odd description for a designer who first came to
16 fame with the opening titles for David Fincher's 1995 film *Seven*, a sequence characterized by degraded, hand-scrawled type and nerve-jangling imagery. But Cooper has realized something important: desecration is all the more effective when the ideals being torn down are ones that are dearly held by the desecrater.

Kyle Cooper's short-form artistry is particularly appreciated in a culture known for its collective attention deficit disorder because it delivers intense experiences in quick bursts. The fact that such jags of entertainment have snuck into the unassuming cultural spaces of legally mandated credit sequences is a testament to both the creative urge and, perhaps, consumer culture's discomfort in the presence of blank, unmediated space. Cooper himself displays a tendency toward fitful absorption – darting associatively in conversation from one topic to the next, multi-tasking to such an extent that many of the interviews that fill his dictionary-sized book of press clippings were given on his cell phone while driving the freeways of Los Angeles

The homey quality of Kidd's art direction in these spreads from Peanuts is reminiscent of a family photo album. Changes of scale give the pages their texture. The comic strips are photographed from the original pulp pages, showing wear and tear and discolouration. Because Schulz didn't have anything that could be called an archive in his studio, assembling this book was like a scavenger hunt for Kidd and Spear.

104

105

48

The Cold Six Thousand
James Ellroy
Main photograph – Mell Kilpatrick
2001 New York ALFRED A. KNOPF
[Hardback]

The blurred colour photograph of a neon Las Vegas landscape sets the location for a tale of violence and corruption amid the desert casinos. The bloodied crime scene offers a macabre invitation to enter a world peopled with amoral characters who both repel and fascinate.

White Jazz
James Ellroy
Photograph – Robert Morrow
1992 New York ALFRED A. KNOPF
[Hardback]

"Chip Kidd frames the front cover in pristine white – a color at once stark, innocent and inviting. Centered in that white expanse: an LAPD patrol car door shot full of holes. The potential book buyer/reader has been presented with a statement and a challenge – forceful, simple, elegant: Read This Book!"
– *James Ellroy*

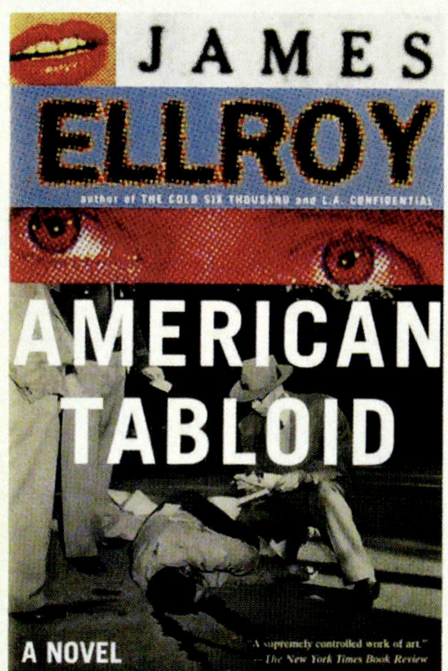

American Tabloid
James Ellroy
Main photograph – Mell Kilpatrick
2001 New York ALFRED A. KNOPF
[Paperback]

The saturated and grainy colour images of eyes and lips highlight our voyeuristic attraction to scenes of bloodshed and mayhem. The vintage shot of a crime scene makes reference to the American underworld in the years before and after the Bay of Pigs. 49

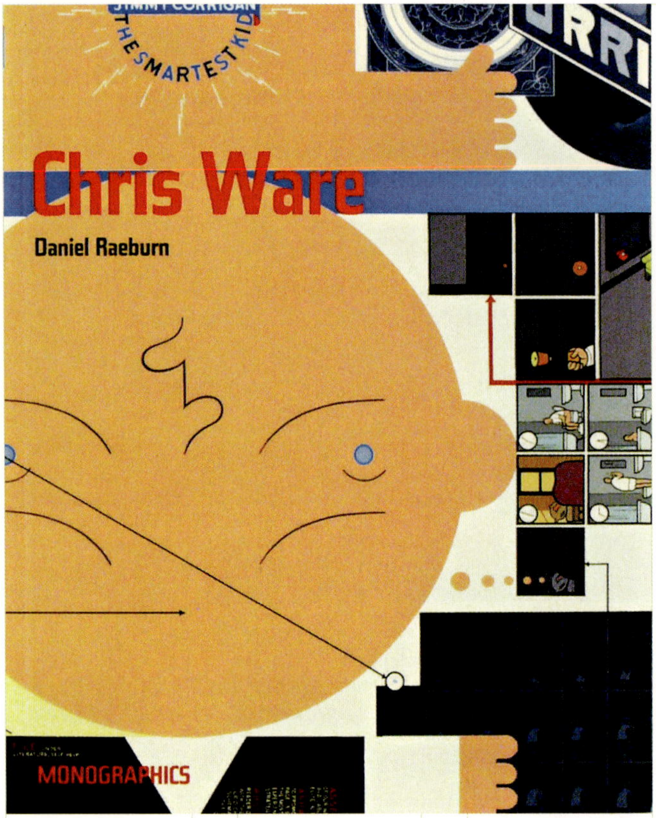
JIMMY CORRIGAN
THE SMARTEST KID
Chris Ware
Daniel Raeburn
MONOGRAPHICS

Daniel Raeburn
Chris Ware
Laurence King Publishing

THE ACME NOVELTY LIBRARY
EACH ISSUE
BUY NOW
ALGORITHMATIC

H.N. Werkman
Alston W. Purvis
MONOGRAPHICS

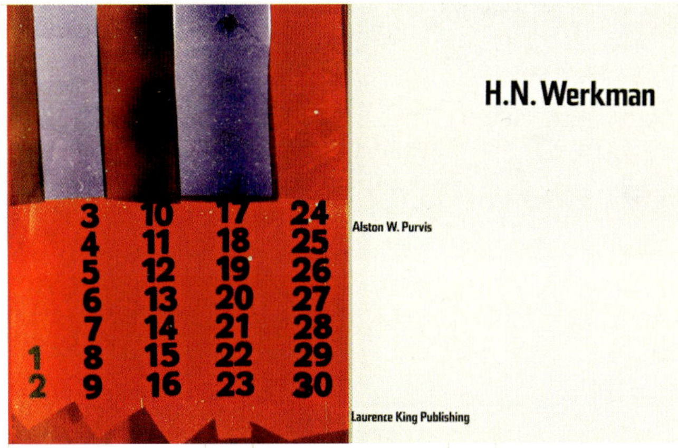
H.N. Werkman
Alston W. Purvis
Laurence King Publishing

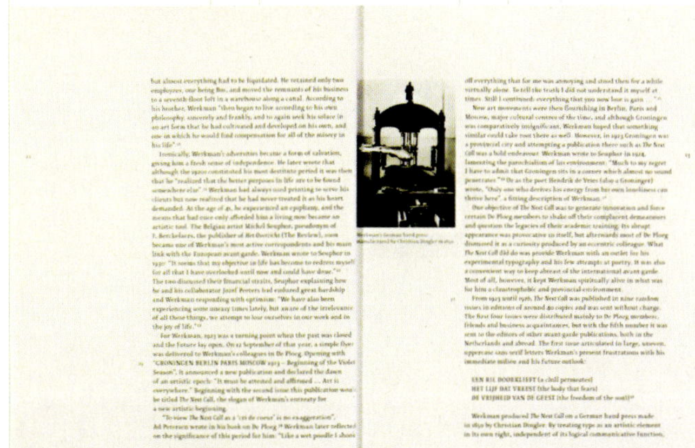

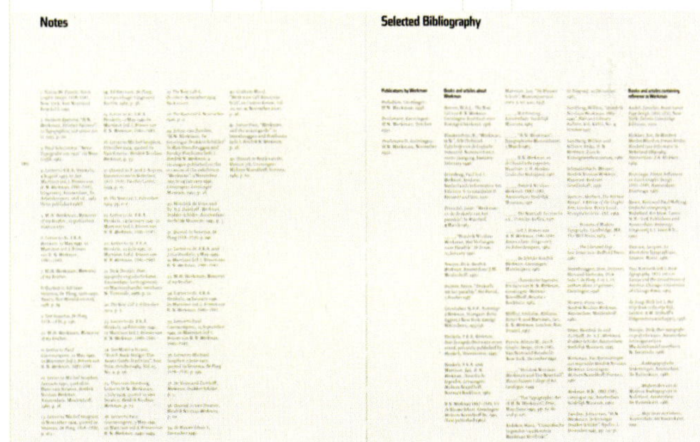
Notes
Selected Bibliography

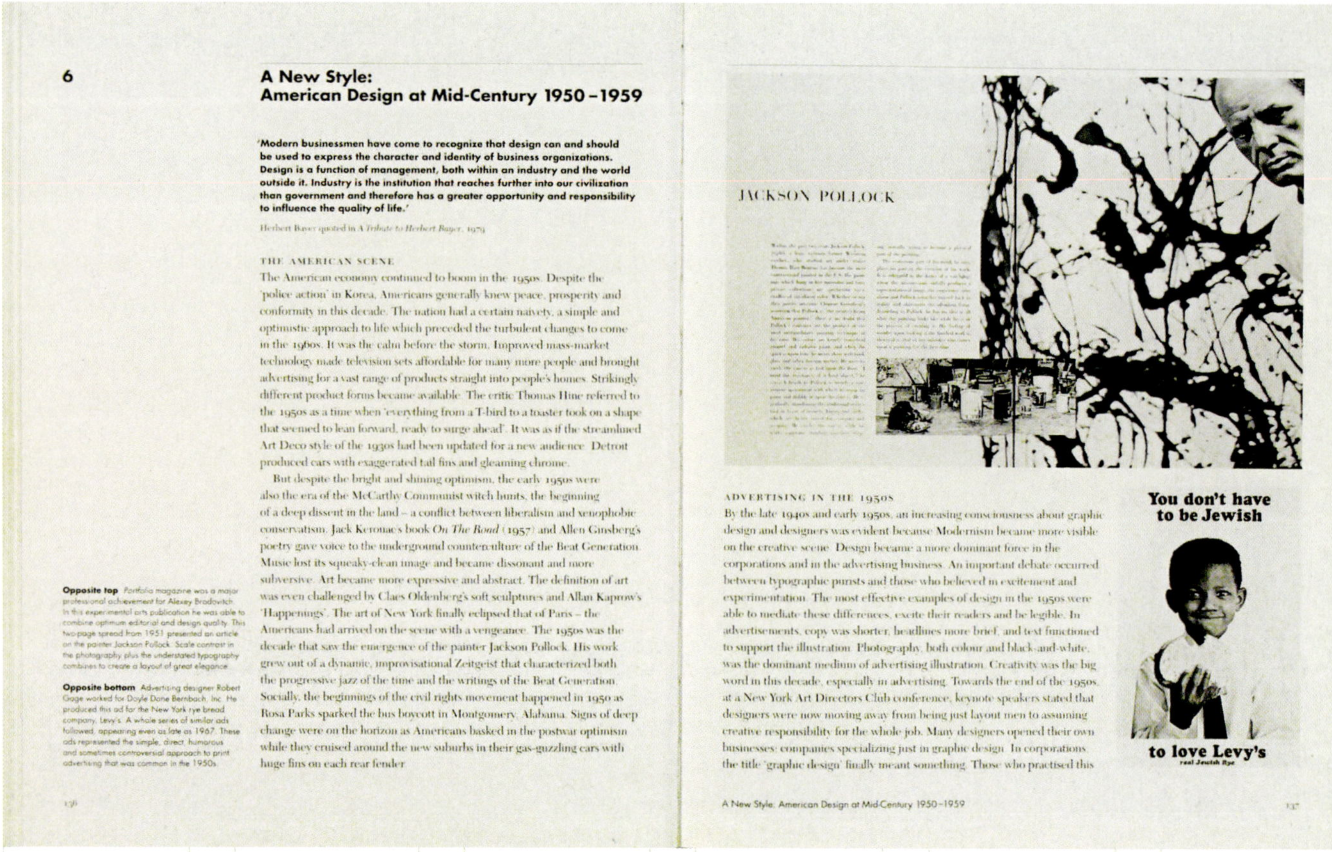

6

A New Style: American Design at Mid-Century 1950–1959

'Modern businessmen have come to recognize that design can and should be used to express the character and identity of business organizations. Design is a function of management, both within an industry and the world outside it. Industry is the institution that reaches further into our civilization than government and therefore has a greater opportunity and responsibility to influence the quality of life.'

Herbert Bayer quoted in *A Tribute to Herbert Bayer*, 1979

THE AMERICAN SCENE

The American economy continued to boom in the 1950s. Despite the 'police action' in Korea, Americans generally knew peace, prosperity and conformity in this decade. The nation had a certain naivety, a simple and optimistic approach to life which preceded the turbulent changes to come in the 1960s. It was the calm before the storm. Improved mass-market technology made television sets affordable for many more people and brought advertising for a vast range of products straight into people's homes. Strikingly different product forms became available. The critic Thomas Hine referred to the 1950s as a time when 'everything from a T-bird to a toaster took on a shape that seemed to lean forward, ready to surge ahead'. It was as if the streamlined Art Deco style of the 1930s had been updated for a new audience. Detroit produced cars with exaggerated tail fins and gleaming chrome.

But despite the bright and shining optimism, the early 1950s were also the era of the McCarthy Communist witch hunts, the beginning of a deep dissent in the land – a conflict between liberalism and xenophobic conservatism. Jack Kerouac's book *On The Road* (1957) and Allen Ginsberg's poetry gave voice to the underground counterculture of the Beat Generation. Music lost its squeaky-clean image and became dissonant and more subversive. Art became more expressive and abstract. The definition of art was even challenged by Claes Oldenberg's soft sculptures and Allan Kaprow's 'Happenings'. The art of New York finally eclipsed that of Paris – the Americans had arrived on the scene with a vengeance. The 1950s was the decade that saw the emergence of the painter Jackson Pollock. His work grew out of a dynamic, improvisational Zeitgeist that characterized both the progressive jazz of the time and the writings of the Beat Generation. Socially, the beginnings of the civil rights movement happened in 1950 as Rosa Parks sparked the bus boycott in Montgomery, Alabama. Signs of deep change were on the horizon as Americans basked in the postwar optimism while they cruised around the new suburbs in their gas-guzzling cars with huge fins on each rear fender.

Opposite top *Portfolio* magazine was a major professional achievement for Alexey Brodovitch. In this experimental arts publication he was able to combine optimum editorial and design quality. This two-page spread from 1951 presented an article on the painter Jackson Pollock. Scale contrast in the photography plus the understated typography combines to create a layout of great elegance.

Opposite bottom Advertising designer Robert Gage worked for Doyle Dane Bernbach, Inc. He produced this ad for the New York rye bread company, Levy's. A whole series of similar ads followed, appearing even as late as 1967. These ads represented the simple, direct, humorous and sometimes controversial approach to print advertising that was common in the 1950s.

136

JACKSON POLLOCK

You don't have to be Jewish

to love Levy's

real Jewish Rye

ADVERTISING IN THE 1950S

By the late 1940s and early 1950s, an increasing consciousness about graphic design and designers was evident because Modernism became more visible on the creative scene. Design became a more dominant force in the corporations and in the advertising business. An important debate occurred between typographic purists and those who believed in excitement and experimentation. The most effective examples of design in the 1950s were able to mediate these differences, excite their readers and be legible. In advertisements, copy was shorter, headlines more brief, and text functioned to support the illustration. Photography, both colour and black-and-white, was the dominant medium of advertising illustration. Creativity was the big word in this decade, especially in advertising. Towards the end of the 1950s, at a New York Art Directors Club conference, keynote speakers stated that designers were now moving away from being just layout men to assuming creative responsibility for the whole job. Many designers opened their own businesses; companies specializing just in graphic design. In corporations the title 'graphic design' finally meant something. Those who practised this

A New Style: American Design at Mid-Century 1950–1959 137

Contents

1 The Basis for the New: The Cradle of Modernism 1850–1899 7

2 A New World Forming: The Impact of Modernism 1900–1919 15

3 American Design in Transition: Traditional to Modernism 1920–1929 33

4 Into the Design Scene: Modernism Arrives in America 1930–1939 47

5 At War and After: The Creative Forties in America 1940–1949 83

6 A New Style: American Design at Mid-Century 1950–1959 135

7 Design Since Mid-Century: Diversity and Contradiction 1960–1999 157

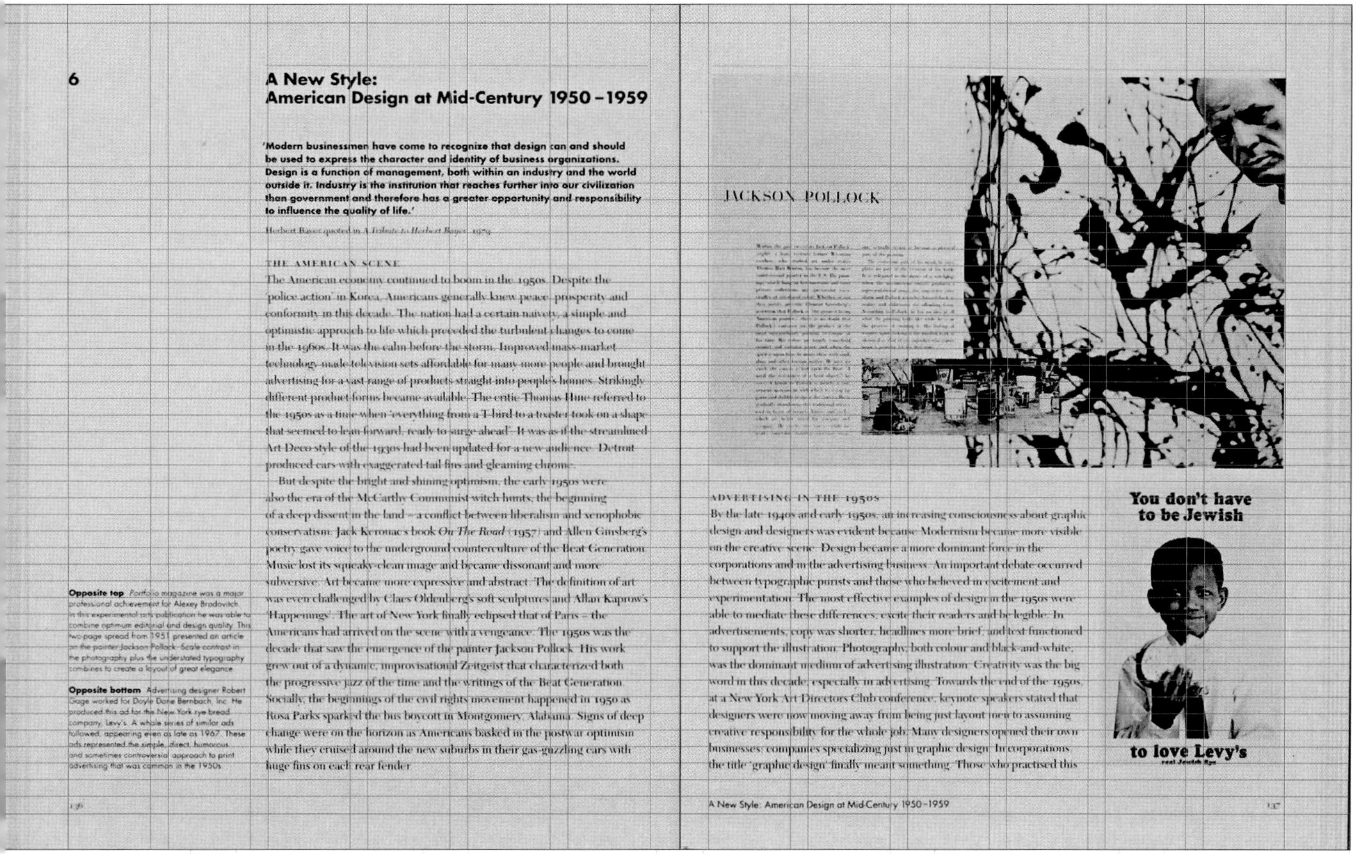

6

A New Style:
American Design at Mid-Century 1950–1959

'Modern businessmen have come to recognize that design can and should be used to express the character and identity of business organizations. Design is a function of management, both within an industry and the world outside it. Industry is the institution that reaches further into our civilization than government and therefore has a greater opportunity and responsibility to influence the quality of life.'

Herbert Bayer quoted in *A Tribute to Herbert Bayer*, 1979

THE AMERICAN SCENE

The American economy continued to boom in the 1950s. Despite the 'police action' in Korea, Americans generally knew peace, prosperity and conformity in this decade. The nation had a certain naivety, a simple and optimistic approach to life which preceded the turbulent changes to come in the 1960s. It was the calm before the storm. Improved mass-market technology made television sets affordable for many more people and brought advertising for a vast range of products straight into people's homes. Strikingly different product forms became available. The critic Thomas Hine referred to the 1950s as a time when 'everything from a T-bird to a toaster took on a shape that seemed to lean forward, ready to surge ahead'. It was as if the streamlined Art Deco style of the 1930s had been updated for a new audience. Detroit produced cars with exaggerated tail fins and gleaming chrome.

But despite the bright and shining optimism, the early 1950s were also the era of the McCarthy Communist witch hunts, the beginning of a deep dissent in the land – a conflict between liberalism and xenophobic conservatism. Jack Kerouac's book *On The Road* (1957) and Allen Ginsberg's poetry gave voice to the underground counterculture of the Beat Generation. Music lost its squeaky-clean image and became dissonant and more subversive. Art became more expressive and abstract. The definition of art was even challenged by Claes Oldenberg's soft sculptures and Allan Kaprow's 'Happenings'. The art of New York finally eclipsed that of Paris – the Americans had arrived on the scene with a vengeance. The 1950s was the decade that saw the emergence of the painter Jackson Pollock. His work grew out of a dynamic, improvisational Zeitgeist that characterized both the progressive jazz of the time and the writings of the Beat Generation. Socially, the beginnings of the civil rights movement happened in 1950 as Rosa Parks sparked the bus boycott in Montgomery, Alabama. Signs of deep change were on the horizon as Americans basked in the postwar optimism while they cruised around the new suburbs in their gas-guzzling cars with huge fins on each rear fender.

Opposite top *Portfolio* magazine was a major professional achievement for Alexey Brodovitch. In this experimental arts publication he was able to combine optimum editorial and design quality. This two-page spread from 1951 presented an article on the painter Jackson Pollock. Scale contrast in the photography plus the understated typography combines to create a layout of great elegance.

Opposite bottom Advertising designer Robert Gage worked for Doyle Dane Bernbach, Inc. He produced this ad for the New York rye bread company, Levy's. A whole series of similar ads followed, appearing even as late as 1967. These ads represented the simple, direct, humorous and sometimes controversial approach to print advertising that was common in the 1950s.

136

JACKSON POLLOCK

You don't have
to be Jewish
to love Levy's
real Jewish Rye

ADVERTISING IN THE 1950s

By the late 1940s and early 1950s, an increasing consciousness about graphic design and designers was evident because Modernism became more visible on the creative scene. Design became a more dominant force in the corporations and in the advertising business. An important debate occurred between typographic purists and those who believed in excitement and experimentation. The most effective examples of design in the 1950s were able to mediate these differences, excite their readers and be legible. In advertisements, copy was shorter, headlines more brief, and text functioned to support the illustration. Photography, both colour and black-and-white, was the dominant medium of advertising illustration. Creativity was the big word in this decade, especially in advertising. Towards the end of the 1950s, at a New York Art Directors Club conference, keynote speakers stated that designers were now moving away from being just layout men to assuming creative responsibility for the whole job. Many designers opened their own businesses; companies specializing just in graphic design. In corporations, the title 'graphic design' finally meant something. Those who practised this

A New Style: American Design at Mid-Century 1950–1959

137

AMERICAN MODERNISM: GRAPHIC DESIGN 1920 TO 1960

Design: Brad Yendle, Design Typography

O design deste livro precisava ser anônimo e discreto. Boa parte dos designers incluídos tem agora status icônico – Lester Beall, Alexey Brodovitch, Lou Dorfsman, Paul Rand, Ladislav Sutnar e Massimo Vignelli –, e seus trabalhos muitas vezes são extremamente arrojados e fortes. O livro explora a extraordinária influência que os imigrantes europeus tiveram sobre o design norte-americano. Apropriadamente, o designer Brad Yendle utilizou duas fontes complementares, uma criada por um alemão – Futura – e outra por um americano – New Caledonia. Com base no trabalho do design de livros de Jost Hochuli, Yendle desenvolveu um grid de seis colunas. Combinando essas pequenas colunas a diferentes configurações, o texto, as legendas e as imagens são facilmente acomodados.

ESPECIFICAÇÕES DO GRID

Tamanho da página (refilado)	280 x 215 mm
Margem superior	23 mm
Margem inferior	27,5 mm
Margem externa	15 mm
Margem interna	16 mm
Número de colunas	6
Largura da medianiz	4 mm
Extras	Grid de linhas de base, 15,5 pt iniciando em 23 mm

Above left The French poster artist Jean Carlu lived in New York during World War II. He designed many advertisements and posters on behalf of the war effort. This ad for the Container Corporation of America was created in 1942. Entitled 'Repaying America's Riches', it represented the CCA's public service support in presenting one million pine tree seedlings to Florida farmers in terms of understandable imagery.

Above right This ad, designed by Paul Rand, ran in consumer magazines in the United States in 1946. It was the first ad in a long series in which each of the 48 United States was featured. The headline read, 'U.S. 48 States fight the road to world peace and commerce'. The ad reflected the post World War II optimism for peace and prosperity. Rand's visualization was characteristic in the simplified synthesis of illustration with graphic symbolic form.

talent – tenacity, diplomacy and salesmanship. It is no good to create a beautiful layout if disintegration sets in at any one of the important points of production.'[7] In the postwar period, with the economy moving again, more and more Modernist designers were active in producing imaginative advertisements and receiving recognition for bringing fresh, design-oriented solutions to the world of marketing.

GRAPHIC DESIGN ACROSS AMERICA

Two prominent designers, Paul Rand and Bradbury Thompson, emerged during the war and made major contributions to the new direction in American graphic design. They shared an interest in bringing the formal ideas of the European avant-garde into their work at the same time as being firmly grounded in the realities of the American business scene.

Rand, a native New Yorker, worked through the 1940s at the Weintraub Advertising Agency, designing outstanding campaigns for Orbachs, Stafford Fabrics, Disney Hats and others. His covers for *Direction* magazine afforded the opportunity to explore new approaches in form and content interpretation. The covers show Rand's unique understanding of perceptual values, his

104

Above left Montana was the birth state of E. McKnight Kauffer. He had spent most of his career in England but participated in the Container Corporation of America's 48 States campaign with this ad for his home state in 1944. The CCA ad campaign featured a prominent artist or illustrator from each of the 48 states.

Above right Fernand Léger was a famous French artist who waited out World War II in New York. While he was in the U.S., art directors such as Charles Coiner asked Léger to produce work for Container Corporation of America's ad campaigns. This ad, from 1941, emphasized the fact that the CCA organization was a full-service packaging business. Léger also designed covers for *Fortune* magazine.

Overleaf Between 1947 and 1949, Paul Rand designed a series of ads for Disney Hats. In the campaign, each ad was different but was composed of similar elements, namely a hat, the outline of a figure, the company seal and the copy. This series showed Rand's ingenuity at presenting a visually uninteresting product line with creativity and visual interest.

At War and After: The Creative Forties in America 1940 – 1949

105

America's answer!
PRODUCTION
JEAN CARLU
DIVISION OF INFORMATION
OFFICE FOR EMERGENCY MANAGEMENT

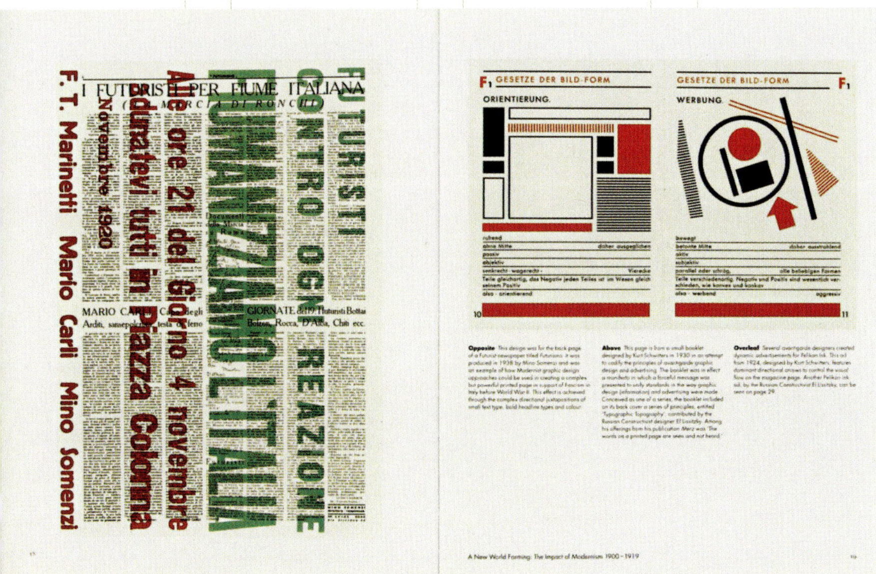
I FUTURISTI PER FIUME ITALIANA
FUTURISTI CONTRO OGNI REAZIONE
Alle ore 21 del Giorno 4 novembre
adunatevi tutti in Piazza Colonna
Novembre 1920
F. T. Marinetti Mario Carli Mino Somenzi
GESETZE DER BILD-FORM
ORIENTIERUNG.
ruhend
ohne Mitte daher ausgeglichen
passiv
objektiv
senkrecht · wagerecht · Vierecke
Teile gleichartig, das Negativ jeden Teiles ist im Wesen gleich seinem Positiv
also · orientierend
10
GESETZE DER BILD-FORM
WERBUNG.
bewegt
betonte Mitte daher ausstrahlend
aktiv
subjektiv
parallel oder schräg, alle beliebigen Formen
Teile verschiedenartig, Negativ und Positiv sind wesentlich verschieden, wie konvex und konkav
also · werbend aggressiv
11
Opposite This design was for the back page of a Futurist newspaper titled *Futurismo*. It was produced in 1938 by Mino Somenzi and was an example of how Modernist graphic design approaches could be used in creating a complex but powerful printed page in support of Fascism in Italy before World War II. This effect is achieved through the complex directional juxtapositions of small text type, bold headline types and colour.
Above This page is from a small booklet designed by Kurt Schwitters in 1930 in an attempt to codify the principles of avantgarde graphic design and advertising. The booklet was in effect a manifesto in which a forceful message was presented to unify standards in the way graphic design (information) and advertising were made. Conceived as one of a series, the booklet included on its back cover a series of principles, entitled 'Typographic Topography', contributed by the Russian Constructivist designer El Lissitzky. Among his offerings from his publication *Merz* was 'The words on a printed page are seen and not heard.'
Overleaf Several avantgarde designers created dynamic advertisements for Pelikan Ink. This ad from 1924, designed by Kurt Schwitters, features dominant directional arrows to control the visual flow on the magazine page. Another Pelikan ink ad, by the Russian Constructivist El Lissitzky, can be seen on page 29.
A New World Forming: The Impact of Modernism 1900–1919

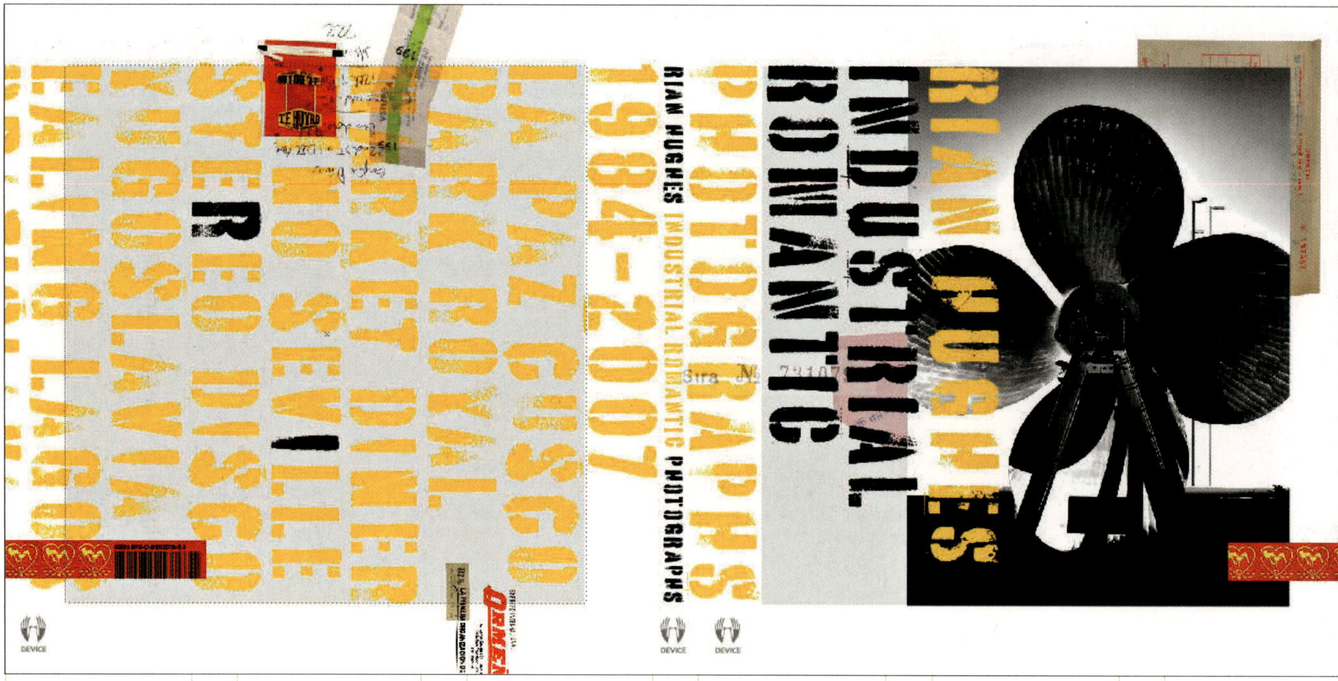
RIAN HUGHES
INDUSTRIAL
ROMANTIC
PHOTOGRAPHS
RIAN HUGHES INDUSTRIAL ROMANTIC PHOTOGRAPHS
1984-2007
DEVICE

BATES BROS
BUILDERS

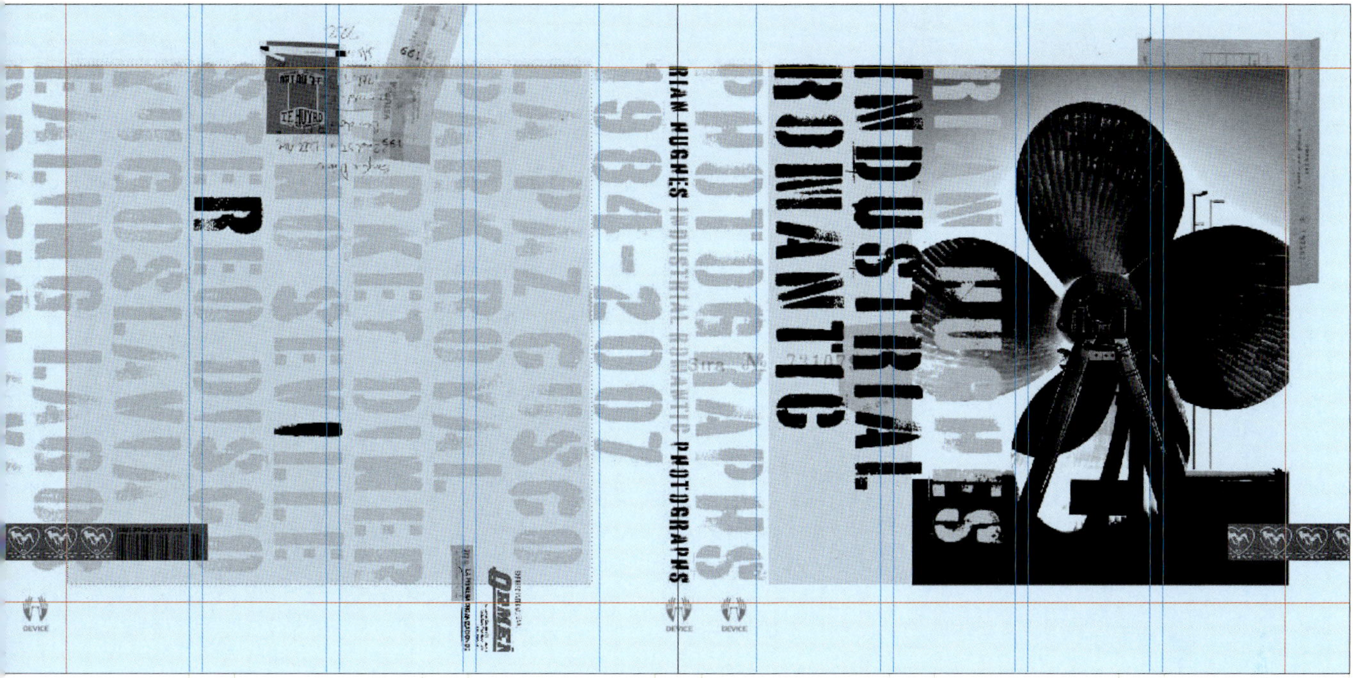

ESPECIFICAÇÕES DO GRID

Tamanho da página (refilado)	260 x 260 mm
Margem superior	25 mm
Margem inferior	27 mm
Margem externa	25 mm
Margem interna	30 mm
Número de colunas	4
Largura da medianiz	5 mm
Extras	N/D

INDUSTRIAL ROMANTIC

Design: Rian Hughes, Device

Rian Hughes é mais conhecido como ilustrador, designer gráfico e designer de fontes, mas este livro foca suas fotografias. Foi um desafio desenvolver um sistema que acomodasse imagens com uma grande variação de tamanho e de proporção. Hughes decidiu utilizar um formato quadrado para o livro, que achou adequado tanto para o retrato como para paisagens. Seu grid de quatro colunas precisava ser flexível. Hughes alinhou os três lados das fotografias com o grid e permitiu que uma borda a quebrasse, determinado pelo melhor corte e escala para a foto específica. Ele selecionou as imagens para cada conjunto de páginas espelhadas com base no tamanho relativo e no tema. O layout foi então dividido por um material efêmero aleatoriamente posicionado.

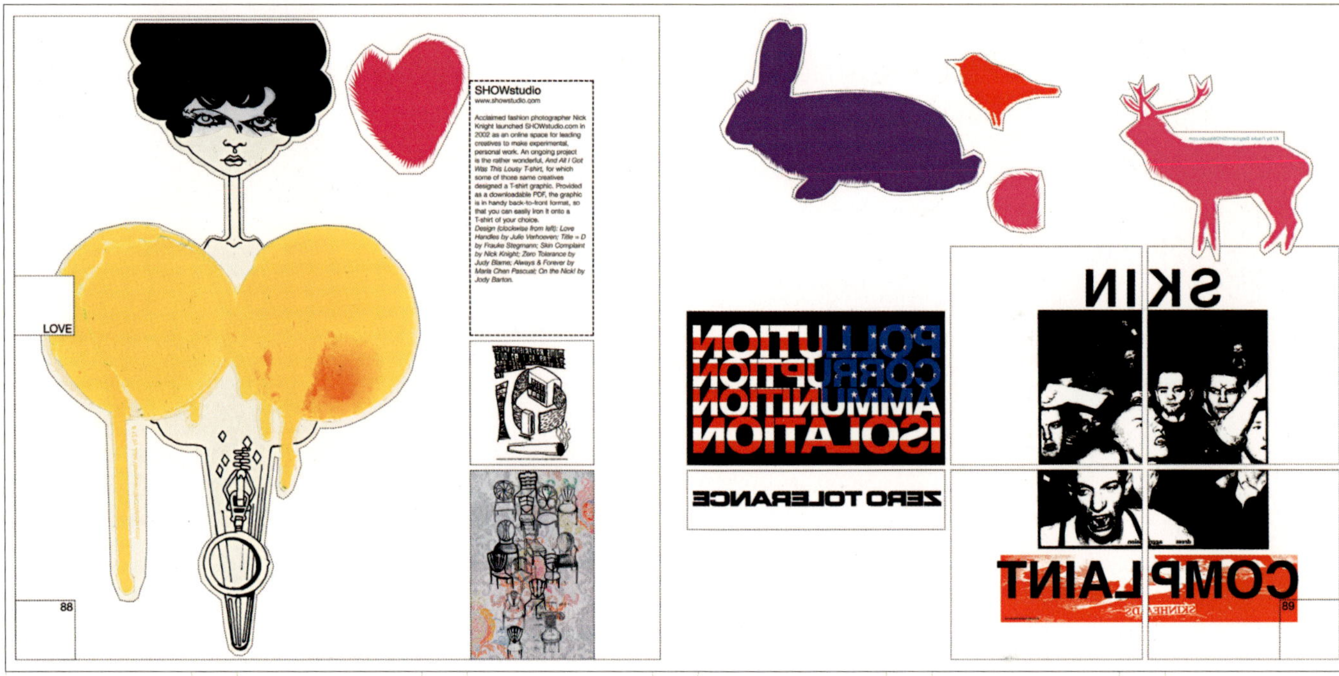
LOVE
SHOWstudio
www.showstudio.com
Acclaimed fashion photographer Nick Knight launched SHOWstudio.com in 2002 as an online space for leading creatives to make experimental, personal work. An ongoing project is the rather wonderful, *And All I Got Was This Lousy T-shirt*, for which some of those same creatives designed a T-shirt graphic. Provided as a downloadable PDF, the graphic is in handy back-to-front format, so that you can easily iron it onto a T-shirt of your choice.
Design (clockwise from left): Love Handles by Julie Verhoeven; Title = D by Frauke Stegmann; Skin Complaint by Nick Knight; Zero Tolerance by Judy Blame; Always & Forever by Maria Chen Pascual; On the Nick! by Jody Barton.
88
89

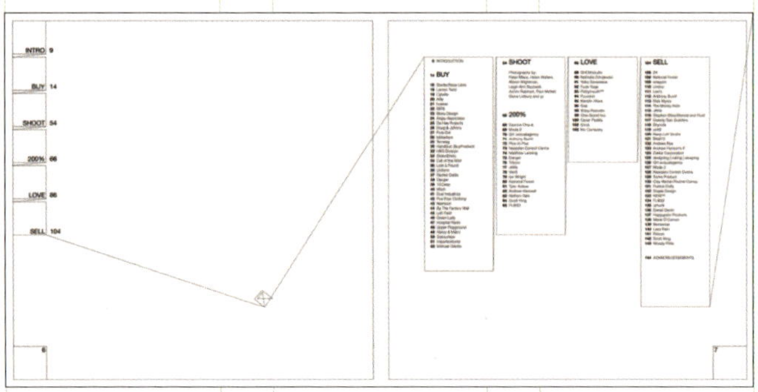

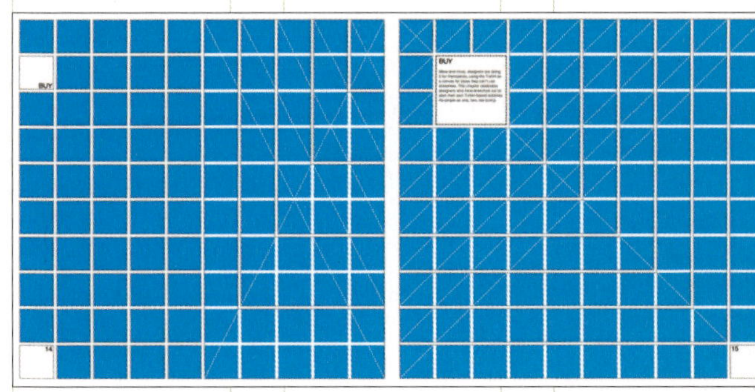

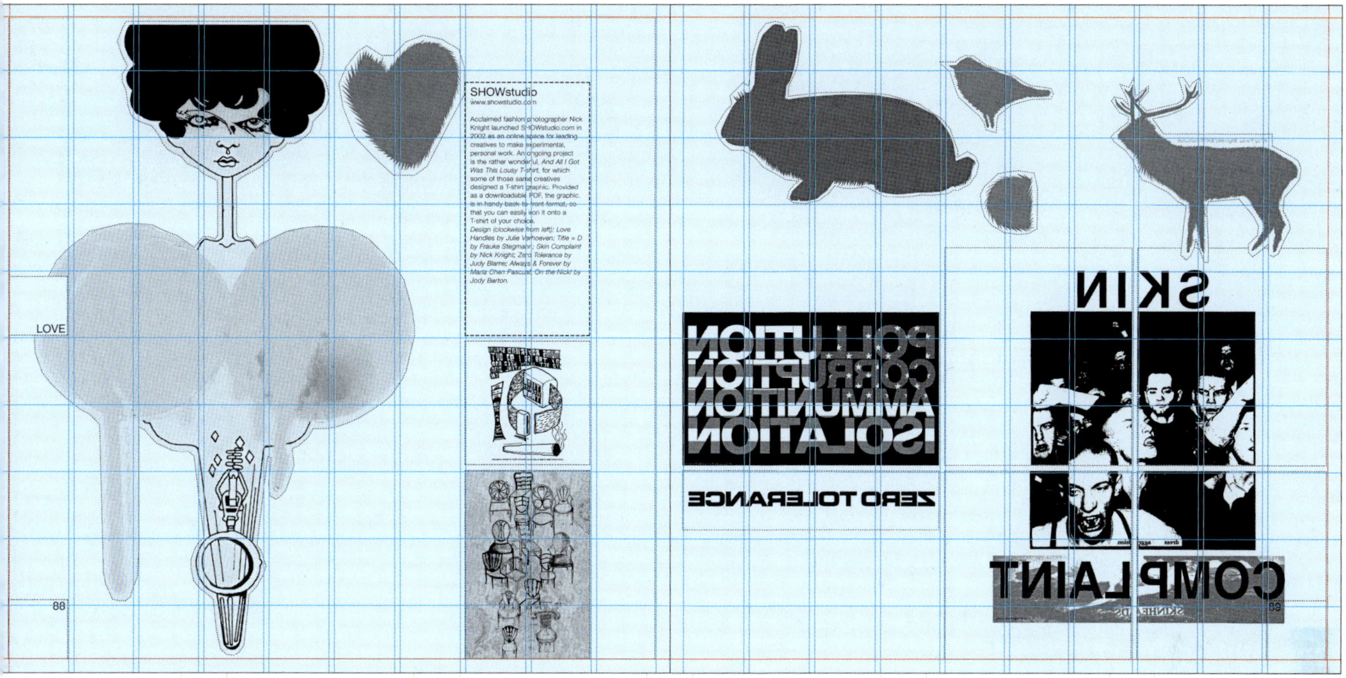

ESPECIFICAÇÕES DO GRID

Tamanho da página (refilado)	250 x 250 mm
Margem superior	5 mm
Margem inferior	5 mm
Margem externa	5 mm
Margem interna	5 mm
Número de colunas	10
Largura da medianiz	2 mm
Extras	10 campos horizontais

200% COTTON: NEW T-SHIRT GRAPHICS E 300% COTTON: MORE T-SHIRT GRAPHICS

Design: Agathe Jacquillat e Tomi Vollauschek, Fl@33

Cada um destes livros de imagens contém mais de mil ilustrações. O grid precisava ser flexível, fornecer consistência e tornar o processo de design relativamente sistemático. Os designers Agathe Jacquillat e Tomi Vollauschek desenvolveram um grid de múltiplas colunas com 10 campos horizontais. No trabalho *200%*, as linhas pontilhadas formam contornos parecidos com tranças para enquadrar e conectar as imagens e o texto, destacando o grid de um modo divertido e criando uma associação sutil com moda e bordado. O briefing para *300%* era atualizar o layout e, ao mesmo tempo, manter a identidade visual do título anterior da série. Jacquillat e Vollauschek escolheram explorar a versatilidade do grid introduzindo diagonais ao layout. O resultado é uma reinterpretação viva do sistema utilizado anteriormente.

200% Cotton
New T-Shirt Graphics
Words: Helen Walters
Laurence King Publishing
INTRO
BUY
SHOOT
LOVE

LOVE

Warp Records

www.warprecords.com

British experimental electronic music label, Warp Records has a deserved reputation for collaborating with some of the world's foremost designers and directors, including the likes of Chris Cunningham and Alexander Rutterford. Their relationship with design agency The Designers Republic dates back to the label's early years, when it was still based in Sheffield in northern England. Their *Wrapt in Warp* event was held in a London gallery space in 2003 and showcased specially commissioned T-shirts by TDR, Dan Sparkes and Delta alongside live music and an exhibition of graphic artwork.

98

One-Brand Inc.

www.usa-t.com

'At an early age we all write a literary masterpiece on our home state,' says New York-based designer Todd Wilcox, the brains behind all-American brand USA-T.com. The site allows people to create their own shirt, featuring either the icon or bird of any of the fifty American states. 'Home Sweet Home,' concludes Wilcox proudly.

99

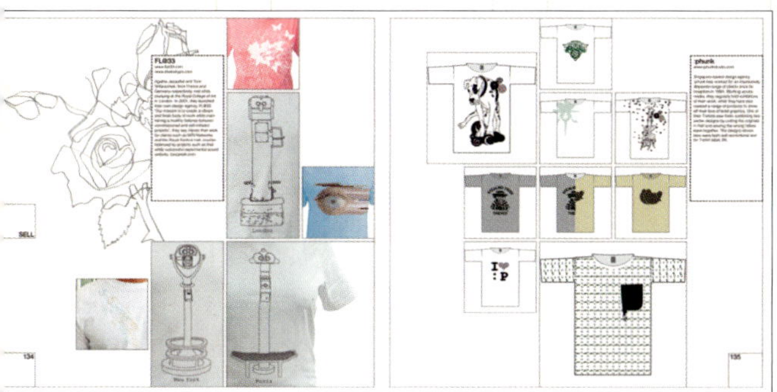

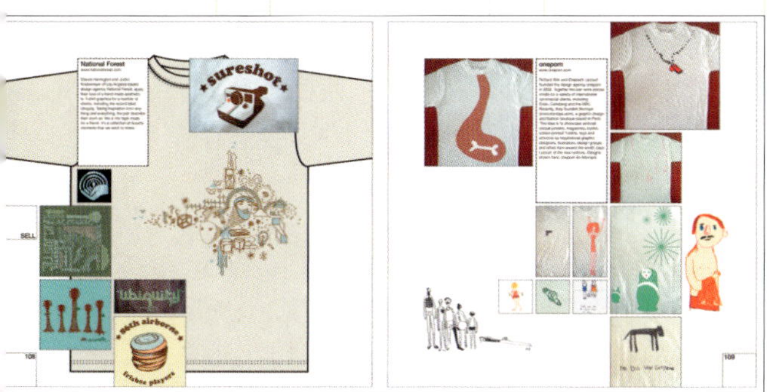

Published in 2006 by
Laurence King Publishing
71 Great Russell Street
London WC1B 3BP
Tel: +44 020 7430 8850
Fax: +44 020 7430 8880
email: enquiries@laurenceking.co.uk
www.laurenceking.co.uk
Copyright © 2006
Laurence King Publishing
All rights reserved. No part of this publication may be reproduced or transmitted in any form or by any means, electronic or mechanical, including photocopy, recording or any information storage and retrieval system, without prior permission in writing from the publisher.
A catalogue record for this book is available from the British Library.
ISBN 1 85669-491-7
Words: Helen Walters
Book design and cover illustration: FL@33
www.flat33.com
Senior editor: Catherine Hall
Assistant editor: Andy Prince
Printed in China
300% Cotton
More T-Shirt Graphics
Words: Helen Walters
Book design and cover illustration: FL@33
Laurence King Publishing
2
3

Intro

The Imaginary Foundation
Happiness is a new idea.
Make

Fake French
Thank You
COMMAND Z
FAKE FRENCH
Make

Love

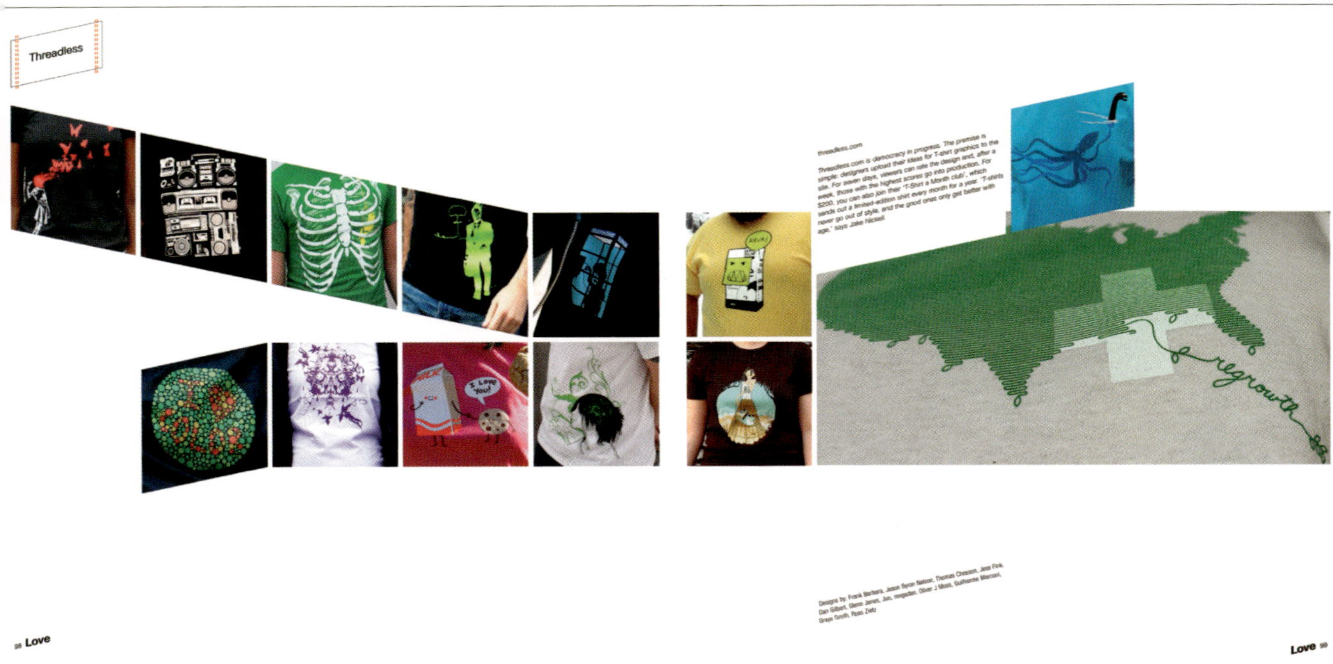
Threadless
threadless.com
Threadless.com is democracy in progress. The premise is simple: designers upload their ideas for T-shirt graphics to the site. For seven days, viewers can rate the design and, after a week, those with the highest scores go into production. For $200, you can also join their 'T-Shirt a Month club', which sends out a limited-edition shirt every month for a year. 'T-shirts never go out of style, and the good ones only get better with age,' says Jake Nickell.
Love
Love

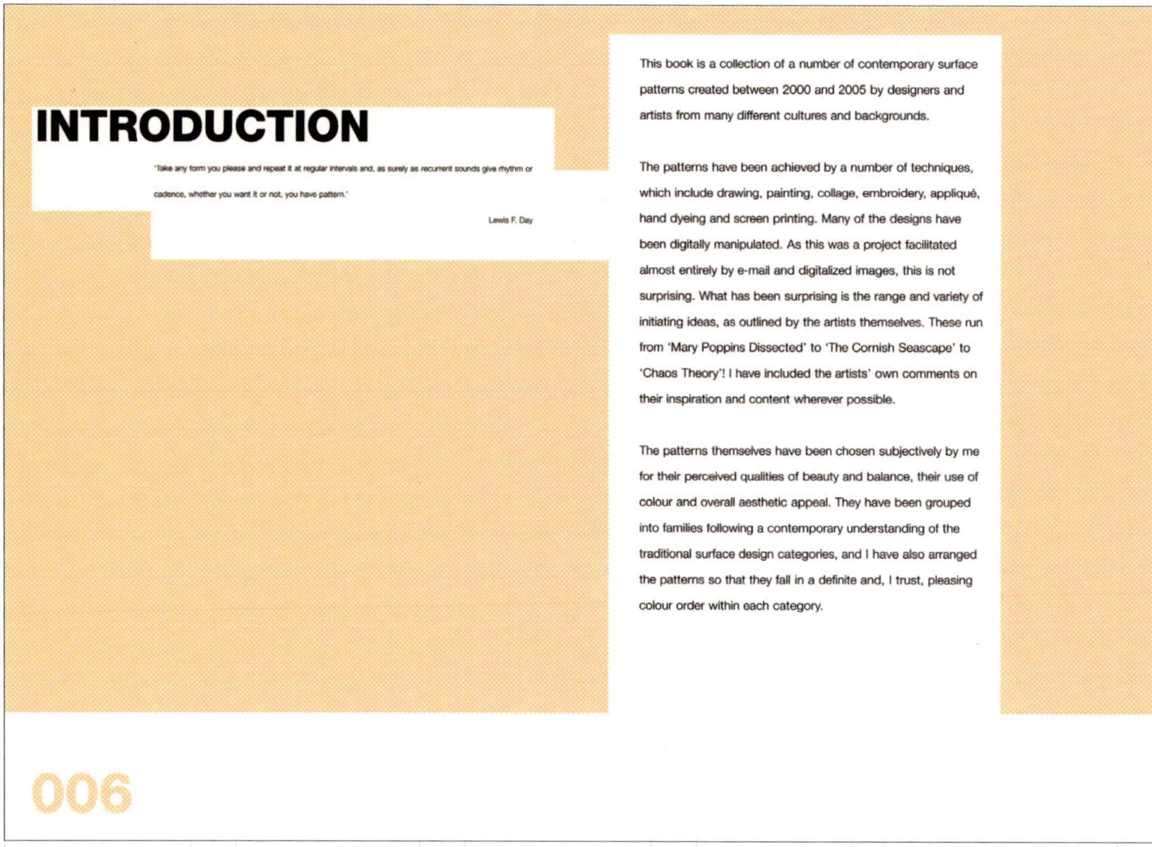

INTRODUCTION

'Take any form you please and repeat it at regular intervals and, as surely as recurrent sounds give rhythm or cadence, whether you want it or not, you have pattern.'

Lewis F. Day

This book is a collection of a number of contemporary surface patterns created between 2000 and 2005 by designers and artists from many different cultures and backgrounds.

The patterns have been achieved by a number of techniques, which include drawing, painting, collage, embroidery, appliqué, hand dyeing and screen printing. Many of the designs have been digitally manipulated. As this was a project facilitated almost entirely by e-mail and digitalized images, this is not surprising. What has been surprising is the range and variety of initiating ideas, as outlined by the artists themselves. These run from 'Mary Poppins Dissected' to 'The Cornish Seascape' to 'Chaos Theory'! I have included the artists' own comments on their inspiration and content wherever possible.

The patterns themselves have been chosen subjectively by me for their perceived qualities of beauty and balance, their use of colour and overall aesthetic appeal. They have been grouped into families following a contemporary understanding of the traditional surface design categories, and I have also arranged the patterns so that they fall in a definite and, I trust, pleasing colour order within each category.

006

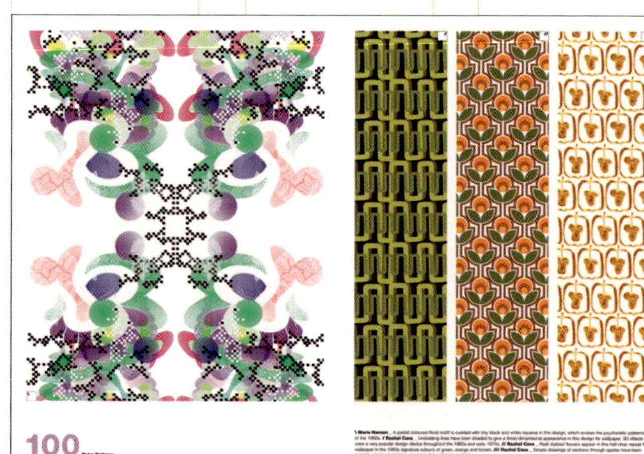

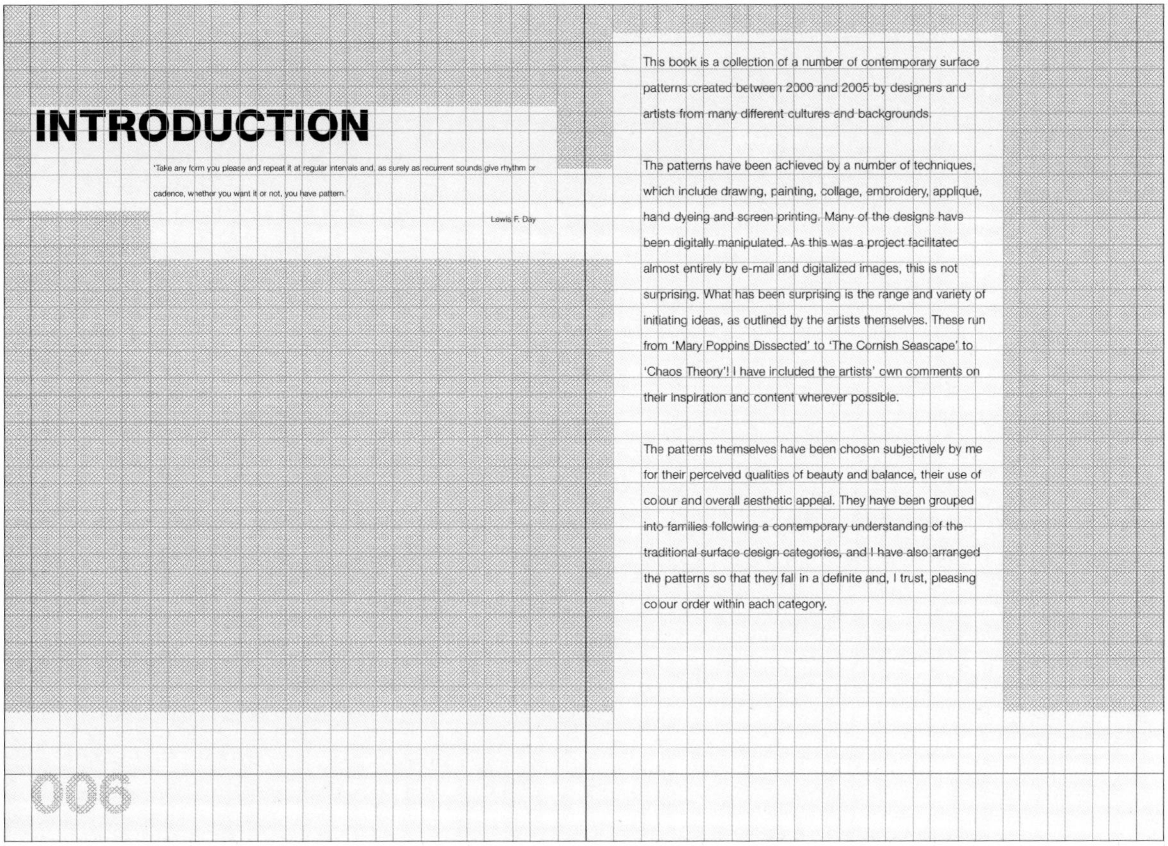

INTRODUCTION

'Take any form you please and repeat it at regular intervals and, as surely as recurrent sounds give rhythm or cadence, whether you want it or not, you have pattern.'

Lewis F. Day

This book is a collection of a number of contemporary surface patterns created between 2000 and 2005 by designers and artists from many different cultures and backgrounds.

The patterns have been achieved by a number of techniques, which include drawing, painting, collage, embroidery, appliqué, hand dyeing and screen printing. Many of the designs have been digitally manipulated. As this was a project facilitated almost entirely by e-mail and digitalized images, this is not surprising. What has been surprising is the range and variety of initiating ideas, as outlined by the artists themselves. These run from 'Mary Poppins Dissected' to 'The Cornish Seascape' to 'Chaos Theory'! I have included the artists' own comments on their inspiration and content wherever possible.

The patterns themselves have been chosen subjectively by me for their perceived qualities of beauty and balance, their use of colour and overall aesthetic appeal. They have been grouped into families following a contemporary understanding of the traditional surface design categories, and I have also arranged the patterns so that they fall in a definite and, I trust, pleasing colour order within each category.

006

PATTERNS: NEW SURFACE DESIGN

Design: Agathe Jacquillat e Tomi Vollauschek, Fl@33

Propor um sistema que acomodasse exemplos de um padrão complexo e visualmente rico e executá-lo de uma forma sensível foi um desafio para os designers Agathe Jacquillat e Tomi Vollauschek. Eles tinham pouco controle editorial sobre a seleção ou agrupamento das imagens, que eram determinados pelo autor. Mas seu grid extremamente flexível permitiu variar a escala e a área utilizadas por cada exemplo para permitir que os relacionamentos visuais entre os padrões fossem favoráveis e que potenciais conflitos entre os designs pudessem ser evitados. A página foi dividida em 12 colunas verticais e 17 campos horizontais, com uma zona para o fólio (número da página), para o rodapé e para a legenda na parte inferior da página.

ESPECIFICAÇÕES DO GRID

Tamanho da página (refilado)	170 x 240 mm
Margem superior	8 mm
Margem inferior	16 mm
Margem externa	8 mm
Margem interna	8 mm
Número de colunas	12
Largura da medianiz	5 mm
Extras	17 campos horizontais

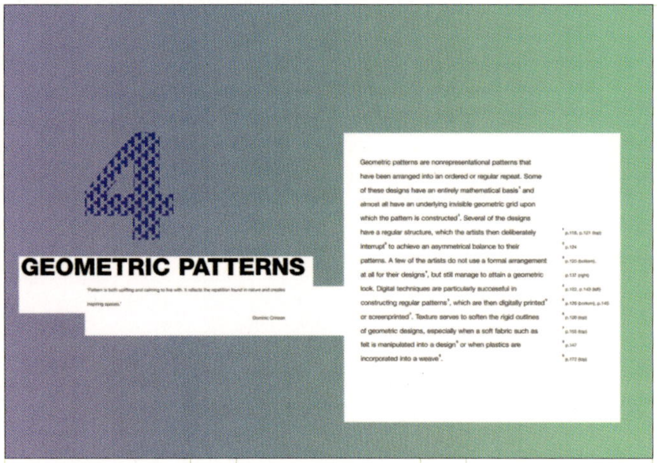
4
GEOMETRIC PATTERNS
Geometric patterns are nonrepresentational patterns that have been arranged into an ordered or regular repeat. Some of these designs have an entirely mathematical basis and almost all have an underlying invisible geometric grid upon which the pattern is constructed. Several of the designs have a regular structure, which the artists then deliberately interrupt to achieve an asymmetrical balance to their patterns. A few of the artists do not use a formal arrangement at all for their designs, but still manage to attain a geometric look. Digital techniques are particularly successful in constructing regular patterns, which are then digitally printed or screenprinted. Texture serves to soften the rigid outlines of geometric designs, especially when a soft fabric such as felt is manipulated into a design or when plastics are incorporated into a weave.

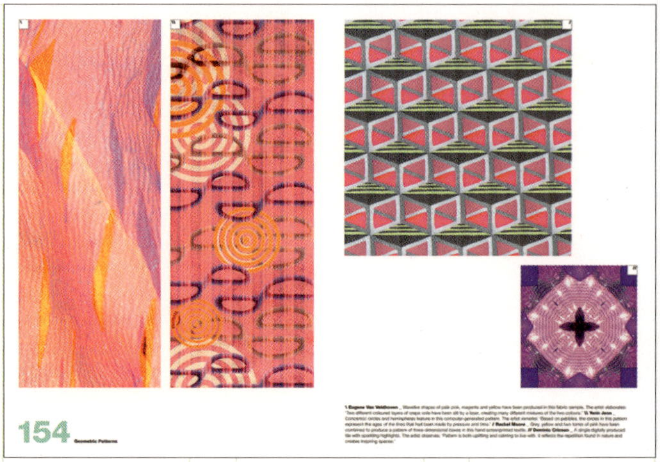
154

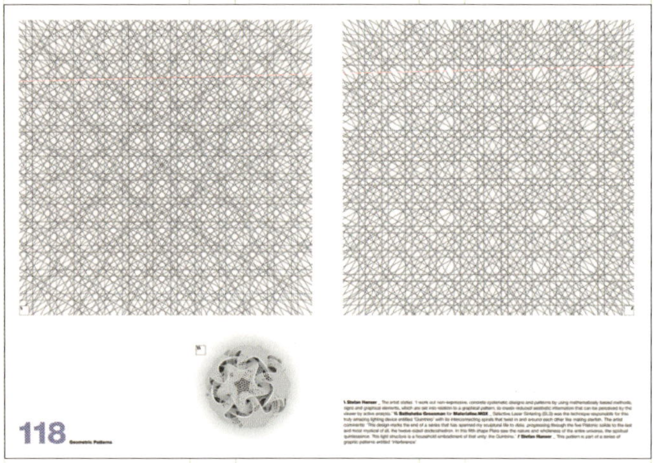
118

168

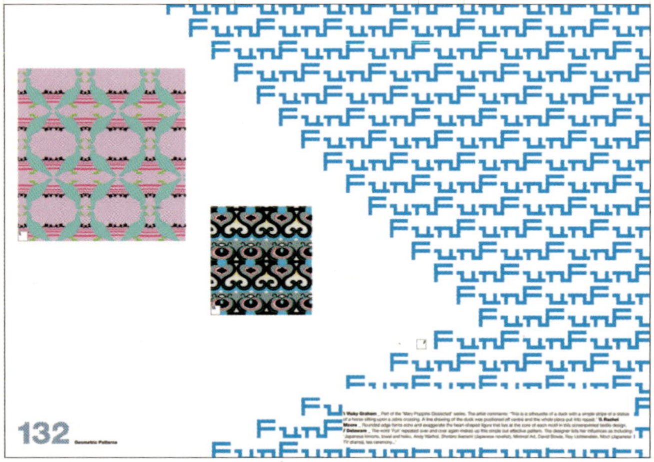
FunFunFunFunFunFunFun
132

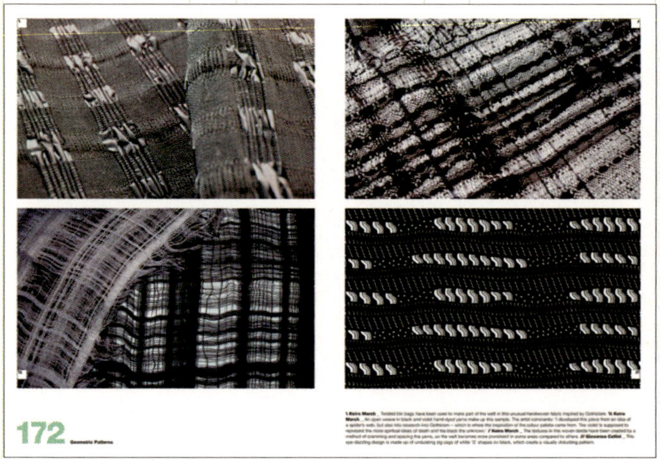
172

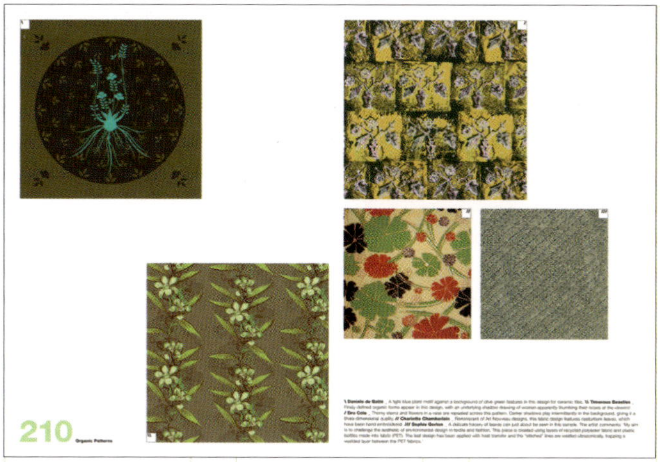
210

216

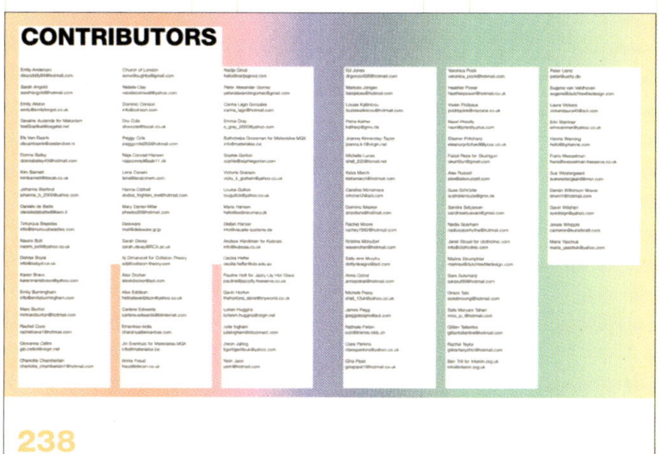
CONTRIBUTORS
238

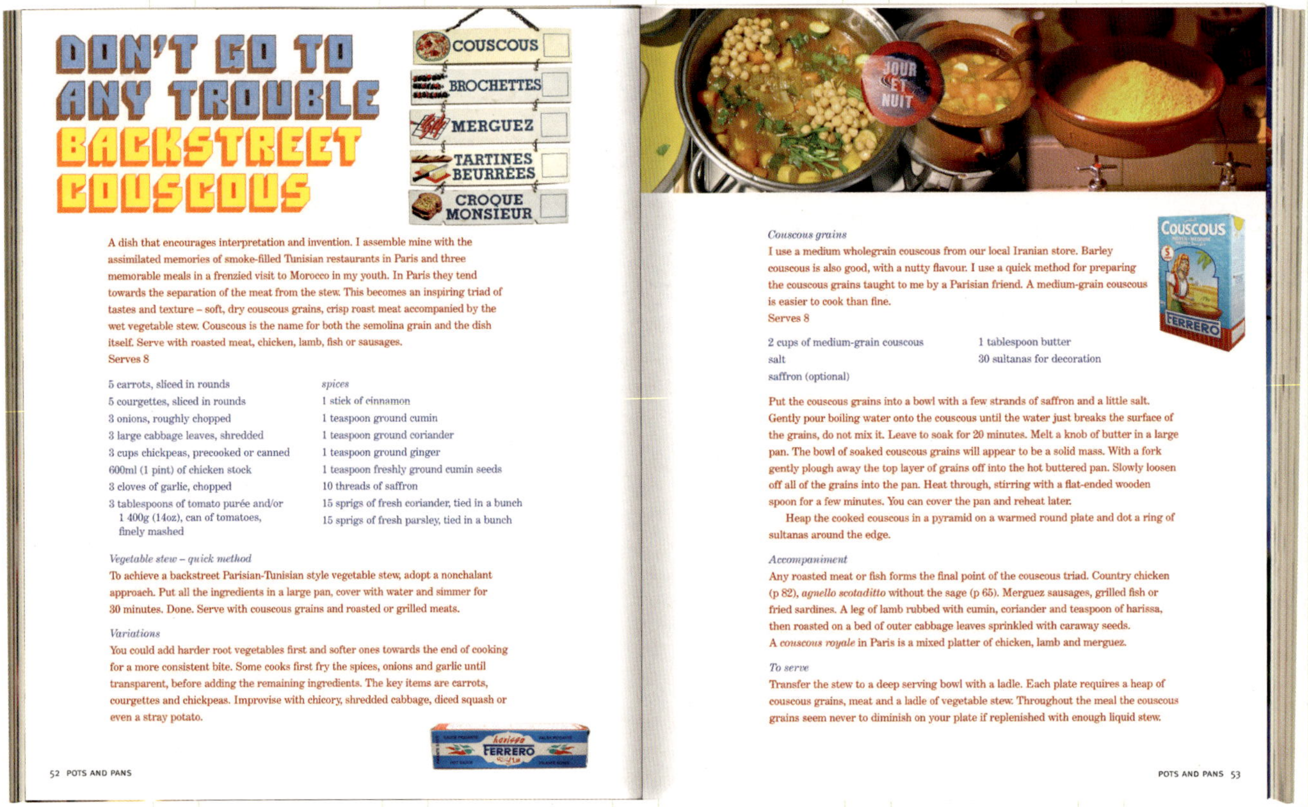

DON'T GO TO ANY TROUBLE BACKSTREET COUSCOUS

COUSCOUS
BROCHETTES
MERGUEZ
TARTINES BEURRÉES
CROQUE MONSIEUR

A dish that encourages interpretation and invention. I assemble mine with the assimilated memories of smoke-filled Tunisian restaurants in Paris and three memorable meals in a frenzied visit to Morocco in my youth. In Paris they tend towards the separation of the meat from the stew. This becomes an inspiring triad of tastes and texture – soft, dry couscous grains, crisp roast meat accompanied by the wet vegetable stew. Couscous is the name for both the semolina grain and the dish itself. Serve with roasted meat, chicken, lamb, fish or sausages.
Serves 8

5 carrots, sliced in rounds
5 courgettes, sliced in rounds
3 onions, roughly chopped
3 large cabbage leaves, shredded
3 cups chickpeas, precooked or canned
600ml (1 pint) of chicken stock
3 cloves of garlic, chopped
3 tablespoons of tomato purée and/or 1 400g (14oz), can of tomatoes, finely mashed

spices
1 stick of cinnamon
1 teaspoon ground cumin
1 teaspoon ground coriander
1 teaspoon ground ginger
1 teaspoon freshly ground cumin seeds
10 threads of saffron
15 sprigs of fresh coriander, tied in a bunch
15 sprigs of fresh parsley, tied in a bunch

Vegetable stew – quick method
To achieve a backstreet Parisian-Tunisian style vegetable stew, adopt a nonchalant approach. Put all the ingredients in a large pan, cover with water and simmer for 30 minutes. Done. Serve with couscous grains and roasted or grilled meats.

Variations
You could add harder root vegetables first and softer ones towards the end of cooking for a more consistent bite. Some cooks first fry the spices, onions and garlic until transparent, before adding the remaining ingredients. The key items are carrots, courgettes and chickpeas. Improvise with chicory, shredded cabbage, diced squash or even a stray potato.

52 POTS AND PANS

Couscous grains
I use a medium wholegrain couscous from our local Iranian store. Barley couscous is also good, with a nutty flavour. I use a quick method for preparing the couscous grains taught to me by a Parisian friend. A medium-grain couscous is easier to cook than fine.
Serves 8

2 cups of medium-grain couscous
salt
saffron (optional)
1 tablespoon butter
30 sultanas for decoration

Put the couscous grains into a bowl with a few strands of saffron and a little salt. Gently pour boiling water onto the couscous until the water just breaks the surface of the grains, do not mix it. Leave to soak for 20 minutes. Melt a knob of butter in a large pan. The bowl of soaked couscous grains will appear to be a solid mass. With a fork gently plough away the top layer of grains off into the hot buttered pan. Slowly loosen off all of the grains into the pan. Heat through, stirring with a flat-ended wooden spoon for a few minutes. You can cover the pan and reheat later.

Heap the cooked couscous in a pyramid on a warmed round plate and dot a ring of sultanas around the edge.

Accompaniment
Any roasted meat or fish forms the final point of the couscous triad. Country chicken (p 82), *agnello scotaditto* without the sage (p 65). Merguez sausages, grilled fish or fried sardines. A leg of lamb rubbed with cumin, coriander and teaspoon of harissa, then roasted on a bed of outer cabbage leaves sprinkled with caraway seeds.
A *couscous royale* in Paris is a mixed platter of chicken, lamb and merguez.

To serve
Transfer the stew to a deep serving bowl with a ladle. Each plate requires a heap of couscous grains, meat and a ladle of vegetable stew. Throughout the meal the couscous grains seem never to diminish on your plate if replenished with enough liquid stew.

POTS AND PANS 53

ESPECIFICAÇÕES DO GRID

Tamanho da página (refilado)	250 x 196 mm
Margem superior	11 mm
Margem inferior	11 mm
Margem externa	15 mm
Margem interna	15 mm
Número de colunas	6
Largura da medianiz	3 mm
Extras	N/D

A TALE OF 12 KITCHENS

Design: Jake Tilson, Jake Tilson Studio

Como autor, designer, fotógrafo e cozinheiro, cada aspecto deste livro é criação de um cozinheiro e artista apaixonado, Jake Tilson. O livro fornece uma perspectiva multissensorial singular à experiência de ver e saborear alimentos, desde a maneira como eles são cultivados, empacotados e comprados até como são cozidos e lembrados. A estrutura subjacente do livro precisava suportar uma memória evocativa de uma obra sobre culinária funcional.

O grid divide a página em quatro colunas iguais, duas colunas mais estreitas, mais os campos horizontais. Embora os layouts das receitas de Tilson sejam combinações convencionais e ecléticas de fotos, toda a página é decorada com fontes e elementos efêmeros. Seu objetivo foi compartilhar a visão de que a comida pode ser divertida e produzir um guia para sua filha sobre o significado de cozinhar e comer na vida da sua família.

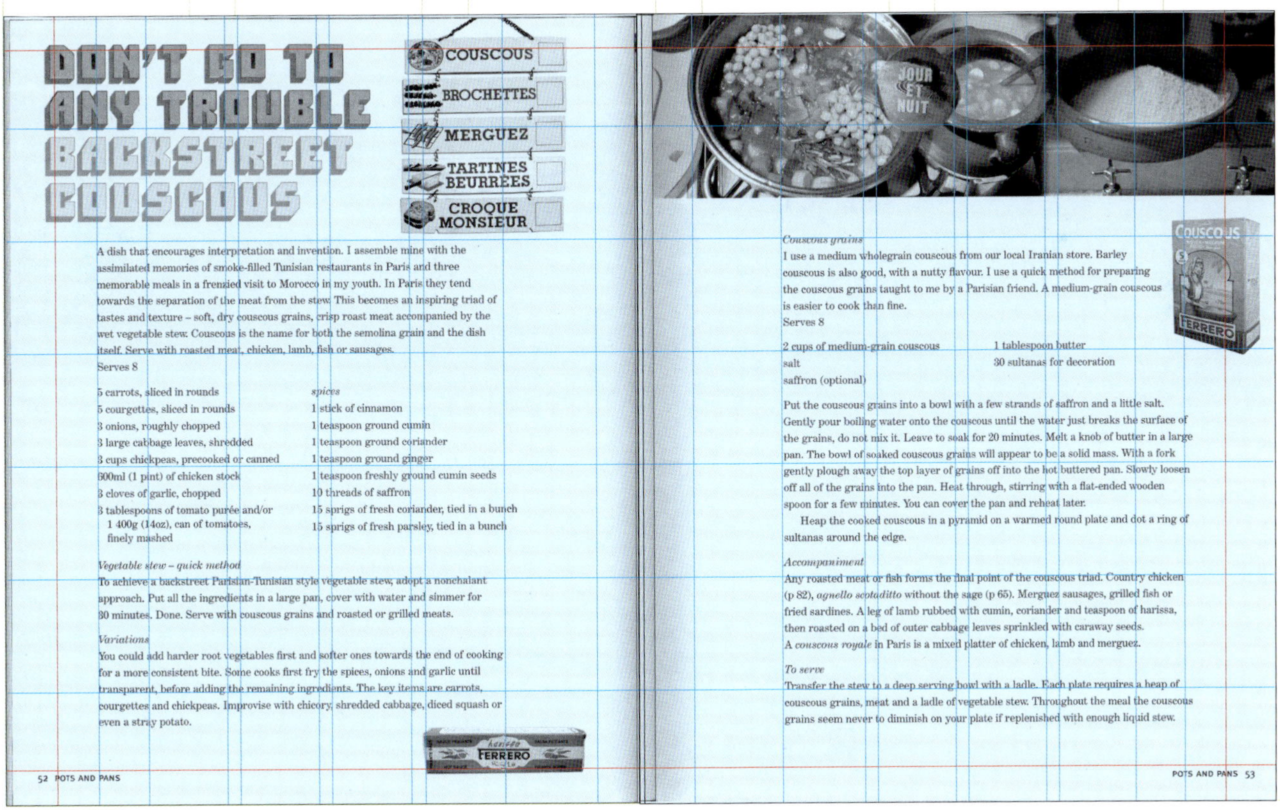

DON'T GO TO ANY TROUBLE BACKSTREET COUSCOUS

COUSCOUS
BROCHETTES
MERGUEZ
TARTINES BEURRÉES
CROQUE MONSIEUR

A dish that encourages interpretation and invention. I assemble mine with the assimilated memories of smoke-filled Tunisian restaurants in Paris and three memorable meals in a frenzied visit to Morocco in my youth. In Paris they tend towards the separation of the meat from the stew. This becomes an inspiring triad of tastes and texture – soft, dry couscous grains, crisp roast meat accompanied by the wet vegetable stew. Couscous is the name for both the semolina grain and the dish itself. Serve with roasted meat, chicken, lamb, fish or sausages.

Serves 8

5 carrots, sliced in rounds
5 courgettes, sliced in rounds
3 onions, roughly chopped
3 large cabbage leaves, shredded
3 cups chickpeas, precooked or canned
600ml (1 pint) of chicken stock
3 cloves of garlic, chopped
3 tablespoons of tomato purée and/or 1 400g (14oz), can of tomatoes, finely mashed

spices
1 stick of cinnamon
1 teaspoon ground cumin
1 teaspoon ground coriander
1 teaspoon ground ginger
1 teaspoon freshly ground cumin seeds
10 threads of saffron
15 sprigs of fresh coriander, tied in a bunch
15 sprigs of fresh parsley, tied in a bunch

Vegetable stew – quick method

To achieve a backstreet Parisian-Tunisian style vegetable stew, adopt a nonchalant approach. Put all the ingredients in a large pan, cover with water and simmer for 30 minutes. Done. Serve with couscous grains and roasted or grilled meats.

Variations

You could add harder root vegetables first and softer ones towards the end of cooking for a more consistent bite. Some cooks first fry the spices, onions and garlic until transparent, before adding the remaining ingredients. The key items are carrots, courgettes and chickpeas. Improvise with chicory, shredded cabbage, diced squash or even a stray potato.

FERRERO

52 POTS AND PANS

JOUR ET NUIT

Couscous grains

I use a medium wholegrain couscous from our local Iranian store. Barley couscous is also good, with a nutty flavour. I use a quick method for preparing the couscous grains taught to me by a Parisian friend. A medium-grain couscous is easier to cook than fine.

Serves 8

2 cups of medium-grain couscous
salt
saffron (optional)

1 tablespoon butter
30 sultanas for decoration

COUSCOUS
FERRERO

Put the couscous grains into a bowl with a few strands of saffron and a little salt. Gently pour boiling water onto the couscous until the water just breaks the surface of the grains, do not mix it. Leave to soak for 20 minutes. Melt a knob of butter in a large pan. The bowl of soaked couscous grains will appear to be a solid mass. With a fork gently plough away the top layer of grains off into the hot buttered pan. Slowly loosen off all of the grains into the pan. Heat through, stirring with a flat-ended wooden spoon for a few minutes. You can cover the pan and reheat later.

Heap the cooked couscous in a pyramid on a warmed round plate and dot a ring of sultanas around the edge.

Accompaniment

Any roasted meat or fish forms the final point of the couscous triad. Country chicken (p 82), *agnello scottadito* without the sage (p 65). Merguez sausages, grilled fish or fried sardines. A leg of lamb rubbed with cumin, coriander and teaspoon of harissa, then roasted on a bed of outer cabbage leaves sprinkled with caraway seeds. A *couscous royale* in Paris is a mixed platter of chicken, lamb and merguez.

To serve

Transfer the stew to a deep serving bowl with a ladle. Each plate requires a heap of couscous grains, meat and a ladle of vegetable stew. Throughout the meal the couscous grains seem never to diminish on your plate if replenished with enough liquid stew.

POTS AND PANS 53

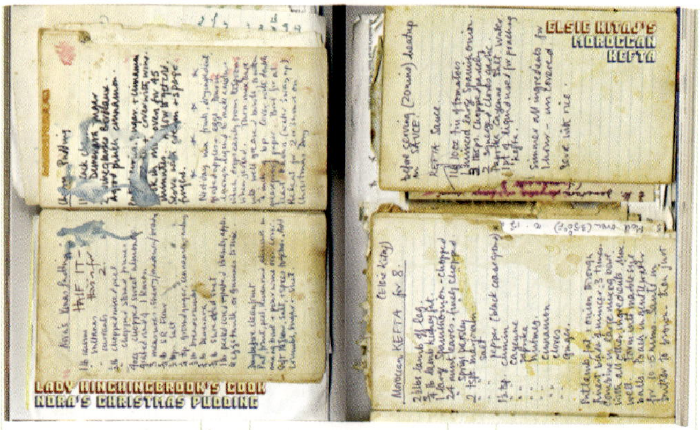
ELSIE KITAJ'S MOROCCAN KEFTA
LADY HINCHINGBROOK'S COOK
NORA'S CHRISTMAS PUDDING

EURO TREK
I travel to know my geography.
WALTER BENJAMIN

Pollo al cocco e spezie forti
Spiced cockerel & coconut

HOW MARRIAGE REFILLS THE KITCHEN LARDER

East Village Vendor
NEW YORK CITY

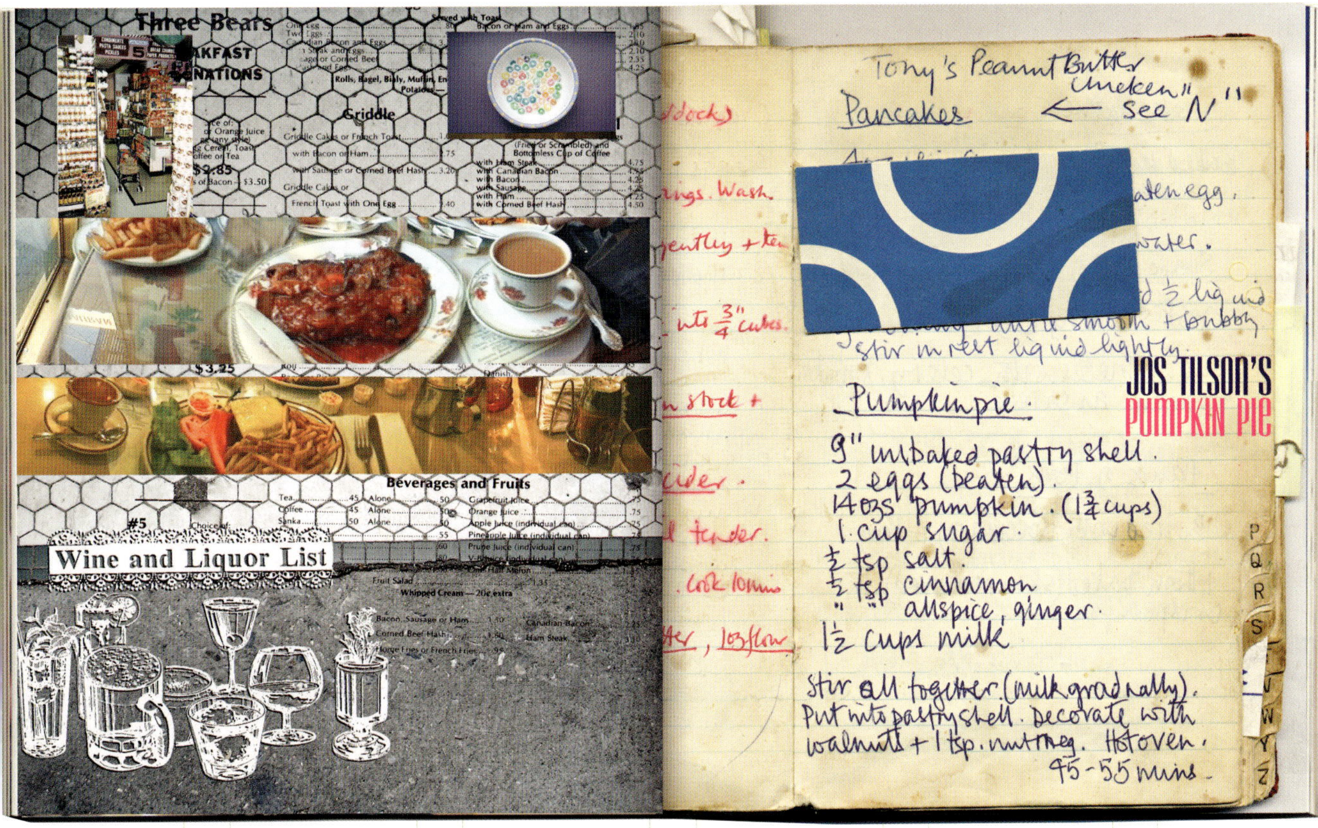
Three Beers
Griddle
Beverages and Fruits
Wine and Liquor List
Tony's Peanut Butter "chicken" ← see "N"
Pancakes
Pumpkinpie:
9" unbaked pastry shell.
2 eggs (beaten).
14 ozs pumpkin. (1¾ cups)
1 cup sugar.
½ tsp salt.
½ tsp cinnamon
" " allspice, ginger.
1½ cups milk
Stir all together (milk gradually).
Put into pastry shell. Decorate with walnuts + 1 tsp. nutmeg. Hot oven.
45-55 mins.
JOS TILSON'S
PUMPKIN PIE

BEAUTY PACKAGE
Marmite
yeast extract

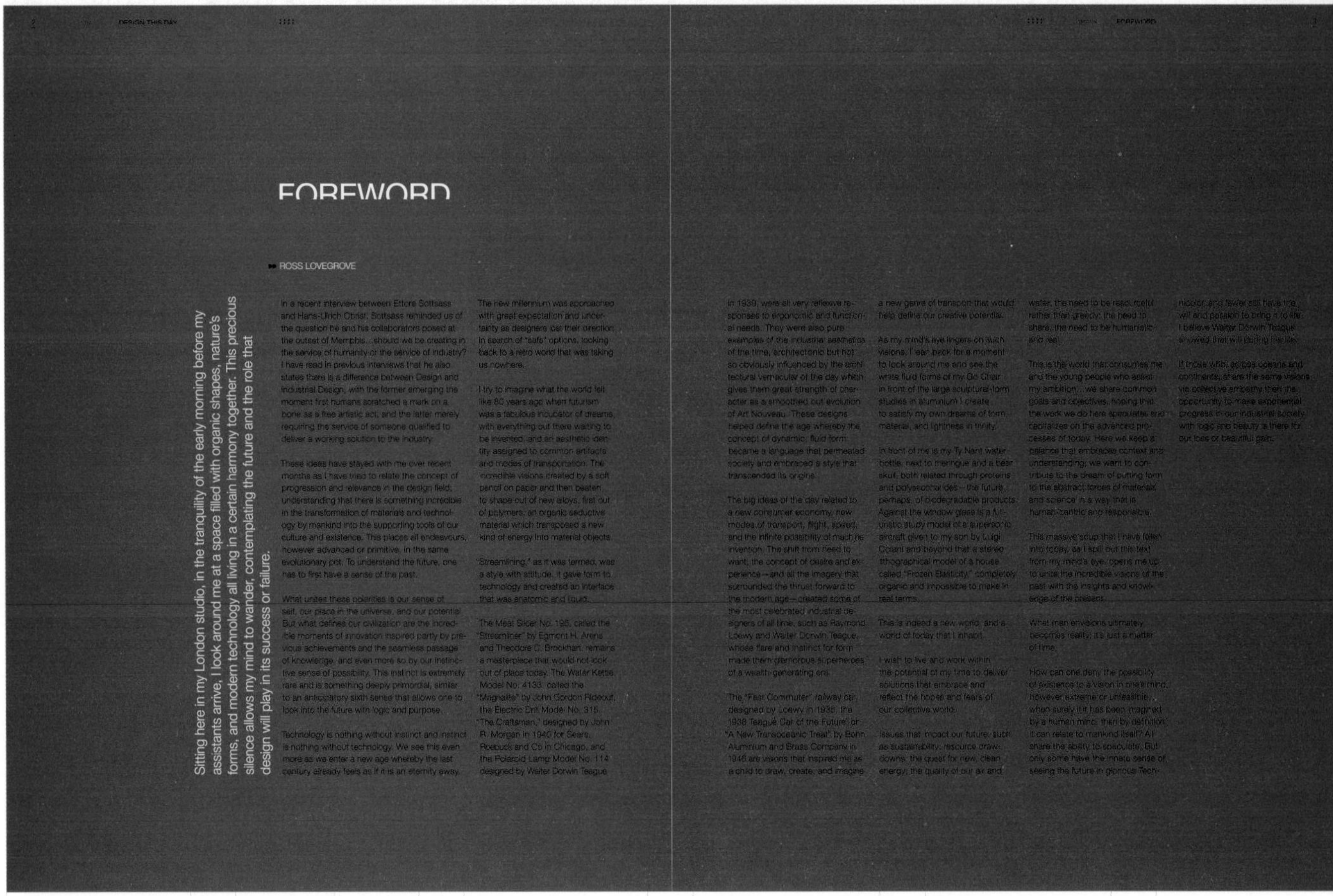

DESIGN THIS DAY: 8 DECADES OF INFLUENTIAL DESIGN

Design: Steve Watson, Ben Graham, Jason Gómez e Bryan Mamaril, Turnstyle

Este livro de edição limitada foi produzido para comemorar o 80º aniversário da empresa de design industrial Teague. Os designers Steve Watson, Ben Graham, Jason Gómez e Bryan Mamaril queriam que o design gráfico refletisse a atenção aos detalhes das soluções de design da Teague. A tipografia e os recursos de navegação são limpos e sistemáticos, mas permitem modificações sutis entre os cadernos. Evocando alguns grids complexos desenvolvidos por designers suíços nas décadas de 50 e 60, seu grid de 12 colunas

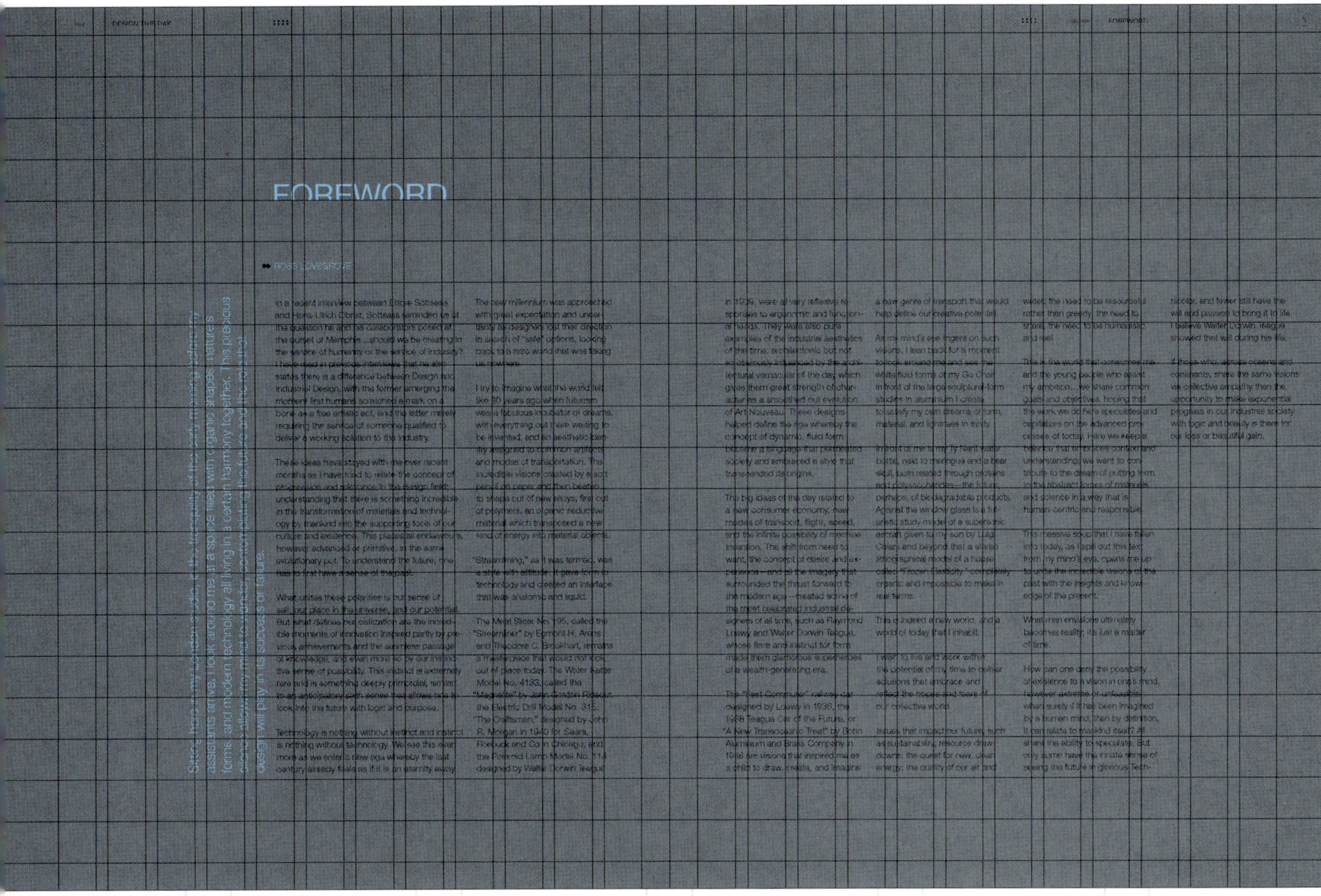

é dividido em 20 campos horizontais. Além de ser uma vitrine do trabalho final da Teague – o livro fornece o contexto chamando a atenção para as ideias e métodos de trabalho iniciais da empresa –, a obra também mostra o trabalho dos seus grandes designers. Isso deu à Turnstyle a oportunidade de variar o ritmo visual do livro e introduzir diferentes tipos de papel para criar uma experiência tátil, além de visual.

ESPECIFICAÇÕES DO GRID	
Tamanho da página (refilado)	228,6 x 304,8 mm
Margem superior	9,525 mm
Margem inferior	9,525 mm
Margem externa	9,525 mm
Margem interna	19,05 mm
Número de colunas	12
Largura da medianiz	4,064 mm
Extras	Grid de linhas de base, 0,706 mm iniciando em 9,525 mm; 20 campos horizontais

62 TITLE DESIGN THIS DAY

Client

Samsung Electronics

•• 04.1

Portable Digital Projector

The compact and ultra portable projector was designed specifically for the highly mobile professional. Created to fit easily into today's busy schedule—not to mention a small bag or purse—the Samsung Portable Digital Projector is no larger than a digital camera. Utilizing laser diode technology to offer an integrated and seamless display experience, users interact with and control the extremely versatile projector via their mobile phone.

Date	Award	Award
2004	2005 iF	2006 IDEA Silver

CHAPTER 4 RECENT TEAGUE INNOVATIONS 63

Client

Nike

•• 04.2

Portable Sports Audio

Teague worked with Nike's in-house team on all design aspects of this lightweight, rugged, and sophisticated family of products. Designed for the serious athlete, the MP3 Run's wireless features include a distance and speed sensor, as well as skip-free audio and FM radio that keeps athletes in tune with their music and their workout. The complementary MP3 CD's shock-resistant technology, no-look control belt, and strobe light all cater to the athlete who wants an uninterrupted workout experience.

Date

2003

IGNITE A COLLECTIVE PASSION
Aspire to a loftier goal than creating inspirational design. Aspire to creating an environment where the collaborative experience of working together is as inspirational as the results. Design work should be challenging, it should be emotional and passionate and exhilarating. And so should the collaboration. Enjoy the process and you'll almost always enjoy the results.
Chapter 3
TEAGUE CLASSICS

Sustainability
Longevity

747
757

Charles + Ray Eames
Ross Lovegrove

FOREWORD

GIAN LORENZO BERNINI
Apollo and Daphne
1622-1625
marble

1. THE MYTH OF ER

In the tremendous vision of transmigration which closes Plato's *Republic,* the dead are able to choose their fate in their future lives: Socrates describes how a warrior called Er was taken for dead and entered the other world, but came back to life on his funeral pyre; **after he had returned from the other world, he described how he saw there, in** "a certain demonic place," **the souls of Homeric heroes taking on their next existence—in the form of a new daimon. The dead were told,** "A demon will not select you, but you will choose a demon. Let him who gets the first lot make the first choice of a life to which he will be bound by necessity."[1] **As Er watches the redistribution of lives after death, he recognizes Orpheus who chooses to become a swan, Ajax who singles out the life of a lion, and Agamemnon who** decides to become an eagle. **The heroes' future** metamorphoses **in some ways correspond to their past character, sometimes ironically. Atalanta, the swift runner, chooses to become a male athlete, for example; Epeius, who made the Trojan horse, opts to become** a female

53

METETA MOMORPHOSIS RS PHOHOS ISIS

MARINA Warner

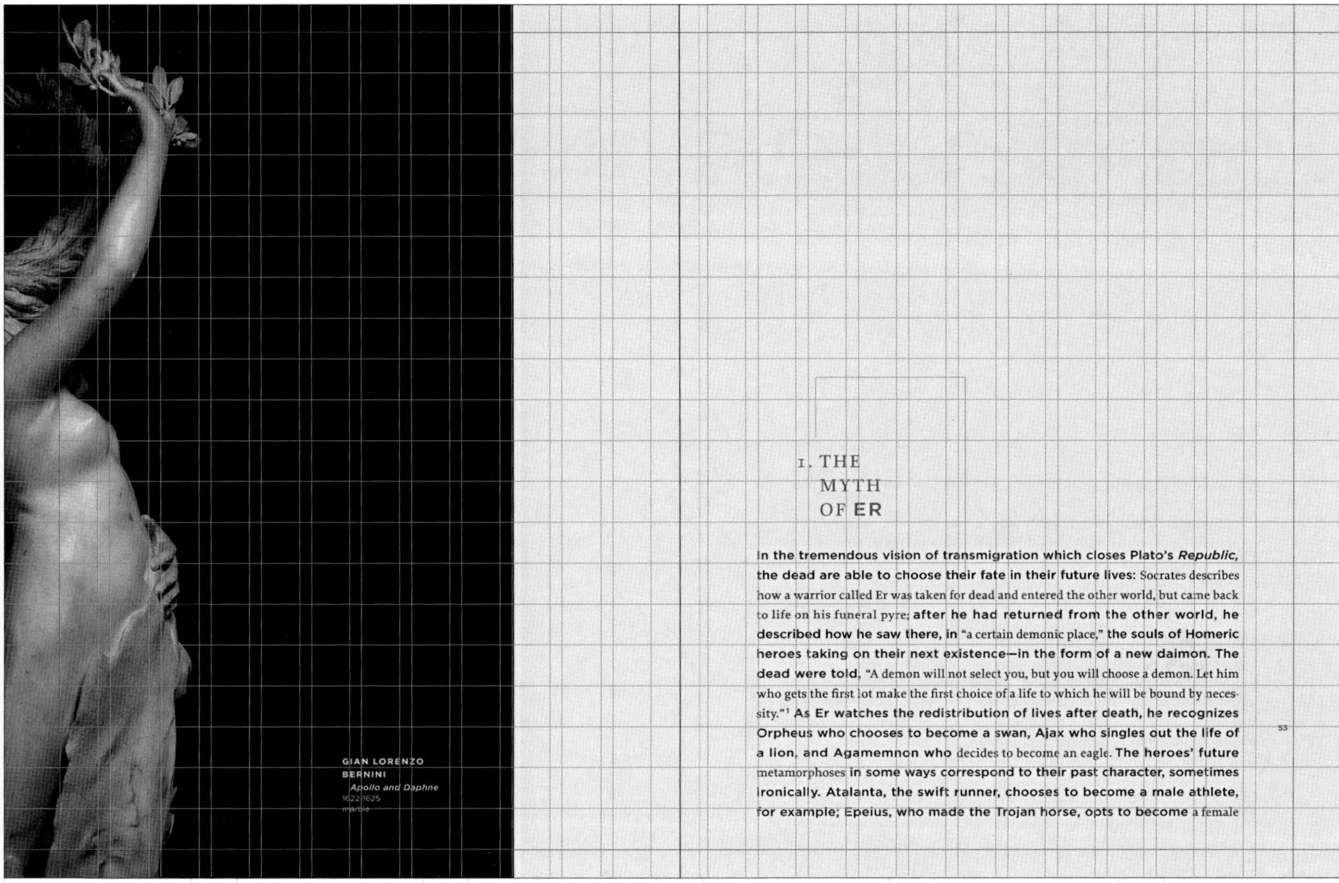
GIAN LORENZO
BERNINI
Apollo and Daphne
1622-1625
marble

I. THE MYTH OF ER

In the tremendous vision of transmigration which closes Plato's *Republic*, the dead are able to choose their fate in their future lives: Socrates describes how a warrior called Er was taken for dead and entered the other world, but came back to life on his funeral pyre; after he had returned from the other world, he described how he saw there, in "a certain demonic place," the souls of Homeric heroes taking on their next existence—in the form of a new daimon. The dead were told, "A demon will not select you, but you will choose a demon. Let him who gets the first lot make the first choice of a life to which he will be bound by necessity."[1] As Er watches the redistribution of lives after death, he recognizes Orpheus who chooses to become a swan, Ajax who singles out the life of a lion, and Agamemnon who decides to become an eagle. The heroes' future metamorphoses in some ways correspond to their past character, sometimes ironically. Atalanta, the swift runner, chooses to become a male athlete, for example; Epeius, who made the Trojan horse, opts to become a female

53

ESPECIFICAÇÕES DO GRID

Tamanho da página (refilado)	152,4 x 203,2 mm
Margem superior	19,05 mm
Margem inferior	12,7 mm
Margem externa	19,05 mm
Margem interna	12,7 mm
Número de colunas	9
Largura da medianiz	3,81 mm
Extras	N/D

UNEASY NATURE

Design: Eric Heiman, Amber Reed e Madhavi Jagdish, Volume Inc.

Este catálogo de exposição foi produzido para o Weatherspoon Art Museum. Os designers exploraram ideias da mutação justapondo o natural e o não-natural no design. Eles começaram com a capa, em que todas as imagens da mostra são sobrepostas digitalmente para criar uma imagem composta única. O grid tipográfico utiliza a proporção áurea, mas os designers o rompem repetidamente com várias mutações tipográficas que, muitas vezes, sangram as páginas. O corpo do texto varia entre sem serifa e com serifa por todos os ensaios, e como um todo, o texto e a imagem não são integrados. A capa e as páginas do ensaio são impressas em duas cores sobre um papel opaco de cor creme, enquanto as imagens estão dentro de um caderno colorido em papel brilhante branco.

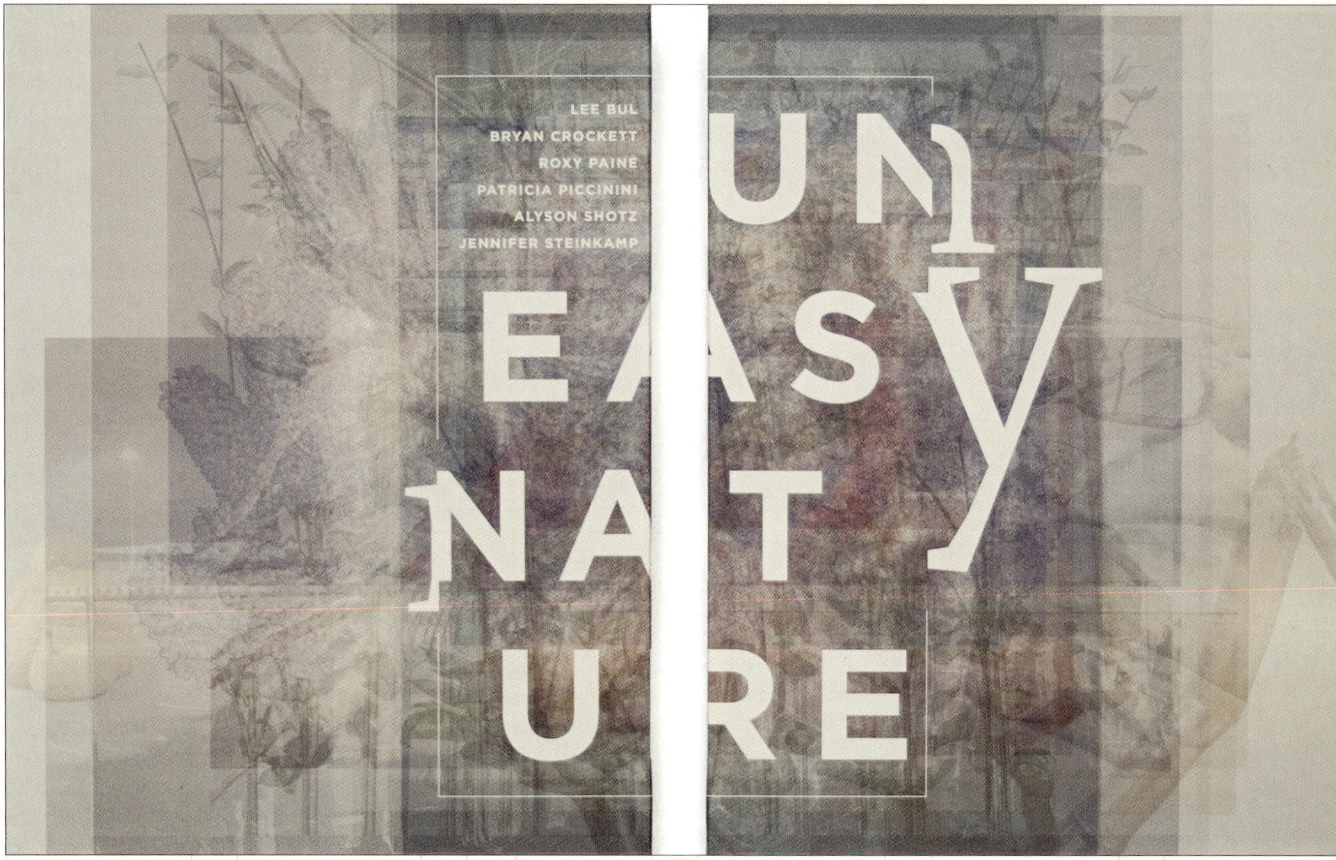
LEE BUL
BRYAN CROCKETT
ROXY PAINE
PATRICIA PICCININI
ALYSON SHOTZ
JENNIFER STEINKAMP
UN
EASY
NAT
URE

NEW perceptions
OF Nature in
CONtemporary
art
. . . I think there
are things
that are real

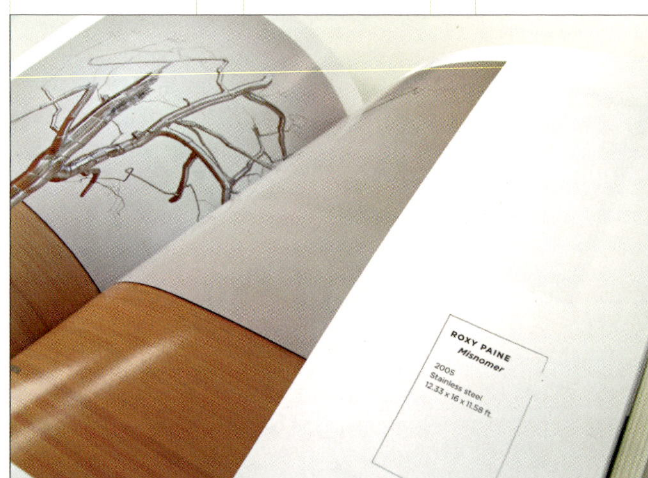
ROXY PAINE
Misnomer
2005
Stainless steel
12.33 x 16 x 11.58 ft.

LEE BUL
Ein Hungerkunstler
2004
Hand-cut polyurethane panels on aluminum armature, acrylic paint, epoxy coating, crystal and glass beads on nickel-chrome and stainless steel wires
38 x 75 x 197 in.

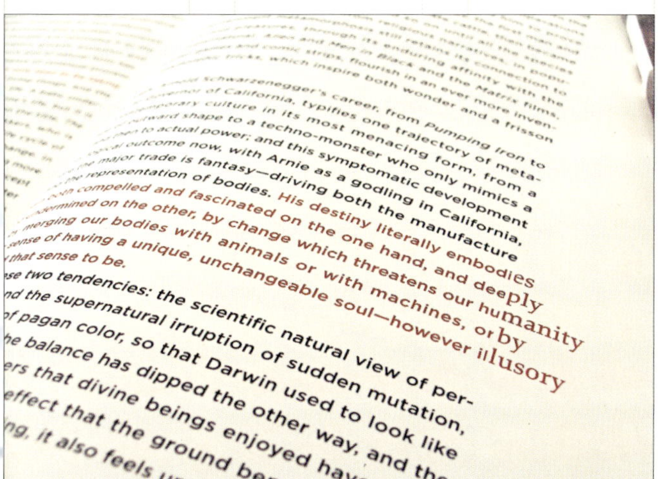
Schwarzenegger's career, from Pumping Iron to
of California, typifies one trajectory of meta-
shape to a techno-monster who only mimics a
to actual power; and this symptomatic development
outcome now, with Arnie as a godling in California,
major trade is fantasy—driving both the manufacture
representation of bodies. His destiny literally embodies
compelled and fascinated on the one hand, and deeply
on the other, by change which threatens our humanity
merging our bodies with animals or with machines, or by
sense of having a unique, unchangeable soul—however illusory
that sense to be.
se two tendencies: the scientific natural view of per-
nd the supernatural irruption of sudden mutation,
f pagan color, so that Darwin used to look like
he balance has dipped the other way, and the
ers that divine beings enjoyed have c
effect that the ground beneat
ng, it also feels unst

CONTENTS

IIT McCormick Center, Chicago (1998)

Michael Dulin

Government Buildings

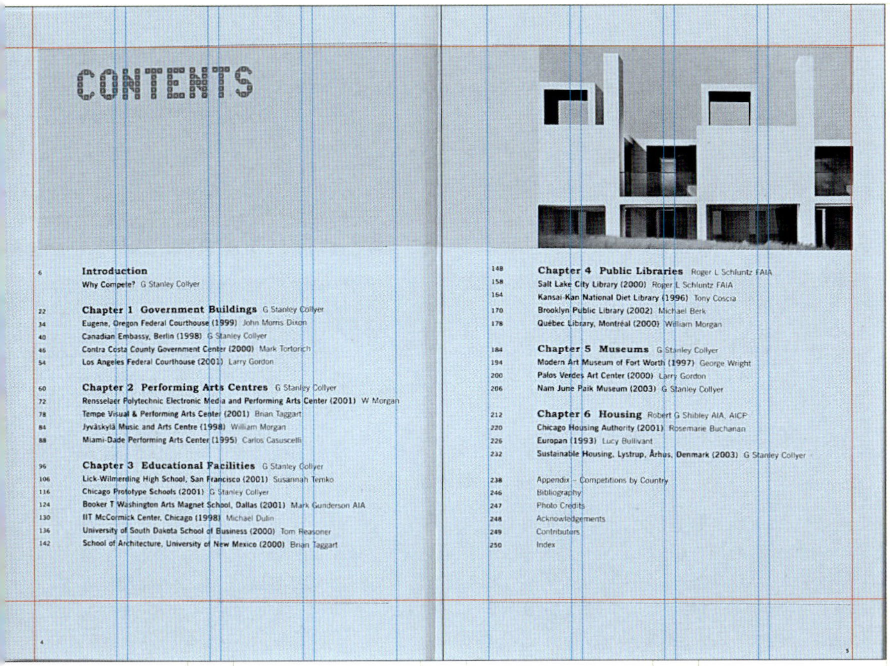

AP ARCHITECTURE IN PRACTICE

Design: Christian Küsters, CHK Design

O estúdio Christian Küsters desenvolveu um sistema acessível e amigável ao usuário para esta série de livros sobre arquitetura. O design baseia-se em uma matriz única que forma a base do logotipo e é a inspiração para a fonte do título, bem como para o sistema de grids do livro. O grid define as áreas para uma grande zona de título no topo, uma coluna larga e informações relacionadas à esquerda, ou duas colunas de texto contínuo. Küsters quis que os livros se parecessem com manuais e criou a fonte Matrix especialmente para essa série. Suas escolhas para fontes secundárias incluíram New Gothic, porque ela é econômica em termos de espaço e confere um sentido arquitetônico, contrastando com a Bookman Old Style.

ESPECIFICAÇÕES DO GRID

Tamanho da página (refilado)	240 x 164 mm
Margem superior	15 mm
Margem inferior	22 mm
Margem externa	12 mm
Margem interna	17 mm
Número de colunas	1, 2 ou 4
Largura da medianiz	4 mm
Extras	N/D

Identidades

365
Pages
BB/
Saunders

ESPECIFICAÇÕES DO GRID

Tamanho da página (refilado)	210 x 170 mm
Margem superior	5 mm
Margem inferior	5 mm
Margem externa	5 mm
Margem interna	15 mm
Número de colunas	6
Largura da medianiz	5 mm
Extras	Grid de linhas de base 5 mm; 6 campos horizontais

365 PAGES

Design: BB/Saunders

Toda semana, membros da BB/Saunders, uma empresa de consultoria em design e marcas, produziam um diário para inclusão no seu site. O briefing era aberto; podia ser um diário da última semana de alguém ou um manifesto convocando as pessoas a salvar o mundo. A ideia inicial por trás do projeto *365 Pages* era catalogar esse material e criar uma agenda diária. Com base na suposição de que os designers gostam de rabiscar em cadernos de rascunho, a BB/Saunders criou um livro que incluía um grid original e incomum baseado em múltiplas colunas e campos como fundo das páginas – o objetivo era estimular os leitores a registrar suas próprias experiências, observações ou pensamentos no dia-a-dia. Utilizando como ponto de partida grids de desenho técnico desenvolvidos na própria empresa, 12 novos grids foram criados para este livro.

366
.235

323

235

334
332

2yrs mar'04_mar'06

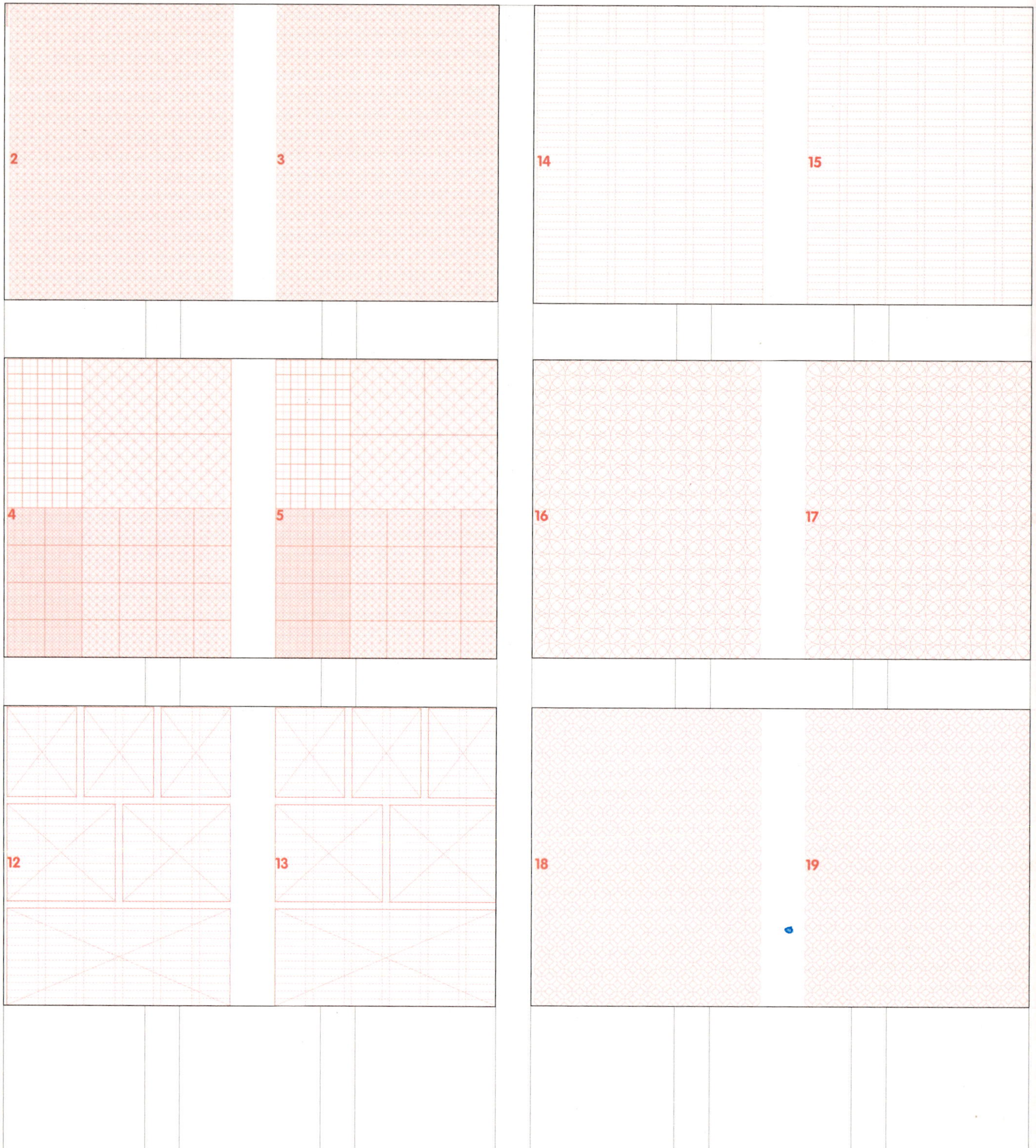
2
3
14
15
4
5
16
17
12
13
18
19

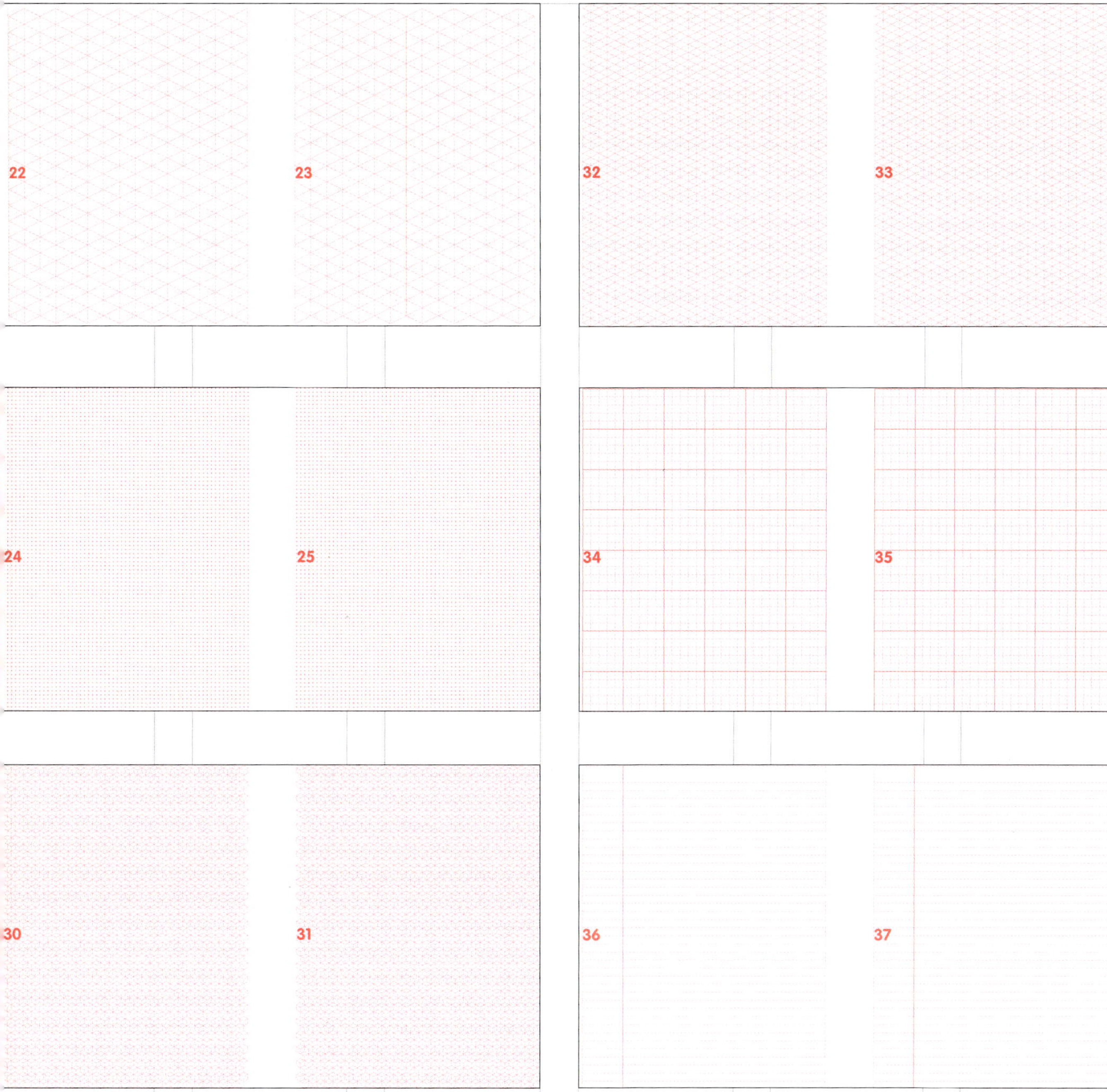
22
23
32
33
24
25
34
35
30
31
36
37

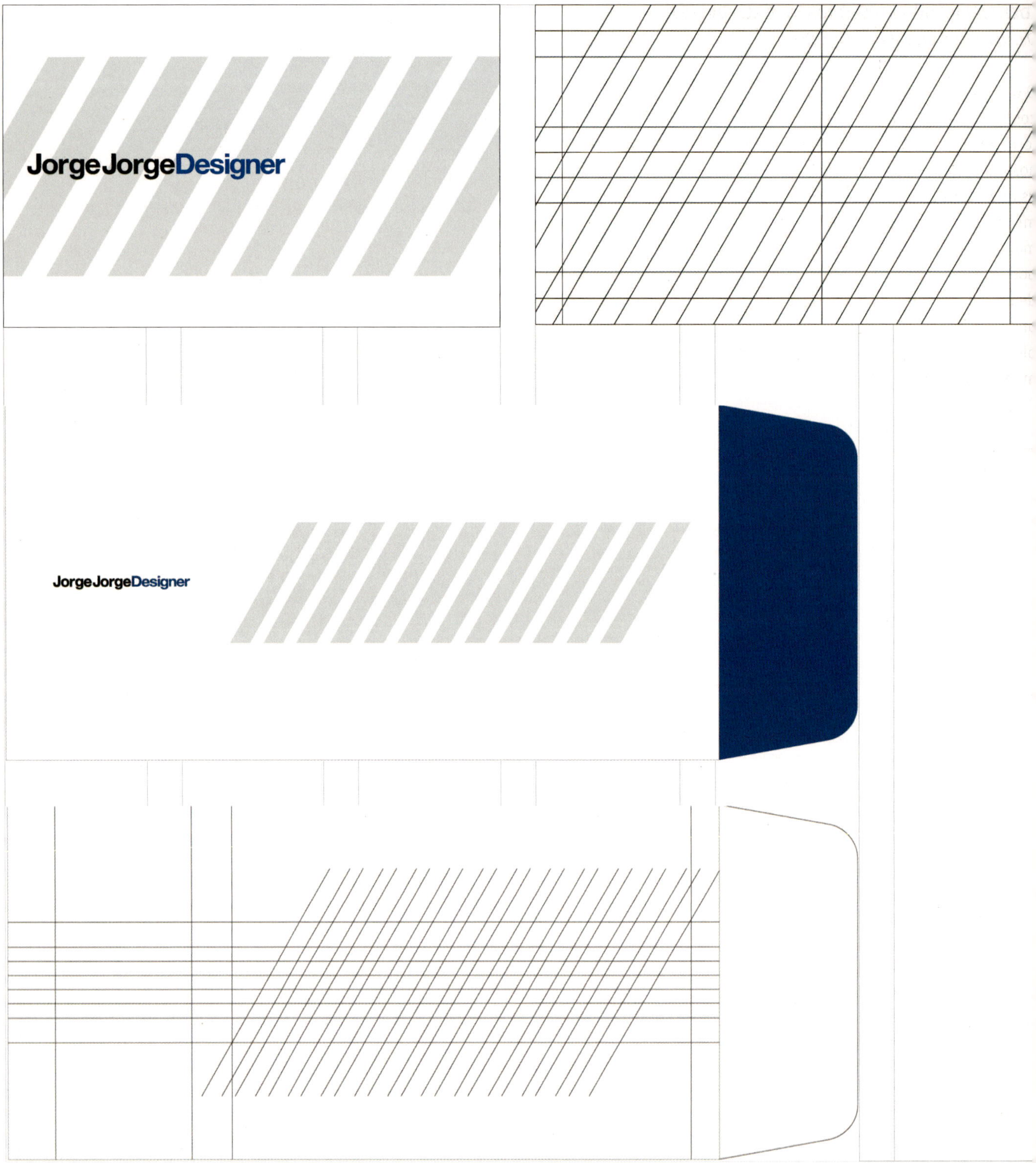
JorgeJorgeDesigner
JorgeJorgeDesigner

IDENTIDADE DO ESTÚDIO JORGE JORGE DESIGN

Design: Jorge Jorge, Jorge Jorge Design

O objetivo de Jorge Jorge era criar uma identidade simples e contemporânea que funcionasse em diferentes aplicações e formatos gráficos e comunicasse sua personalidade e potencial aos clientes. Ele alcançou seu objetivo de uma maneira econômica: as linhas diagonais e o uso limitado de cores destacam um layout minimalista e profundamente estudado. Embora os grids sejam mais utilizados em documentos de várias páginas, eles também podem ser utilizados eficientemente dentro de uma ampla variedade de páginas individuais. Aqui, o grid de Jorge Jorge mantém a uniformidade; ele determina os espaçamentos verticais entre os blocos de texto e o alinhamento de cada elemento dos documentos-modelo da empresa.

Fax

For: Dr. João Soares
Company: Brand Y
Fax nº: 225 876 987
Subject: Something

From: Jorge Jorge
Pages: 1/2
Date: 22/02/07
Reply to: JorgeJorge / 225 899 645

JorgeJorgeDesigner

Porto, 14 Janeiro 2007

Olá João Soares!

Lorem ipsum dolor sit amet, consectetuer adipiscing elit, sed diam nonummy nibh euismod tincidunt ut laoreet dolore magna aliquam erat volutpat. Ut wisi enim ad minim veniam, quis nostrud exerci tation ullamcorper suscipit lobortis nisl ut aliquip ex ea commodo consequat. Duis autem vel eum iriure dolor in hendrerit in vulputate velit esse molestie consequat, vel illum dolore eu feugiat nulla facilisis at vero eros et accumsan et iusto odio dignissim qui blandit praesent luptatum zzril delenit augue duis dolore te feugait nulla facilisi. Lorem ipsum dolor sit amet, consectetuer adipiscing elit, sed diam nonummy nibh euismod tincidunt ut laoreet dolore magna aliquam erat volutpat. Ut wisi enim ad minim veniam, quis nostrud exerci tation ullamcorper suscipit lobortis nisl ut aliquip ex ea commodo consequat.
Duis autem vel eum iriure dolor in hendrerit in vulputate velit esse molestie consequat, vel illum dolore eu feugiat nulla facilisis at vero eros et accumsan et iusto odio dignissim qui blandit praesent luptatum zzril delenit augue duis dolore te feugait nulla facilisi. Nam liber tempor cum soluta nobis eleifend option congue nihil imperdiet doming id quod mazim placerat facer possim assum. Lorem ipsum dolor sit amet, consectetuer adipiscing elit, sed diam nonummy nibh euismod tincidunt ut laoreet dolore magna aliquam erat volut

Aguardo contacto seu!
Cumprimentos,

Jorge Jorge

+351 934 201 420
mail@jorgejorge.com
www.jorgejorge.com

Internal Memo Subject: New Briefing

JorgeJorgeDesigner

Subject 01
Lorem ipsum dolor sit amet, consectetuer adipiscing elit, sed diam nonummy nibh euismod tincidunt ut laoreet dolore magna aliquam erat volutpat. Ut wisi enim ad minim veniam, quis nostrud exerci tation ullamcorper suscipit lobortis nisl ut aliquip ex ea commodo consequat. Duis autem vel eum iriure dolor in hendrerit in vulputate velit esse molestie consequat, vel illum dolore eu feugiat nulla facilisis at vero eros et accumsan et iusto odio dignissim qui blandit praesent luptatum zzril delenit augue duis dolore te feugait nulla facilisi. Lorem ipsum dolor sit amet, consectetuer adipiscing elit, sed diam nonummy nibh euismod tincidunt ut laoreet dolore magna aliquam erat volutpat. Ut wisi enim ad minim veniam, quis nostrud exerci tation ullamcorper suscipit lobortis nisl ut aliquip ex ea commodo consequat.

Subject 02
Duis autem vel eum iriure dolor in hendrerit in vulputate velit esse molestie consequat, vel illum dolore eu feugiat nulla facilisis at vero eros et accumsan et iusto odio dignissim qui blandit praesent luptatum zzril delenit augue duis dolore te feugait nulla facilisi. Nam liber tempor cum soluta nobis eleifend option congue nihil imperdiet doming id quod mazim placerat facer possim assum. Lorem ipsum dolor sit amet, consectetuer adipiscing elit, sed diam nonummy nibh euismod tincidunt ut laoreet dolore magna aliquam erat volut

+351 934 201 420
mail@jorgejorge.com
www.jorgejorge.com

Subject:

JorgeJorgeDesigner

Porto, 14 Janeiro 2007

Olá João Soares!

Lorem ipsum dolor sit amet, consectetuer adipiscing elit, sed diam nonummy nibh euismod tincidunt ut laoreet dolore magna aliquam erat volutpat. Ut wisi enim ad minim veniam, quis nostrud exerci tation ullamcorper suscipit lobortis nisl ut aliquip ex ea commodo consequat. Duis autem vel eum iriure dolor in hendrerit in vulputate velit esse molestie consequat, vel illum dolore eu feugiat nulla facilisis at vero eros et accumsan et iusto odio dignissim qui blandit praesent luptatum zzril delenit augue duis dolore te feugait nulla facilisi. Lorem ipsum dolor sit amet, consectetuer adipiscing elit, sed diam nonummy nibh euismod tincidunt ut laoreet dolore magna aliquam erat volutpat. Ut wisi enim ad minim veniam, quis nostrud exerci tation ullamcorper suscipit lobortis nisl ut aliquip ex ea commodo consequat.

Duis autem vel eum iriure dolor in hendrerit in vulputate velit esse molestie consequat, vel illum dolore eu feugiat nulla facilisis at vero eros et accumsan et iusto odio dignissim qui blandit praesent luptatum zzril delenit augue duis dolore te feugait nulla facilisi. Nam liber tempor cum soluta nobis eleifend option congue nihil imperdiet doming id quod mazim placerat facer possim assum. Lorem ipsum dolor sit amet, consectetuer adipiscing elit, sed diam nonummy nibh euismod tincidunt ut laoreet dolore magna aliquam erat volut

Aguardo contacto seu!

Cumprimentos,

Jorge Jorge

+351 934 201 420
mail@jorgejorge.com
www.jorgejorge.com

Subject:

JorgeJorgeDesigner

Porto, 14 Janeiro 2007

Olá João Soares!

Lorem ipsum dolor sit amet, consectetuer adipiscing elit, sed diam nonummy nibh euismod tincidunt ut laoreet dolore magna aliquam erat volutpat. Ut wisi enim ad minim veniam, quis nostrud exerci tation ullamcorper suscipit lobortis nisl ut aliquip ex ea commodo consequat. Duis autem vel eum iriure dolor in hendrerit in vulputate velit esse molestie consequat, vel illum dolore eu feugiat nulla facilisis at vero eros et accumsan et iusto odio dignissim qui blandit praesent luptatum zzril delenit augue duis dolore te feugait nulla facilisi. Lorem ipsum dolor sit amet, consectetuer adipiscing elit, sed diam nonummy nibh euismod tincidunt ut laoreet dolore magna aliquam erat volutpat. Ut wisi enim ad minim veniam, quis nostrud exerci tation ullamcorper suscipit lobortis nisl ut aliquip ex ea commodo consequat.

Duis autem vel eum iriure dolor in hendrerit in vulputate velit esse molestie consequat, vel illum dolore eu feugiat nulla facilisis at vero eros et accumsan et iusto odio dignissim qui blandit praesent luptatum zzril delenit augue duis dolore te feugait nulla facilisi. Nam liber tempor cum soluta nobis eleifend option congue nihil imperdiet doming id quod mazim placerat facer possim assum. Lorem ipsum dolor sit amet, consectetuer adipiscing elit, sed diam nonummy nibh euismod tincidunt ut laoreet dolore magna aliquam erat volut

Aguardo contacto seu!

Cumprimentos,

Jorge Jorge

+351 934 201 420
mail@jorgejorge.com
www.jorgejorge.com

ESPECIFICAÇÕES DO GRID

Tamanho da página (refilado)	Cartão: 850 x 550 mm Papel timbrado: 210 x 297 mm Envelope: 110 x 220 mm
Margem superior	Cartão: 90 mm Papel timbrado: 270 mm Envelope: 350 mm
Margem inferior	Cartão: 90 mm Papel timbrado: 250 mm Envelope: 350 mm
Margem externa	Cartão: 9 mm Papel timbrado: 27 mm Envelope: 35 mm
Margem interna	Cartão: 9 mm Papel timbrado: 25 mm Envelope: 35 mm
Número de colunas	Cartão: 4 Papel timbrado: 5 Envelope: 5
Largura da medianiz	N / D
Extras	Cartão e envelope: 9 campos horizontais Papel timbrado: 20 campos horizontais

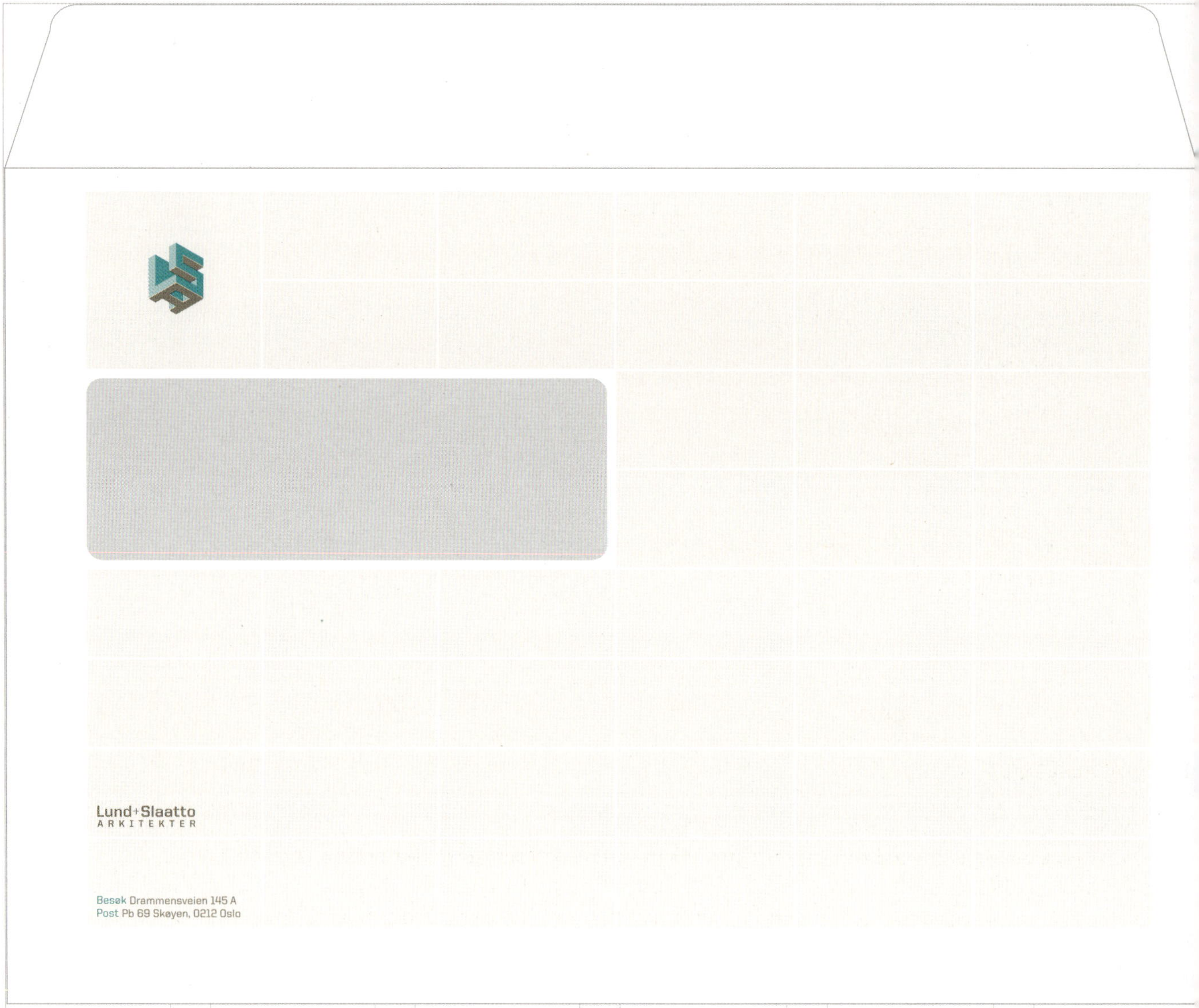
Lund+Slaatto
ARKITEKTER
Besøk Drammensveien 145 A
Post Pb 69 Skøyen, 0212 Oslo

Espen Pedersen
Sivilarkitekt MNLA / Partner
Besøk Drammensveien 145 A
Post Pb 69 Skøyen, 0212 Oslo
Dir +47 22 12 29 15
Mob +47 90 72 24 25
Email pedersen@lsa.no
Tel +47 22 12 29 00
Fax +47 22 12 29 99
Web www.lsa.no
Lund+Slaatto
ARKITEKTER

Espen Pedersen
Sivilarkitekt MNLA / Partner
Besøk Drammensveien 145 A
Post Pb 69 Skøyen, 0212 Oslo
Dir +47 22 12 29 15
Mob +47 90 72 24 25
Email pedersen@lsa.no
Tel +47 22 12 29 00
Fax +47 22 12 29 99
Web www.lsa.no
Lund+Slaatto
ARKITEKTER

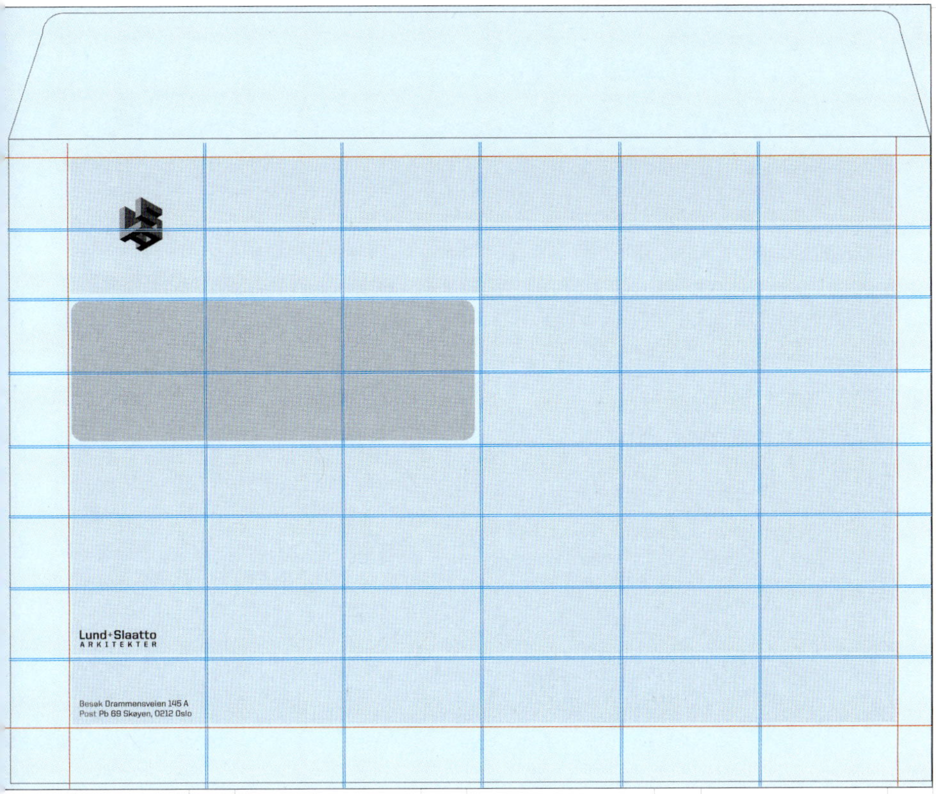

ESPECIFICAÇÕES DO GRID

Tamanho da página (refilado)	Envelope: 228 x 161 mm Cartão: 45,5 x 89 mm
Margem superior	Envelope: 4 mm / Cartão: 0,5 mm
Margem inferior	Envelope: 14 mm / Cartão: 0,5 mm
Margem externa	Envelope: 15 mm / Cartão: 0,5 mm
Margem interna	Envelope: 8 mm / Cartão: 0,5 mm
Número de colunas	Envelope: 6 / Cartão: 3
Largura da medianiz	Envelope: 0,5 mm / Cartão: 0,5 mm
Extras	Unidade de base – retângulo horizontal com proporção de 2:1; grid de linha de base, 7 pt; Envelope: 9 campos horizontais / Cartão: 3 campos horizontais

ARTIGOS DE PAPELARIA DE LUND+SLAATTO

Design: Karl Martin Saetren, Mission Design

O estúdio Mission Design desenvolveu esta identidade para a famosa empresa norueguesa de arquitetura Lund+Slaatto. O design limpo e enxuto reflete a atenção aos detalhes e o estilo arquitetônico pelo qual o cliente é conhecido. O layout baseia-se em um grid que utiliza campos na proporção 2:1. Para garantir a unidade entre itens pequenos, como cartões de visita, e itens grandes, como impressos, essa proporção é utilizada em todos os grids, embora o tamanho geral de cada campo mude. Para itens grandes, mais campos são adicionados ao grid geral, desse modo, o grid funciona em diferentes escalas e formatos.

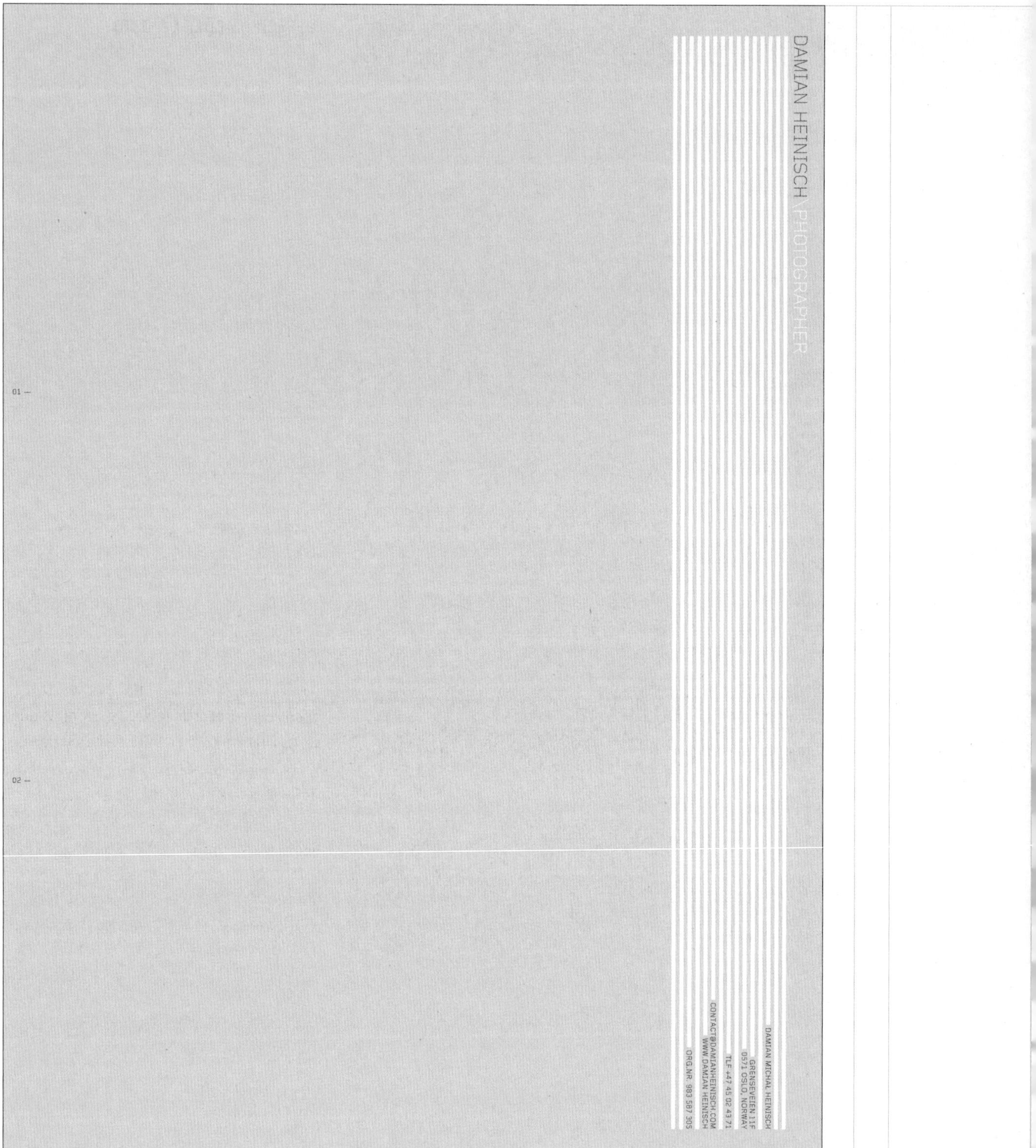
DAMIAN HEINISCH\PHOTOGRAPHER
01
02
DAMIAN MICHAL HEINISCH
GRENSEVEIEN 11F
0571 OSLO, NORWAY
TLF +47 45 02 43 71
CONTACT@DAMIANHEINISCH.COM
WWW.DAMIAN HEINISCH
ORG.NR. 983 587 305

ESPECIFICAÇÕES DO GRID

Tamanho da página (refilado)	210 x 297 mm
Margem superior	7,5 mm
Margem inferior	8 mm
Margem externa	N/D
Margem interna	N/D
Número de colunas	34
Largura da medianiz	1 mm
Extras	Grid de linhas de base, 24 pt

ARTIGOS DE PAPELARIA DE DAMIAN HEINISCH

Design: Karl Martin Saetren, Mission Design

A maioria dos grids precisa de subdivisões horizontais e verticais, mas esta identidade para o fotógrafo Damian Heinisch utiliza apenas uma série de faixas horizontais que se relacionam com a altura do corpo do texto. O texto menor é igual a uma unidade de medida e se ajusta dentro da altura de uma das unidades do grid, enquanto o texto maior utiliza duas unidades. A paleta de cores mínima e o design sistemático criam uma aparência diferenciada, enquanto a atmosfera controlada do design permite dar o devido destaque às fotos do cliente.

DAMIAN HEINISCH\PHOTOGRAPHER

DAMIAN MICHAŁ HEINISCH
TLF \\ +47 45 02 43 71
EMAIL \\ CONTACT@DAMIANHEINISCH.COM
URL \\ WWW.DAMIANHEINISCH.COM

DAMIAN MICHAŁ HEINISCH
TLF \\ +47 45 02 43 71
EMAIL \\ CONTACT@DAMIANHEINISCH.COM
URL \\ WWW.DAMIANHEINISCH.COM

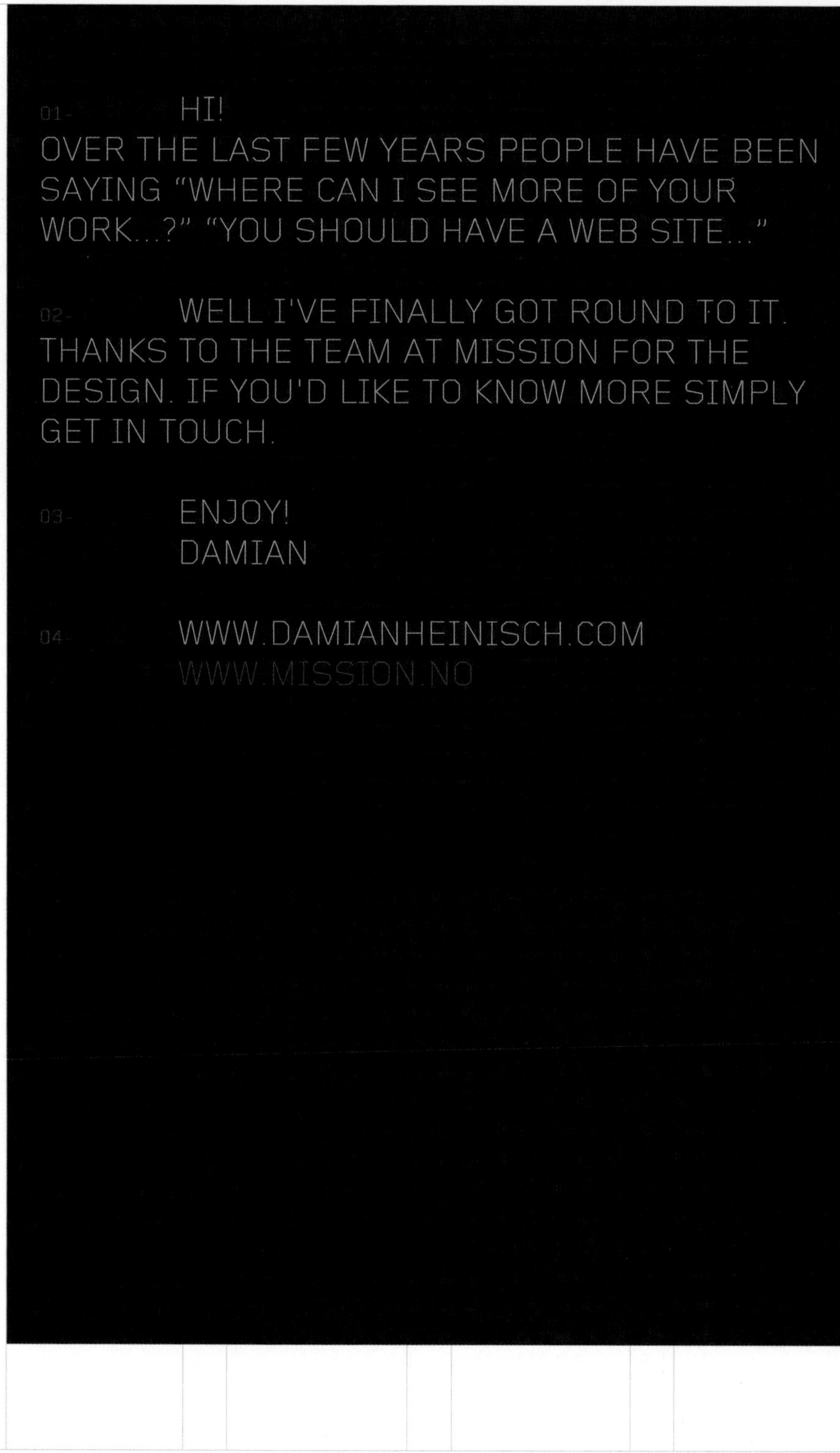
01- HI!
OVER THE LAST FEW YEARS PEOPLE HAVE BEEN SAYING "WHERE CAN I SEE MORE OF YOUR WORK...?" "YOU SHOULD HAVE A WEB SITE..."
02- WELL I'VE FINALLY GOT ROUND TO IT. THANKS TO THE TEAM AT MISSION FOR THE DESIGN. IF YOU'D LIKE TO KNOW MORE SIMPLY GET IN TOUCH.
03- ENJOY!
DAMIAN
04- WWW.DAMIANHEINISCH.COM
WWW.MISSION.NO

ESPECIFICAÇÕES DO GRID	
Tamanho da página (refilado)	176,4 x 282,2 mm
Margem superior	8,8 mm
Margem inferior	91,72 mm
Margem externa	7,05 mm
Margem interna	7,05 mm
Número de colunas	1
Largura da medianiz	N/D
Extras	Grid de linhas de base, 24 pt; 460 linhas horizontais, com espaçamento de 1,4 mm

WWW.DAMIANHEINISCH.COM
DAMIAN MICHAL HEINISCH
GRENSEVEIEN 11F
0571 OSLO, NORWAY
TLF +47 45 02 43 71
CONTACT@DAMIANHEINISCH.COM
WWW.DAMIAN HEINISCH

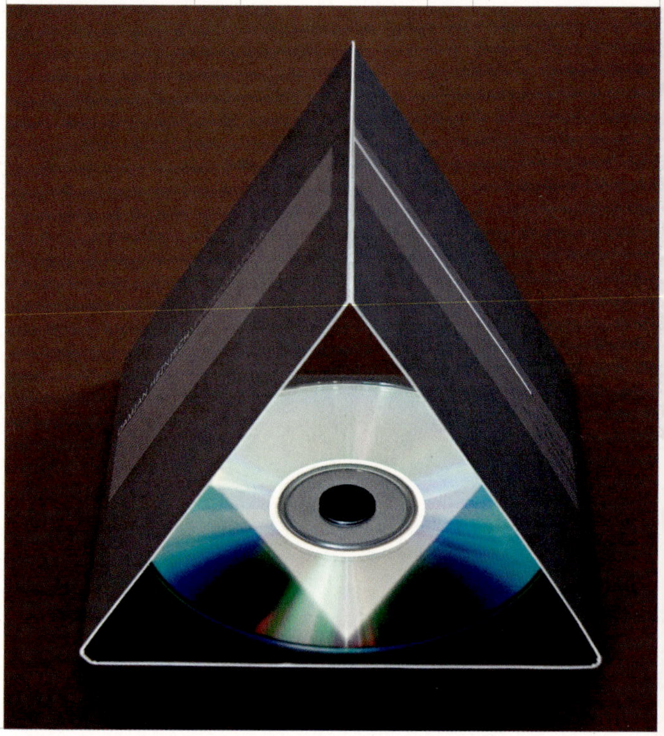

ESPECIFICAÇÕES DO GRID

Tamanho da página (refilado)	404 x 130 mm
Margem superior	N/D
Margem inferior	N/D
Margem externa	6,5 mm
Margem interna	6,5 mm
Número de colunas	1
Largura da medianiz	N/D
Extras	30 linhas horizontais, com espaçamento de 1 mm

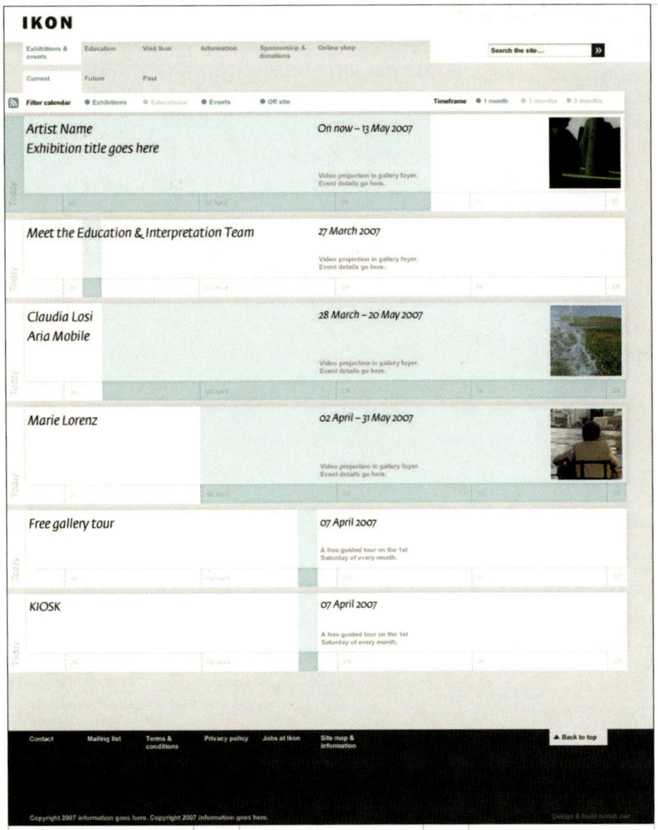
IKON
Exhibitions & events
Education
Visit Ikon
Information
Sponsorship & donations
Online shop
Search the site...
Current
Future
Past
Filter calendar
Exhibitions
Events
Off site
Timeframe
1 month
Artist Name
Exhibition title goes here
On now – 13 May 2007
Meet the Education & Interpretation Team
27 March 2007
Claudia Losi
Aria Mobile
28 March – 20 May 2007
Marie Lorenz
02 April – 31 May 2007
Free gallery tour
07 April 2007
KIOSK
07 April 2007
Contact
Mailing list
Terms & conditions
Privacy policy
Jobs at Ikon
Site map & information
Back to top
Copyright 2007 information goes here. Copyright 2007 information goes here.

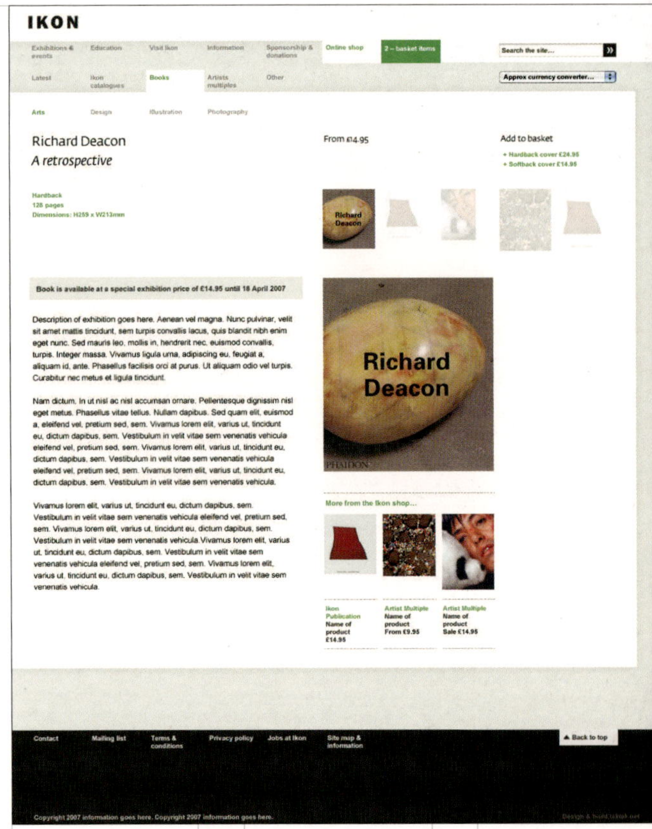
IKON
Exhibitions & events
Education
Visit Ikon
Information
Sponsorship & donations
Online shop
2 – basket items
Search the site...
Latest
Ikon catalogues
Books
Artists multiples
Other
Approx currency converter...
Arts
Design
Illustration
Photography
Richard Deacon
A retrospective
From £14.95
Add to basket
+ Hardback cover £24.95
+ Softback cover £14.95
Hardback
128 pages
Dimensions: H259 x W213mm
Book is available at a special exhibition price of £14.95 until 18 April 2007
Richard Deacon
More from the Ikon shop...
Contact
Mailing list
Terms & conditions
Privacy policy
Jobs at Ikon
Site map & information
Back to top
Copyright 2007 information goes here. Copyright 2007 information goes here.

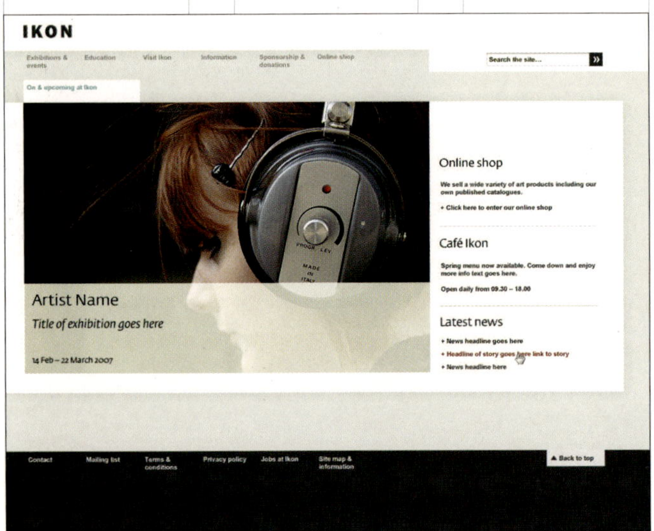
IKON
Exhibitions & events
Education
Visit Ikon
Information
Sponsorship & donations
Online shop
Search the site...
On & upcoming at Ikon
Online shop
We sell a wide variety of art products including our own published catalogues.
+ Click here to enter our online shop
Café Ikon
Spring menu now available. Come down and enjoy more info text goes here.
Open daily from 09.30 – 18.00
Latest news
+ News headline goes here
+ Headline of story goes here link to story
+ News headline here
Artist Name
Title of exhibition goes here
14 Feb – 22 March 2007
Contact
Mailing list
Terms & conditions
Privacy policy
Jobs at Ikon
Site map & information
Back to top
Copyright 2007 information goes here. Copyright 2007 information goes here.

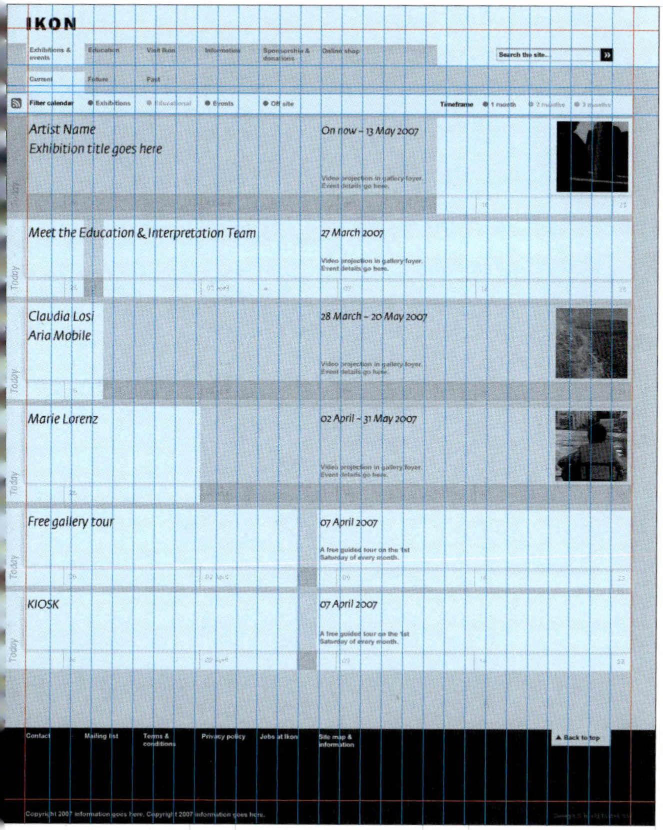

SITE DA GALERIA IKON

Design: Dom Murphy, TAK!

Embora a unidade de medida seja diferente, os grids são igualmente relevantes para o web design e o design impresso. O grid para essa reformulação do site da Ikon Gallery baseia-se no seu calendário de eventos e no boletim mensal. A página é dividida em unidades de 30 pixels; o grid determina a posição de todos os elementos do design, desde a navegação até o posicionamento das informações. O grid é mais evidente nas páginas de eventos, onde a área à esquerda representa o "hoje" e cada bloco representa um dia subsequente. Os painéis azuis/verdes mostram o período dos eventos em relação ao mês seguinte e, portanto, mudam diariamente.

ESPECIFICAÇÕES DO GRID

Tamanho da página (refilado)	270,933 x 361,244 mm
Margem superior	10,583 mm
Margem inferior	10,583 mm
Margem externa	10,583 mm
Margem interna	10,583 mm
Número de colunas	15
Largura da medianiz	8,5 mm
Extras	4 campos horizontais

Revistas, jornais & newsletters

grafik
Zak Kyes
Special Report
Photography
Profile
Zak Kyes
July 2007 £8
152

22
Talent
23
Talent
Don't Panic
01
03
04
05

12
Roughs
01st
Park Life
Take it from us, there's no better way to spend a sunny Yorkshire day than picnicking in the county's idyllic Sculpture Park. And this month you can do so with the added lure of a new series of exhibitions courtesy of the Arts Council. Between now and January, Catch This will showcase the work of four UK-based artists all characterised by their use of new media and technology. Head down this summer to enjoy new film works by Hayley Newman and Mark Lewis, and don't forget to pack the Factor Twenty. Find out more at www.ysp.co.uk.
13
Roughs
PRINT RUN
FOR CHARITY
NO. 1046854
design
makes me sick
design
makes me better
design
makes me
complete.
PRINT RUN:
10/05/07
PRIVATE:
07/06/07
DISPLAY:
08th
Picture of Health
Does design make you sick? Or, perhaps, is it the only thing worth getting up for in the morning? See how a selection of the world's top designers and studios responded to the conundrum of design's health-giving properties thanks to a new poster exhibition at London's Kemistry Gallery this month. Print Run will feature twenty A1 screenprinted creations from the likes of Experimental Jetset, Spin and North—and what's more, all entries will be on sale, with proceeds going to the Roy Castle Lung Cancer Foundation. Healthy consciences all round. Check out www.print-run.org for further information.

15th
Pen and Caper
For those of you who missed it the first time round, Felt-Tip is back, and this time it's brandishing a passport. Grafik's own exhibition of hand-penned posters (courtesy of thirty top designers including Alan Fletcher and Frauke Stegman) will land this month at Cape Town's What If the World gallery. Celebrating the simple charms of felt pen on paper, not to mention the power of the imagination, Felt-Tip opens on 15 June... Next stop Namibia. Go to www.whatiftheworld.com for the lowdown.
15th
Great Expectations
It's been quite some time since the legendary Great Exhibition of 1851. This summer, however, prepare to be transported back in time as the Royal College of Art stages its own version to celebrate 150 years at its current South Kensington location. Bringing together all of its graduate shows for the very first time, the RCA will erect an enormous tent in Kensington Gardens alongside a simultaneous exhibition at the College Galleries. With the work of over 400 students on display, they'll certainly be giving Prince Albert a run for his money. Full details are available at www.rca.ac.uk.

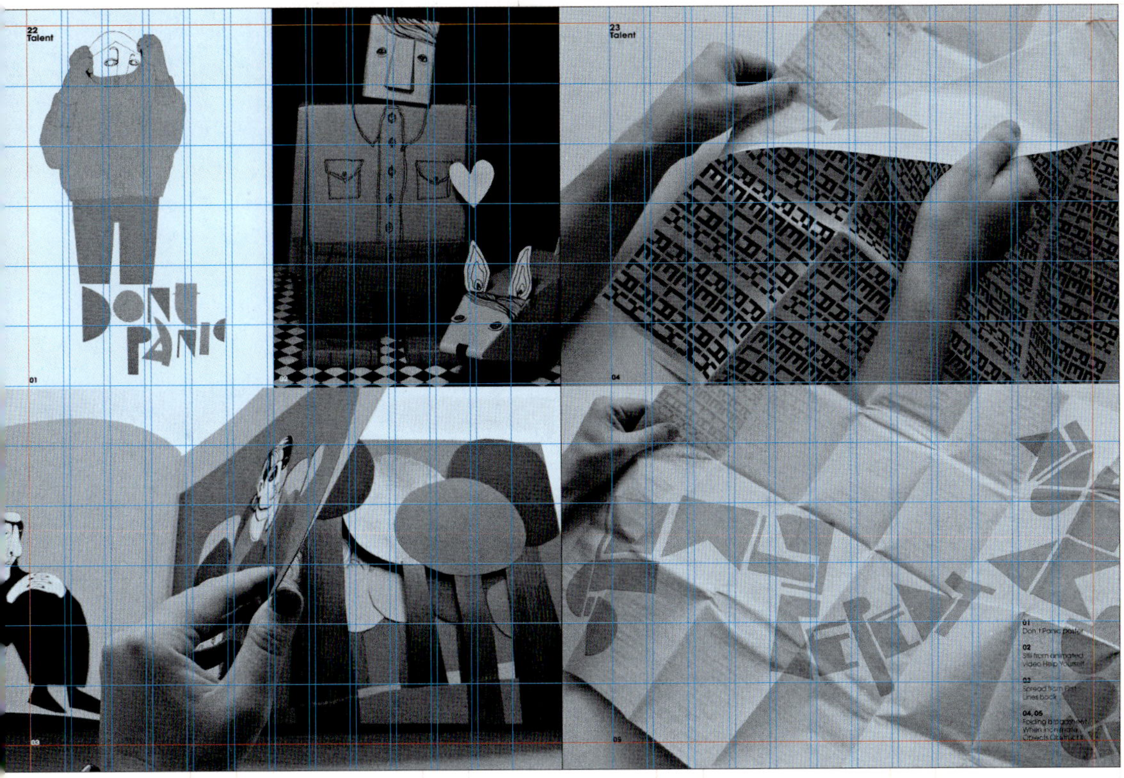

ESPECIFICAÇÕES DO GRID

Tamanho da página (refilado)	225 x 311 mm
Margem superior	7 mm
Margem inferior	11 mm
Margem externa	11 mm
Margem interna	20 mm
Número de colunas	12
Largura da medianiz	2,5 mm
Extras	N/D

GRAFIK

Design: SEA

Fazer um trabalho de criação para empresas que também trabalham com design gráfico sempre gera pressões adicionais. O público leitor da Grafik era predominantemente composto de estudantes, mas o briefing do estúdio SEA era reformular a revista para que ela abrangesse um público maior. Sua solução racionalizou o design existente, mantendo sua energia dentro de uma estrutura funcional e acessível. Desenvolver um grid flexível foi o segredo para isso. O grid contém múltiplas colunas e também divide a página em uma série de pequenos campos horizontais. Essa estrutura suporta vários recursos tipográficos – recuos extensos e texto escalonado, juntamente com texto contínuo, legendas, linhas finas (subtítulos) e títulos – e imagens totalmente sangradas, enquadradas e cortadas.

June
Showcase

Case
Study
Plastique
New London-based fashion glossy Plastique struts on to the scene this month, sporting a ballsy look courtesy of Studio8. Matt Willey reveals how rubberstamps, monochrome, metallics and a healthy disregard for the grid helped him achieve a spirited design to match the mag's editorial brio.
BLACK GEOMETRIC
EXPLOSIVE FASHION

Dark
Arts
Alongside his much-admired commercial work, photographer Richard Learoyd has been working on a time-consuming personal project that has produced some strikingly beautiful results. Originating from his long-standing obsession with the idea of creating a photograph by the simplest means possible, here he talks to Jonathan Bell about creating a modern-day camera obscura.

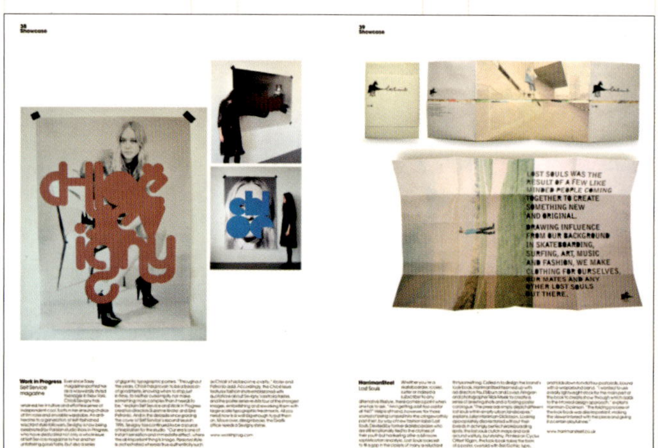
LOST SOULS WAS THE RESULT OF A FEW LIKE MINDED PEOPLE COMING TOGETHER TO CREATE SOMETHING NEW AND ORIGINAL.
DRAWING INFLUENCE FROM OUR BACKGROUND IN SKATEBOARDING, SURFING, ART, MUSIC AND FASHION, WE MAKE CLOTHING FOR OURSELVES, OUR MATES AND ANY OTHER LOST SOULS OUT THERE.

Six Books
CAMOUFLAGE
FURNISH
100 years of Fashion Illustration
OPTIC NERVE
Mies van der Rohe

Insight
Always reaching for the same paper samples? Then maybe it's time to try something new. We asked the paper experts to give us the lowdown on their hottest new products, and this is what they came up with.
Xper by Fedrigoni
Zanders ZETA Bespoke Watermark from M-real Weights available
Greencoat Matt Extra by Howard Smith Weights available
Take 2 Offset by James McNaughton
Trucard by Tullis Russell
Stucco Collection by Fedrigoni
Stephen by Robert Horne Weights available
Magnecote by James McNaughton

FAC 1 to MCR, AA Lecture, 30 November 2006

FAC1–MCR
Lecture poster designed by
AA Print Studio

THERE IS AN EXPECTANCY
OF MANCHESTER

Peter Saville is a designer whose practice spans the fields of graphics, creative direction and art. Past clients have included Yohji Yamamoto, Christian Dior, Givenchy, and the Whitechapel Gallery.

I invited him to speak at the AA, a place that he hadn't visited for around 20 years, but he told me he hated preparing lectures. This isn't surprising. Saville's resume is both extensive and complex, a testament to his creative restlessness and dogged desire for ultimate independence. So I struck a deal with him. I offered to put together an image-trawl through three decades of his work, the exact results of which he wasn't to find out until the conversation began that November evening.

My reasons to get Saville to talk at the AA were twofold. On the one hand, for a certain generation (often in their 30s and 40s) Saville's sumptuous visualisations were synonymous with the best of British pop culture: Joy Division, New Order, Factory Records to name a few. Beyond the nostalgia, though, Saville continues to inspire through his inimitable capacity to disown his status as a 'graphic designer' (a label he finds limiting) while being one of the most famous graphic designers living today. It's one of the reasons Manchester awarded him the job of 'art directing' its future cultural image.

Here are a few highlights from our conversation.

Shumon Basar, AACP Director

On being a graphic designer: 'I became a mercenary, a hired killer. I tried to work for clients who I didn't think were too bad. You have to work, to earn money and you just have to find a way to cope with that.'

On Joy Division's Unknown Pleasures: 'I hated the idea of things looking like record covers. If you put the name of the group on the front and put the title on the front it looks like a record cover. I did what I could with the elements – Joy Division gave me the wave pattern – but I didn't know anything, I had just left college...I wasn't even sure how you prepared artwork for print. I could only trust black and white....'

On New Order: 'The most enthusiastic reaction I got to any of the covers was "They don't much mind it." The worst was for Low-Life. When they saw it they all said, in unison, "You fucking bastard". Regret they liked because it was glossy and sexy ... Bernard said, "We might fucking sell something with this one, Peter. How long has it taken?" But they never asked me about any of them, they weren't interested.'

On Yohji Yamamoto's 1991 menswear collection: 'He said, "I don't want to see the clothes. I don't want models." In other words, "I am sick of this ... It doesn't make sense anymore." So I made a campaign that said as much. The company panicked, "This is financial suicide. We have to stop Peter, we have to stop Yohji, we have to stop it!".'

On Adidas limited edition Adicolor trainers: 'Adidas told me "Do what you want" but all of these brand partnerships are a lie... The brief made the truth plain to see, dictating the meaning of the word green. On page 1 they say I'm a "preeminent image-maker of my generation" and on page 5 they

Peter Saville logos
Various logos used in the early years of Saville's practice

AArchitecture – Issue 3 News from the Architectural Association 14

AArchitecture – Issue 3 We Have To Stop Peter 15

AArchitecture ISSUE 3 / SPRING 2007

—

DESIGN IS A METHOD OF DOCUMENTING REALITY RATHER THAN MAKING SOMETHING NEW. WITH THE MATERIALS AVAILABLE, BUILDING IS NOT ABOUT MAKING THE OBJECT ITSELF. IT IS THE TIME, PATIENCE AND ATTENTION GIVEN TO A PLACE – THE REVELATION OF ORDINARY THINGS – THAT IS OF VALUE SHIN EGASHIRA PG 28

AArchitecture – Issue 3 Contents 3

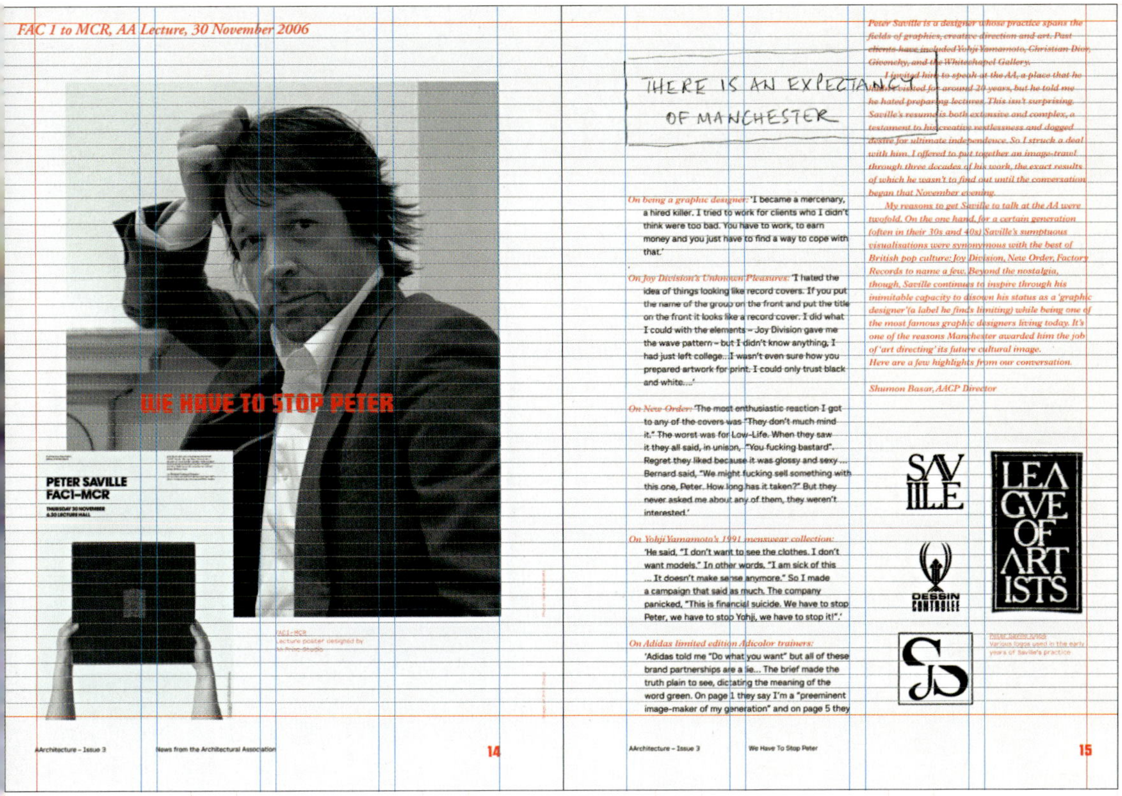

ESPECIFICAÇÕES DO GRID

Tamanho da página (refilado)	176 x 250 mm
Margem superior	5 mm
Margem inferior	24 mm
Margem externa	10 mm
Margem interna	20 mm
Número de colunas	4
Largura da medianiz	5 mm
Extras	Grid de linhas de base, 12 pt

AARCHITECTURE

Design: Wayne Daly e Grégory Ambos, AA Print Studio com o Zak Group

O *AArchitecture* é um zine de notícias publicado trimestralmente pela School of Architecture e criado por Wayne Daly e Grégory Ambos. O conteúdo é amplo e concebido para estimular o debate. Às vezes, páginas duplas mostram "um livro dentro de um livro", outras vezes, os textos são recuados e escalonados, outras vezes as páginas coloridas totalmente sangradas são utilizadas como parte da navegação. Essa divertida separação em camadas das informações reflete o objetivo da publicação – fornecer um fórum de discussão para estudantes, professores e profissionais esmiuçarem e dar forma aos seus assuntos. O grid de texto de quatro colunas parece ser apenas uma das estruturas que definem a publicação.

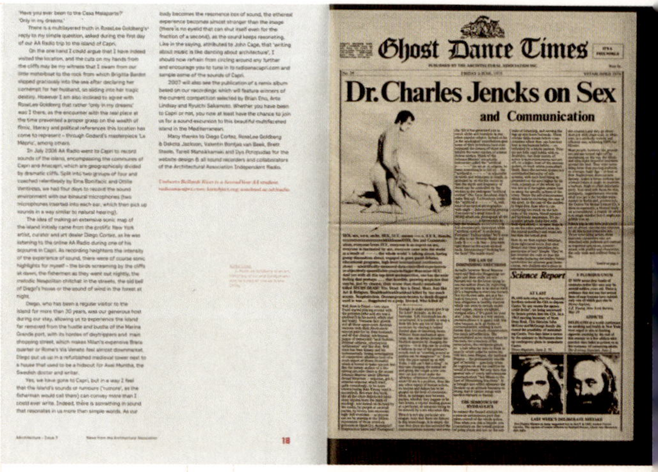

mance goals, fosters innovation in construction.[6] Yet the role of architectural design within this context remains open to question. The latest update of the building regulations made performance evaluation more complex by introducing plant and equipment into the building's 'system performance'. This could potentially lead to environmental design principles being abandoned and the responsibility for 'making it work' being handed over to the building services engineer. Architecture could lose or give up its responsibility to perform if we no longer have environmental achievement 'per form' but only 'per system'.

An example of this scenario is apparent in the Thames Gateway, one of the UK's most celebrated 'sustainable' developments. Here architecture was used as a starting point, but the results disappointed the ambitious developer. The at times restrictive and limiting architectural features did not prove as effective at reducing carbon emissions as other on-site initiatives, such as those designed to reduce car usage. The developer has now changed approach, and in more recent projects has concentrated on embedded efficiency and low and zero carbon technologies (LZC), in physical as well as service infrastructures, to facilitate sustainable lifestyles.

Dialogue

The above examples demonstrate that many interpretations of environment and environmental performance are possible. The research cluster's ambition is to harness each group's engagement, knowledge and enthusiasm for research into EES design. In order not to be biased, the curators set out to develop a methodology that would identify research topics that address issues of interest to the design community but are also of scientific relevance. This ensures the interpretation of 'environment' matches the scale against which its performance is measured.

Cluster Activity

To gain an overview of current EES design activity the cluster organised an open competition. No specific subjects or categories were defined by the organising committee. The submissions document a self-assessment of our profession's ability to respond to environmental, ecological and sustainability-related challenges. Of particular interest are the definitions of 'environment' and 'environmental performance' of the individual entries.

The outcome of the competition and accompanying survey resulted in an exhibition preview hosted at the Architectural Association from 8 to 11 November 2006. The validity and importance of differing strands was examined during the event and recommendations were made for future research activities. The winning and shortlisted entries were exhibited, and a book is forthcoming.

During the academic year the EES Research Cluster also facilitated open and informal roundtable discussions with participants from all realms of the built environment. The aim was to communicate the different stakeholders' views on performance-related issues to EES. Participants ranged from investors and developers, architects and engineers, planners and government officials to scientists, educators and students of all levels. The complexity of addressing multiple, often contradictory demands of performance was highlighted by the contrasting views.

Conclusion

The work of the EES Research Cluster has so far revealed that the terms 'environment' and 'performance' are used vaguely and are not defined rigorously enough to evaluate design performance. The survey information taken from the submissions to the Call for Projects awaits further investigation.

The intentions of the research cluster have been presented along with the methodology employed. Gathering and identifying these relevant research strands has been the main subject of the cluster's work to date, and it is hoped that this study will stimulate an ongoing discussion involving a wide audience that stretches beyond the educational setting and the architectural profession.

Acknowledgements

The authors would like to thank Brett Steele for his encouragement and the idea of creating the research clusters at the AA. The contributions of all discussion members, judges and participants are duly acknowledged.

This text is adapted from a paper published in 'PLEA Conference Proceedings 2006', the publication accompanying the 23rd Conference on Passive and Low Energy Architecture, Geneva, Switzerland, September 2006.

Werner Gaiser is a course tutor on the Sustainable Environmental Design MA programme and a Curator of the EES Research Cluster.
Steve Hardy is Unit Master of Diploma 16 and a Curator of the EES Research Cluster.

BOB MAXWELL'S LAST LECTURE

On Wednesday 22 November, an evening event was held to mark the decision of Bob Maxwell to give up his teaching on the Histories and Theories MA programme. He marked the occasion with a lecture entitled 'Maxwell's Last Lecture'. The lecture hall was packed with students, teachers and above all with several generations of professional colleagues and friends. He opened his lecture with a melancholy roll-call of all those who were absent by reason of death. Foremost in his mind was the figure of James Stirling. The evening was full of the memory of friends.

The lecture itself must have surprised some of his audience, who perhaps were expecting a more purely architectural topic. But the teacher in him was still passionately concerned with educating his fellow architects by introducing aspects of the human sciences which could illuminate architecture, and which could provide architects with an understanding of how all objects present meaning. Most of the lecture was devoted to an outline of subjects as it was understood by de Saussure and Roland Barthes. The concerns reflected on Bob's teaching, both while he had been Dean at Princeton University and in his teaching at the AA in the last two decades.

After the lecture tributes were paid to Bob by Ed Jones and Rick Mather, who spoke warmly of Bob as an architect and a friend. From his lecture the

audience were again made aware of the striking force of his complex character in which the twin aspects of Ulster Protestantism and Francophile Hedonism were intertwined. Above all the audience was aware of his underlying humanity, which has always shaped his students' experience of him.

By Mark Cousins, Director of Histories and Theories programme.

Bob Maxwell
Places were reserved long in advance for Bob Maxwell's last lecture.

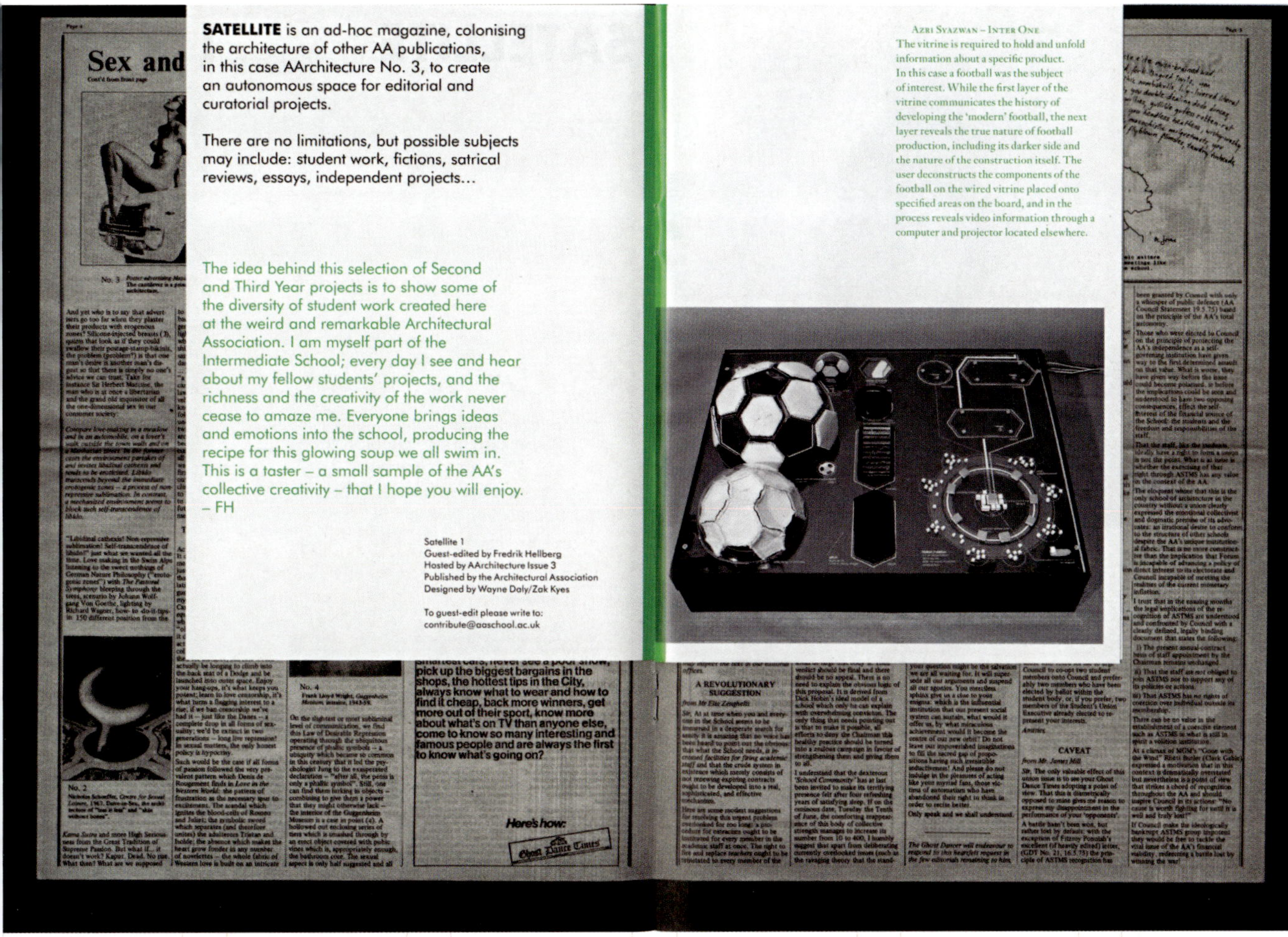

SATELLITE is an ad-hoc magazine, colonising the architecture of other AA publications, in this case AArchitecture No. 3, to create an autonomous space for editorial and curatorial projects.

There are no limitations, but possible subjects may include: student work, fictions, satrical reviews, essays, independent projects…

The idea behind this selection of Second and Third Year projects is to show some of the diversity of student work created here at the weird and remarkable Architectural Association. I am myself part of the Intermediate School; every day I see and hear about my fellow students' projects, and the richness and the creativity of the work never cease to amaze me. Everyone brings ideas and emotions into the school, producing the recipe for this glowing soup we all swim in. This is a taster – a small sample of the AA's collective creativity – that I hope you will enjoy.
– FH

Satellite 1
Guest-edited by Fredrik Hellberg
Hosted by AArchitecture Issue 3
Published by the Architectural Association
Designed by Wayne Daly/Zak Kyes

To guest-edit please write to:
contribute@aaschool.ac.uk

Azri Syazwan – Inter One

The vitrine is required to hold and unfold information about a specific product. In this case a football was the subject of interest. While the first layer of the vitrine communicates the history of developing the 'modern' football, the next layer reveals the true nature of football production, including its darker side and the nature of the construction itself. The user deconstructs the components of the football on the wired vitrine placed onto specified areas on the board, and in the process reveals video information through a computer and projector located elsewhere.

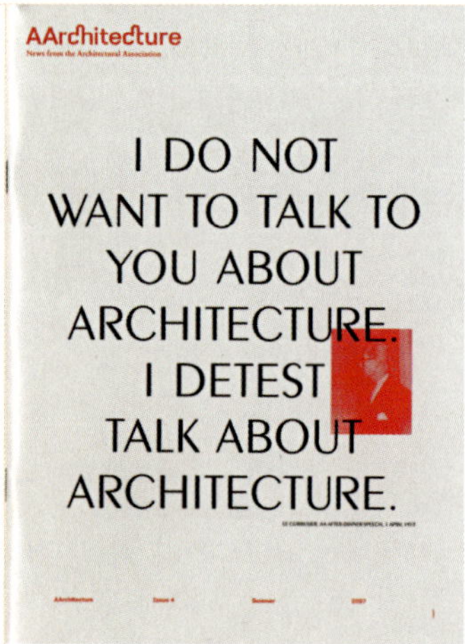

AArchitecture
News from the Architectural Association

I DO NOT WANT TO TALK TO YOU ABOUT ARCHITECTURE. I DETEST TALK ABOUT ARCHITECTURE.

VERSO

AArchitecture
News from the Architectural Association
Issue 4 / Summer 2007
aaschool.net

©2007
All rights reserved.
Published by Architectural Association,
36 Bedford Square, London WC1B 3ES.

Contact:
contribute@aaschool.ac.uk
Nicola Quinn +44 (0) 207 887 4000

To send news briefs:
news@aaschool.ac.uk

EDITORIAL TEAM
Brett Steele, Editorial Director
Nicola Quinn, Managing Editor
Zak Kyes / Zak Group, Art Director
Wayne Daly, Graphic Designer
Alex Lorente
Fredrik Hellberg

ACKNOWLEDGEMENTS
Valerie Bennett
Pamela Johnston
Marilyn Sparrow
Hinda Sklar
Russell Bestley

Printed by Cassochrome, Belgium

CONTRIBUTORS

Rosa Ainley
<eventslist@aaschool.ac.uk>

Edward Bottoms
<edward@aaschool.ac.uk>

Mark Cousins
<markcousins@aaschool.ac.uk>

Wayne Daly
<daly_wa@aaschool.ac.uk>

Margaret Dewhurst
<margiedewhurst@hotmail.com>

Zak Kyes
<z@zak.to>

Aram Mooradian
<aram.mooradian@gmail.com>

Harmony Murphy
<harmonymurphy@gmail.com>

Joel Newman
<joel@aaschool.ac.uk>

Kitty O'Grady
<ogrady_ki@aaschool.ac.uk>

Mark Prizeman

Simone Sagi
<simone@aaschool.ac.uk>

Vasilis Stroumpakos
<vasi@00110.org>

COVER

Front Cover:
Le Corbusier, AA after-dinner speech
1 April 1953

Front inner cover: Hans Scharoun's Staatsbibliothek
Back inner cover: Peter Eisenman's Memorial to the Murdered Jews of Europe
Photos: Timothy Deal, on AA Members' trip to Berlin, 19–22 April 2007

* * * *

PEIGNOT

MARY TYLER MOORE
MARY TYLER MOORE

Headlines in the issue are set in Peignot, a geometrically constructed sans-serif display typeface designed by A. M. Cassandre in 1937. It was commissioned by the French foundry Peignot et Deberny. The typeface is notable for not having a traditional lower-case, but in its place a 'multi-case' combining traditional lower-case and small capital characters. The typeface achieved some popularity in poster and advertising publishing from its release through the late 1940s. Use of Peignot declined with the growth of the International Typographic Style which favoured less decorative, more objective typeface. Peignot experienced a revival in the 1970s as the typeface used on *The Mary Tyler Moore Show*. While often classified as 'decorative', the face is a serious exploration of typographic form and legibility.
Taken from:
http://en.wikipedia.org/wiki/Peignot

Body text is set in Sabon Bold.

Architectural Association (Inc.), Registered Charity No. 311083. Company limited by guarantee. Registered in England No. 171402. Registered office as above.

AArchitecture – Issue 4 News from the Architectural Association 2

AArchitecture ISSUE 4 / SUMMER 2007

PATRICK BOUCHAIN: KNOW-HOW/SAVOIR FAIRE PG 4
AA MEMBERS' VISIT: BERLIN PG 8
NORMAN KLEIN: THE SPACE BETWEEN 1975–2050 PG 9
NEW MEDIA RESEARCH INITIATIVE PG 13
EVERYTHING YOU'VE EVER WANTED TO KNOW ABOUT ORNAMENT PG 16
STREET FARMER PG 19
CORB AT THE AA PG 23
MARK COUSINS: THE UGLY PG 26
JOHN MACLEAN: BRASILIA PG 28
AA SUMMER PAVILION 2007 PG 30
DALE BENEDICT / AA SECRETARY'S OFFICE PG 32
SOM AWARD / AA MEMBERS PG 33
AA NEWS BRIEFS PG 34

WE DO NOT KNOW EACH OTHER BUT WE READ EACH OTHER AS SIGNS, WE BUILD UP A CODE OF RECOGNITION THAT ENABLES US TO IDENTIFY PEOPLE AND OBJECTS THROUGH THEIR ATTRIBUTES. MARK COUSINS PG 27

AArchitecture – Issue 4 Contents 3

PATRICK BOUCHAIN
KNOW-HOW/SAVOIR FAIRE
ARCHITECTURAL ASSOCIATION
SCHOOL OF ARCHITECTURE
THE BUILDING SITE IS
THE IDEAL PLACE
TO SHARE DESIRES
AND KNOWLEDGE
AND BUILD A RELEVANT
VISION FOR THE
FUTURE, IN THE INTEREST
OF EVERYONE

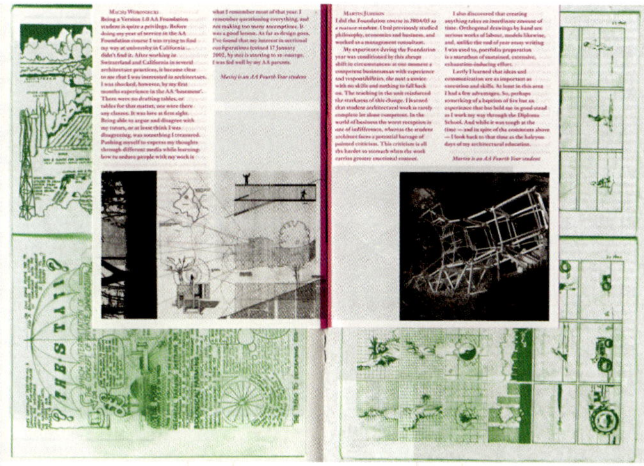

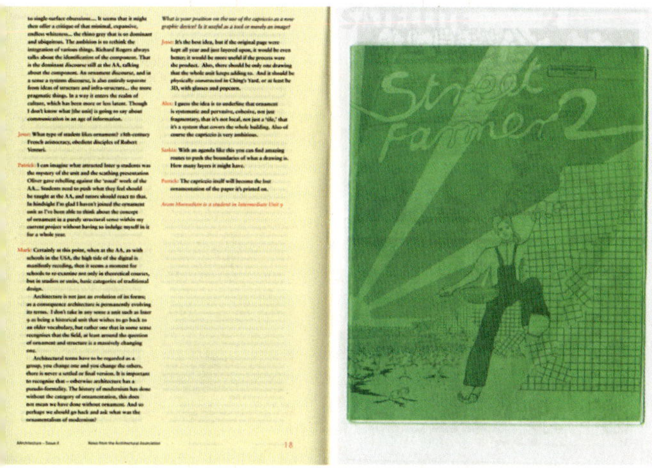

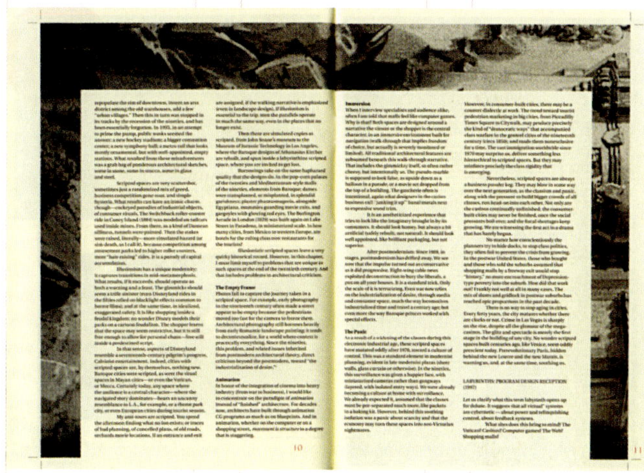

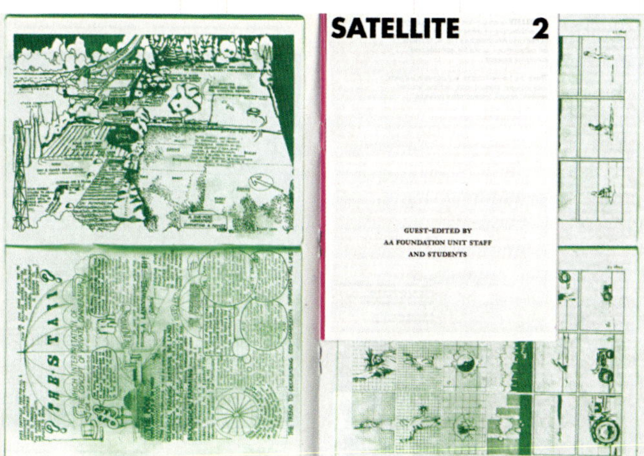
SATELLITE 2
GUEST-EDITED BY
AA FOUNDATION UNIT STAFF
AND STUDENTS

HOLLYWOOD TOWER
A FILM BY RENE DAALDER & REM KOOLHAAS

ESPECIFICAÇÕES DO GRID

Tamanho da página (refilado)	280 x 280 mm
Margem superior	8 mm
Margem inferior	18 mm
Margem externa	8 mm
Margem interna	18 mm
Número de colunas	15
Largura da medianiz	4,5 mm
Extras	N/D

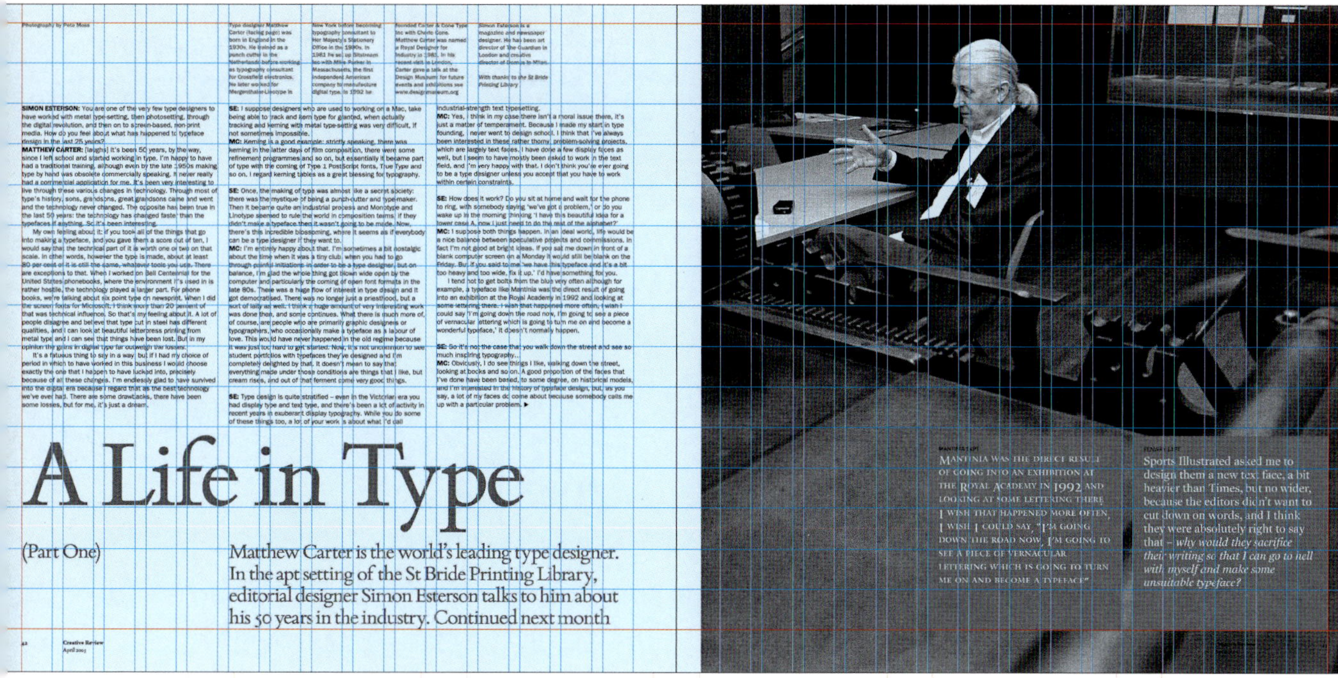

CREATIVE REVIEW

Design: Nathan Gale, Creative Review

Quando a revista de design *Creative Review* foi reformulada, ela deu ao diretor de arte Nathan Gale a oportunidade de introduzir um grid que fosse flexível o bastante para acomodar toda a diversidade de material que a revista oferece. A revista costumava usar mais de um grid e Gale achou que esse era um momento oportuno para racionalizar o sistema de design. O novo grid tem várias colunas e foi dividido em pequenos campos horizontais. Combinando colunas e campos, o texto pode ser disposto nas três diferentes larguras que a revista utiliza e as imagens de diferentes tamanhos e escalas podem ser alinhadas de maneira fácil e flexível.

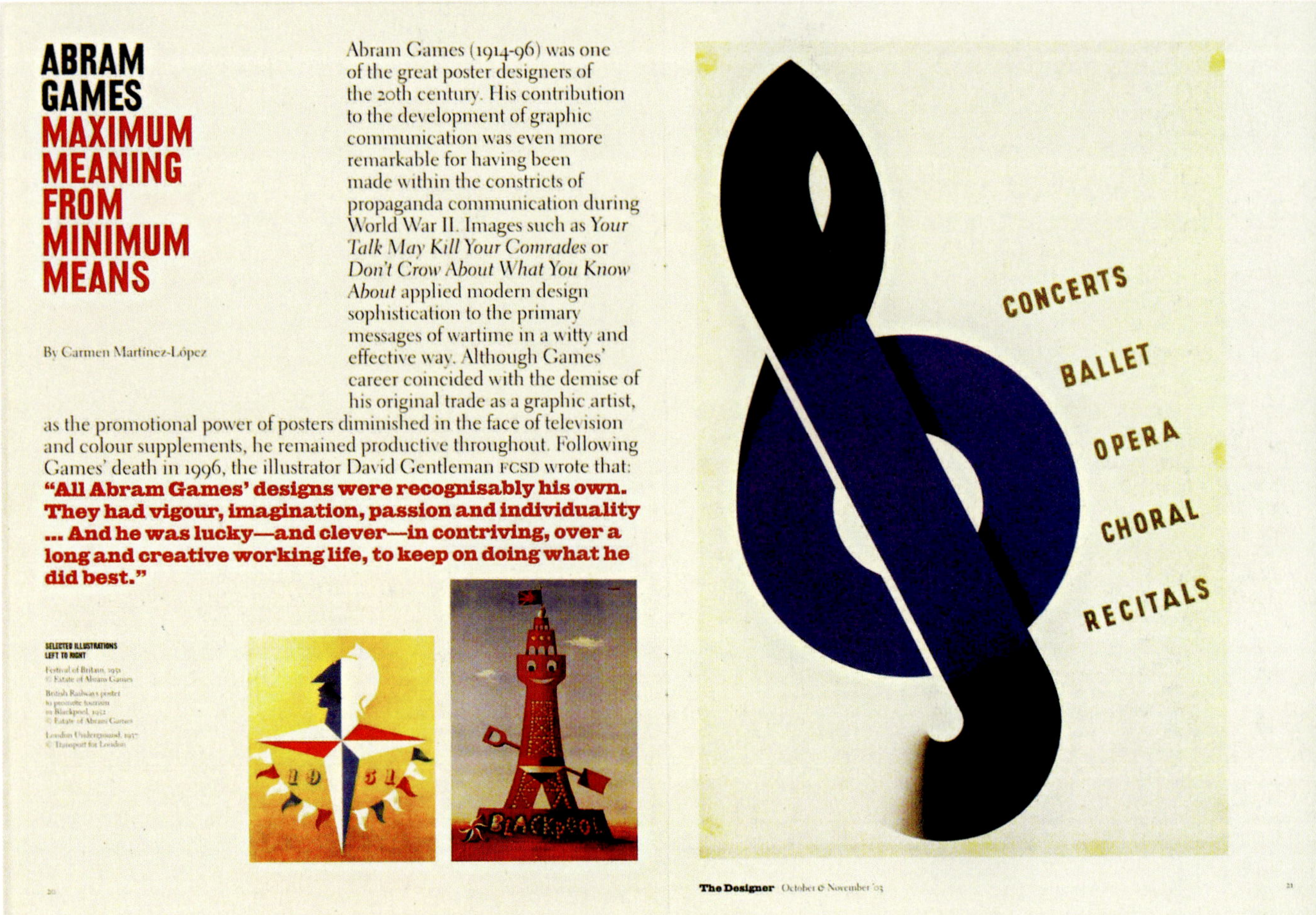

ABRAM GAMES
MAXIMUM MEANING FROM MINIMUM MEANS

By Carmen Martínez-López

Abram Games (1914-96) was one of the great poster designers of the 20th century. His contribution to the development of graphic communication was even more remarkable for having been made within the constricts of propaganda communication during World War II. Images such as *Your Talk May Kill Your Comrades* or *Don't Crow About What You Know About* applied modern design sophistication to the primary messages of wartime in a witty and effective way. Although Games' career coincided with the demise of his original trade as a graphic artist, as the promotional power of posters diminished in the face of television and colour supplements, he remained productive throughout. Following Games' death in 1996, the illustrator David Gentleman FCSD wrote that: **"All Abram Games' designs were recognisably his own. They had vigour, imagination, passion and individuality ... And he was lucky—and clever—in contriving, over a long and creative working life, to keep on doing what he did best."**

SELECTED ILLUSTRATIONS LEFT TO RIGHT

Festival of Britain, 1951 © Estate of Abram Games

British Railways poster to promote tourism in Blackpool, 1952 © Estate of Abram Games

London Underground, 1937 © Transport for London

The Designer October & November '03

ESPECIFICAÇÕES DO GRID

Tamanho da página (refilado)	297 x 210 mm
Margem superior	12 mm
Margem inferior	21,1 mm
Margem externa	10 mm
Margem interna	10 mm
Número de colunas	6
Largura da medianiz	5 mm
Extras	Grid de linhas de base, 11 pt iniciando em 12 mm

THE DESIGNER

Design: Brad Yendle, Design Typography

The Designer é uma revista de 32 páginas produzida mensalmente pela Chartered Society of Designers. Considerando o seu público leitor, qualquer reformulação seria um briefing complexo, especialmente porque o objetivo era aumentar o apelo da revista injetando recursos visuais. Inspirado no trabalho de Willy Fleckhaus e Simon Esterson, o designer Brad Yendle introduziu um grid de seis colunas simples. Combinando as colunas, ele acomodaria o texto e vários tamanhos de imagem. Yendle deu atenção especial aos detalhes tipográficos, certificando-se de que a escolha de fontes, corpo e entrelinhas fornecesse máxima legibilidade à estrutura de texto de três colunas.

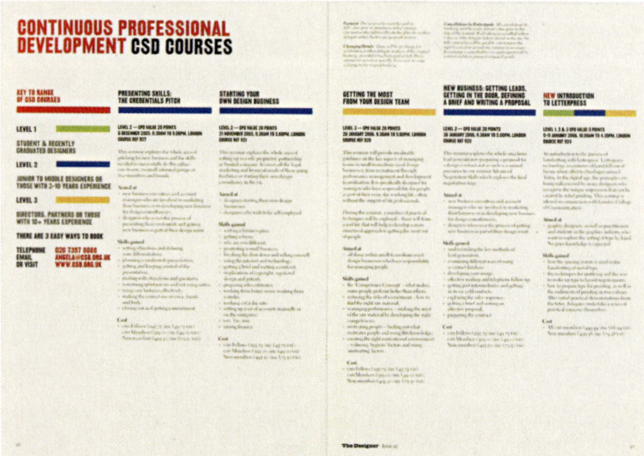
CONTINUOUS PROFESSIONAL
DEVELOPMENT CSD COURSES

BRASIL!
BRASIL!
Millions on the planet know, Brazil is 'Campeao do mundo' — the reigning world champion of futébol — itself the world's greatest sport ...
By Robert L Peters FGDC

Pelé
INSTITUTO
BRASIL
LEITOR
AS

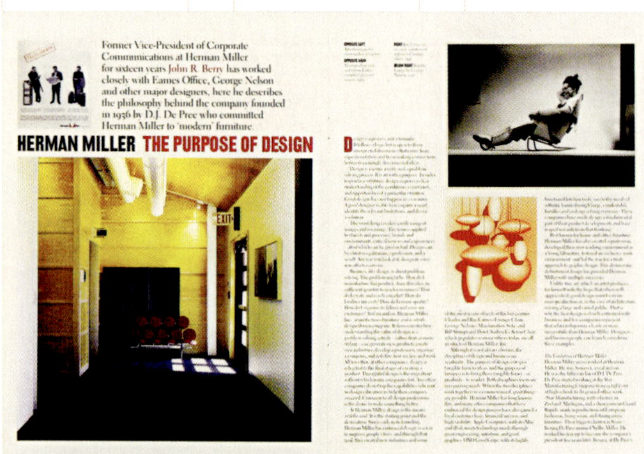
Former Vice-President of Corporate Communications at Herman Miller for sixteen years John R. Berry has worked closely with Eames Office, George Nelson and other major designers, here he describes the philosophy behind the company founded in 1936 by D.J. De Pree who committed Herman Miller to 'modern' furniture.
HERMAN MILLER THE PURPOSE OF DESIGN

IS THE DESIGN-
ER LEAD-
ING
?

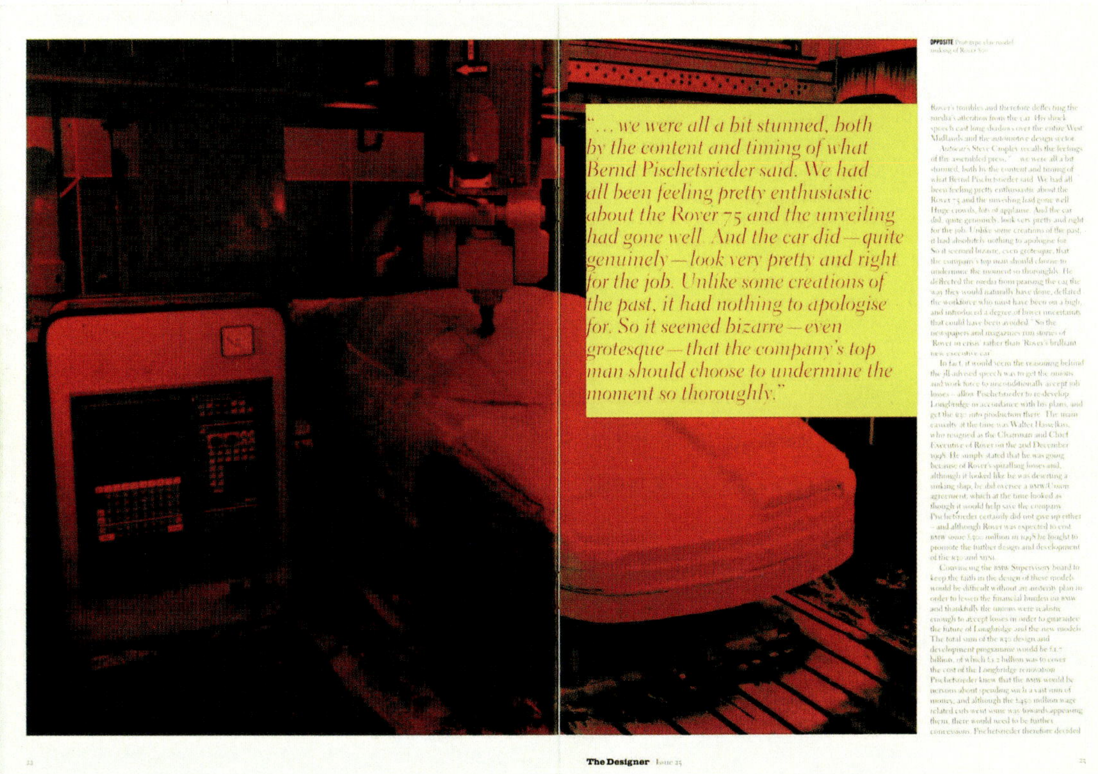
"... we were all a bit stunned, both by the content and timing of what Bernd Pischetsrieder said. We had all been feeling pretty enthusiastic about the Rover 75 and the unveiling had gone well. And the car did — quite genuinely — look very pretty and right for the job. Unlike some creations of the past, it had nothing to apologise for. So it seemed bizarre — even grotesque — that the company's top man should choose to undermine the moment so thoroughly."
OPPOSITE
The Designer Issue 23

crafts-
MAN
SHIP

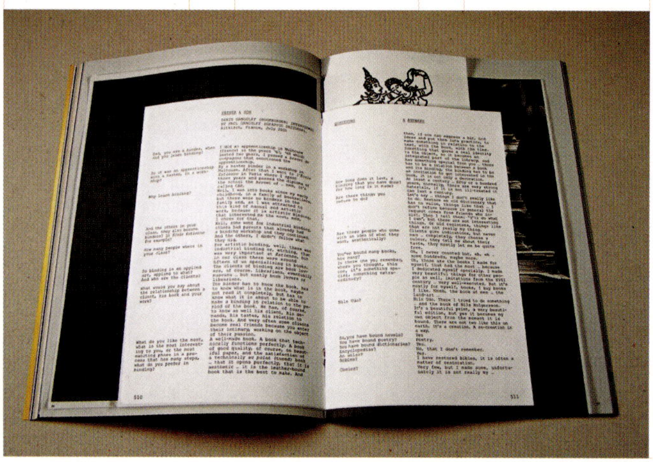

The Letter Home

ESPECIFICAÇÕES DO GRID

Tamanho da página (refilado)	210 x 297 mm
Margem superior	200 x 270 mm
Margem inferior	185 x 239 mm
Margem externa	146 x 234 mm
Margem interna	115 x 185 mm
Número de colunas	N/D
Largura da medianiz	N/D
Extras	N/D

REVISTA GRAY

Design: Clare McNally, Lane Gry e Risto Kalmre

GRAy é a revista oficial da Gerrit Rietveld Academy em Amsterdã. Publicada anualmente, ela é elaborada, editada e produzida por alunos de graduação em design gráfico. Os três designers, Clare McNally, Lane Gry e Risto Kalmre, queriam que a revista refletisse seu tema – a engenhosidade artística – em parte por meio de sua precisão, mas também por meio de sua habilidade prática em organizar tudo isso. Eles desenvolveram duas abordagens para os grids.

O primeiro grid foi derivado dos diferentes formatos dos tipos de publicação mais comuns: o romance, os livros de arte, os manuais técnicos e as revistas no formato A4 (210 x 297 mm [8⅛ x 11⅝ pol.]). Esses quatro formatos foram combinados para formar a estrutura subjacente que rege o posicionamento do texto e das imagens.

Uma digitalização de teste utilizando o scanner reprográfico

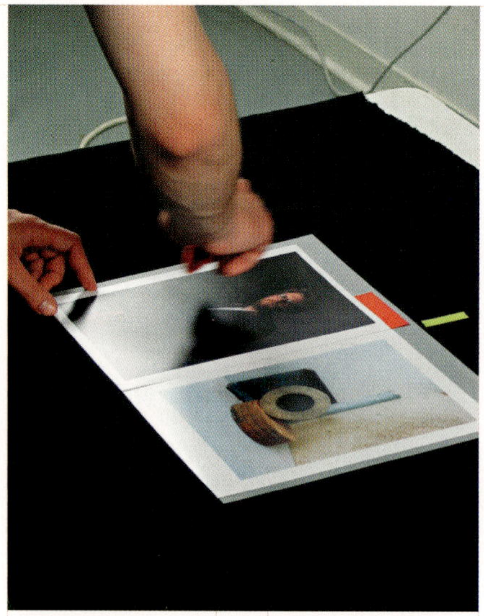

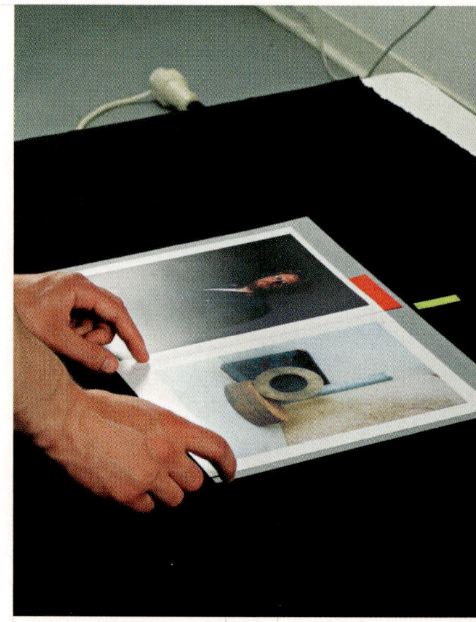

Cada conjunto de páginas espelhadas foi diagramado à mão como uma "imagem".

O dia da digitalização.

A digitalização das páginas 2 e 3.

O segundo grid foi gerado no InDesign para dar uma posição uniforme aos fólios e rodapés. Cada caderno da revista foi impresso e cortado de acordo com vários formatos. Esses conjuntos de páginas espelhadas foram alinhados à mão de acordo com o grid do InDesign e então digitalizados e reimpressos, tornando o processo do design final interativo de maneira totalmente física.

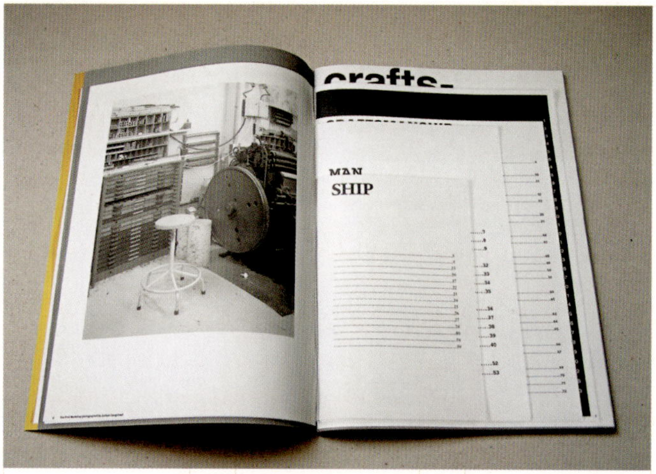
crafts-
MAN
SHIP

"I LOVE
THE MEISSEN PROJECT

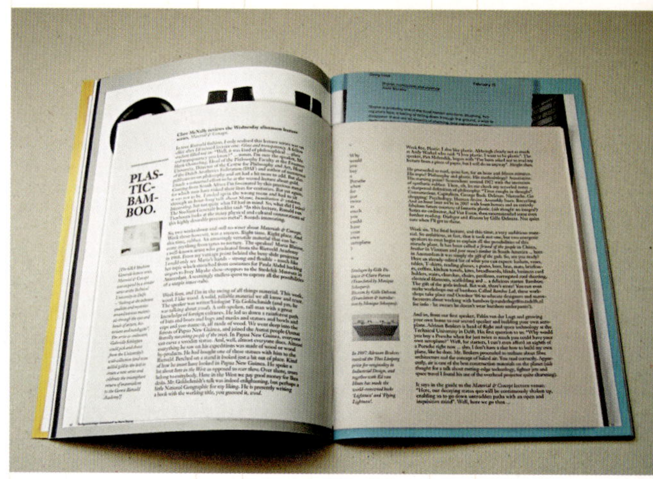
PLAS-
TIC-
BAM-
BOO.

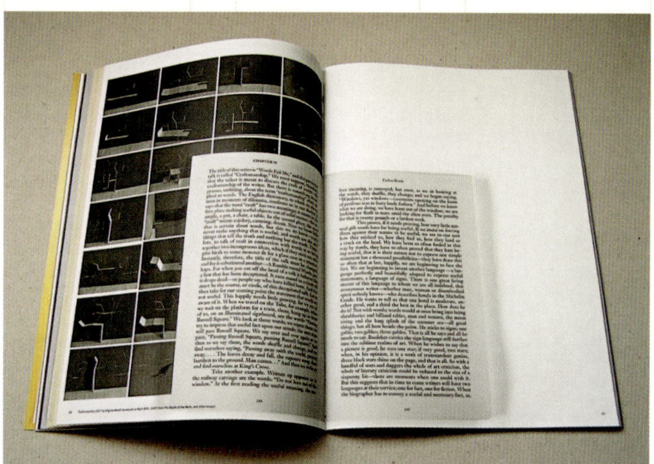

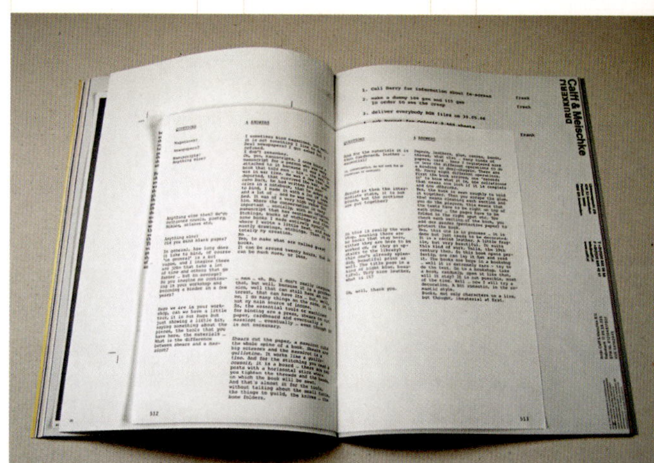
Califf & Melischke

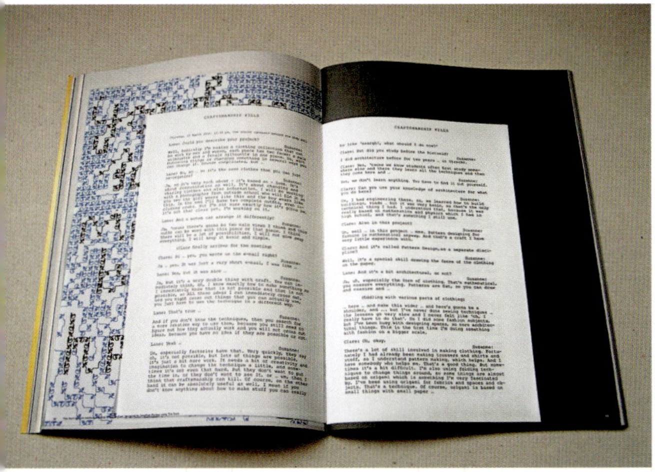

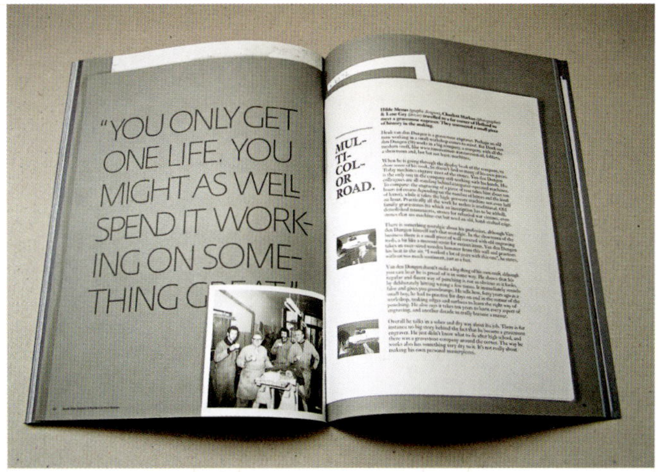
“YOU ONLY GET
ONE LIFE. YOU
MIGHT AS WELL
SPEND IT WORK-
ING ON SOME-
MUL-
TI-
COL-
OR
ROAD.

THE
HON-
ESTY
OF
KING
M.

THE GRAY WALL

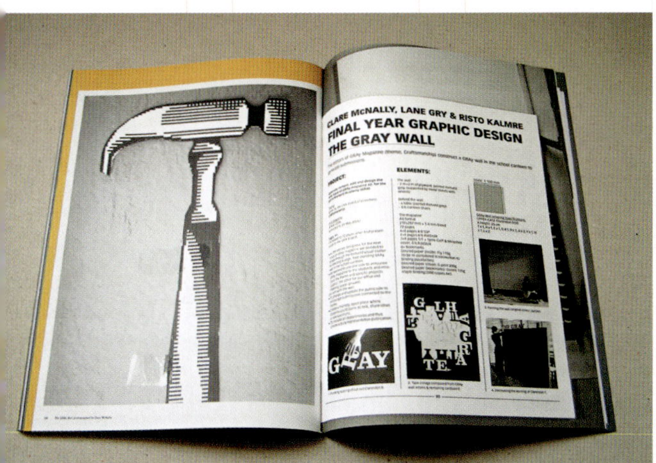
CLARE McNALLY, LANE GRY & RISTO KALMRE
FINAL YEAR GRAPHIC DESIGN
THE GRAY WALL
ELEMENTS:
GRAY

EDITORIAL
STEP-BY-STEP

DUMB PLANETS ARE ROUND TOO

Artist_John Isaacs

Last night I dreamt that I lived in the ocean. I felt safe with all these fish swimming around me, it never occurred to me that they would eat me. I felt that because I was not hungry that they too were not thinking about food. Even the sharks, which would normally scare me to death, seemed to pay me no interest.

Of course I wasn't really there, so it's possible that I was invisible to all these creatures. Though it was strange to be underwater, it didn't feel unnatural. I had no trouble holding my breath, and I felt incredibly relaxed watching them all move so silently and effortlessly through the water. The way we were down there me and the fish - was very laid back.

Then it occurred to me that people don't really like one another. That they do all these terrible things to one another for reasons they themselves cannot begin to explain, and even when they love one another and truly believe this to be the case there's always something in the way. I started to understand that people are all essentially alone. Outcasts not just from nature, but one another.

In the ocean everything is what it is.

The oddest looking creature is that way for a reason, a function, but for us it is different. With all that we have, we are beyond evolution, beyond time to the extent that each person represents their own cosmos - a species evolving from birth to extinction at death. It is consciousness, which brings us apart.

This realisation started to merge into others, I lost track, got confused, and possibly a little anxious, trying both to follow and remember my thoughts. It was as though I was witnessing an immense explosion, which contained all the components of it's origin within the fragmentary pieces flying through space. People I never knew drifted next to more familiar faces. Everyone that ever lived, and that ever would, everything ever made and that would be invented, spread out from the center of this thought and at just the point when I was beginning to loose sight of the edges it stopped still and took on the appearance of a huge cloud. I then felt rather than saw, that everyone was connected to one another by thin nerve like threads, which became visible as I thought about them. It was impossible to tell which one came before the other or if my thought and their appearance were simultaneous. Everything was there.

I saw you in there too.

#8
24

Next Level

Next Level

#8
25

DUMB PLANETS ARE ROUND TOO

Artist John Isaacs

Last night I dreamt that I lived in the ocean. I felt safe with all these fish swimming around me, it never occurred to me that they would eat me. I felt that because I was not hungry that they too were not thinking about food. Even the sharks, which would normally scare me to death, seemed to pay me no interest.

Of course I wasn't really there, so it's possible that I was invisible to all these creatures. Though it was strange to be underwater, it didn't feel unnatural. I had no trouble holding my breath, and I felt incredibly relaxed watching them all move so silently and effortlessly through the water. The way we were down there me and the fish - was very laid back.

Then it occurred to me that people don't really like one another. That they do all these terrible things to one another for reasons they themselves cannot begin to explain, and even when they love one another and truly believe this to be the case there's always something in the way. I started to understand that people are all essentially alone. Outcasts not just from nature, but one another.

In the ocean everything is what it is.

The oddest looking creature is that way for a reason, a function, but for us it is different. With all that we have, we are beyond evolution, beyond time to the extent that each person represents their own cosmos - a species evolving from birth to extinction at death. It is consciousness, which brings us apart.

This realisation started to merge into others, I lost track, got confused, and possibly a little anxious, trying both to follow and remember my thoughts. It was as though I was witnessing an immense explosion, which contained all the components of it's origin within the fragmentary pieces flying through space. People I never knew drifted next to more familiar faces. Everyone that ever lived, and that ever would, everything ever made and that would be invented, spread out from the center of this thought and at just the point when I was beginning to loose sight of the edges it stopped still and took on the appearance of a huge cloud. I then felt rather than saw, that everyone was connected to one another by thin nerve like threads, which became visible as I thought about them. It was impossible to tell which one came before the other or if my thought and their appearance were simultaneous. Everything was there.

I saw you in there too.

24 Next Level

Next Level 25

ESPECIFICAÇÕES DO GRID

Tamanho da página (refilado)	235 x 304 mm
Margem superior	7 mm
Margem inferior	20 mm
Margem externa	7 mm
Margem interna	15 mm
Número de colunas	5
Largura da medianiz	7 mm
Extras	Grid de linhas de base, 6 mm

NEXT LEVEL: STORYTELLERS

Design: Julian Harriman-Dickinson, Harriman Steel

Cada número da *Next Level,* uma revista semestral de fotografia, artes e ideias, baseia-se em um tema diferente, e o design reflete isso. Desde o uso de fontes até os sistemas de grid, cada número é projetado do zero. O tema deste número foi cinema. A paleta de cores deriva das faixas de cores da TV e o designer Julian Harriman-Dickinson introduziu *test cards** como recursos gráficos. Sua ideia era que o design fosse "tão claro e transparente que minha mãe pudesse ver como ele foi criado", assim, ele posicionou deliberadamente o grid de cinco colunas no fundo.

* N. de T.: Imagens estáticas transmitidas fora do horário da programação normal e que servem para ajustar as cores da TV.

On Par

PHotoEspaña, now in its 8th year, took place from 1st June to the 17th July across 50 galleries in Madrid and showed the work of nearly 100 international photographers. It was a group portrait of La Cuidad/The City, exploring the parameters of 21st Century city living and a variety of issues were brought to the fore: What are the visions of utopia and dystopia? What are the changing relationships between public and private spheres, the centre and the periphery? What are the consequences of post industrial economies on the urban fabric? How have urban policies altered the experience of the city? What are the domestic preoccupations of the way we live today?

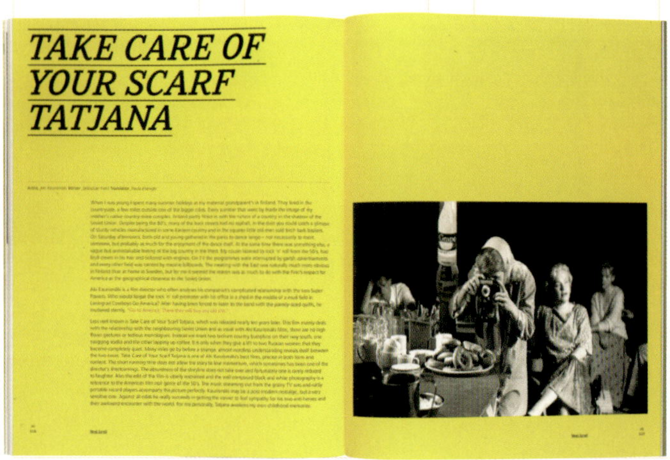

TAKE CARE OF YOUR SCARF TATJANA

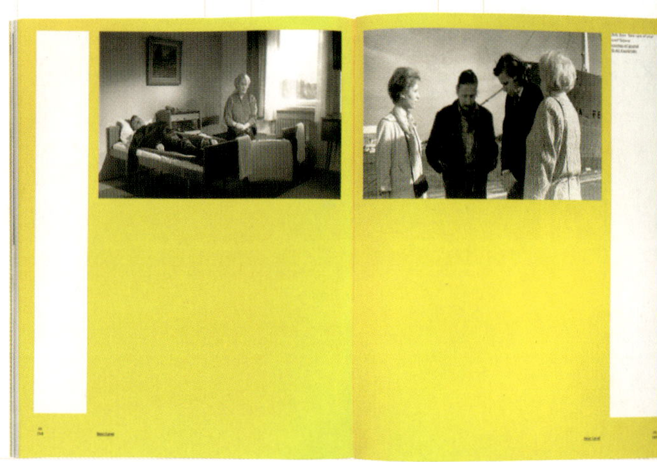

Q: Do you prefer television, movies on a big screen, or surfing the Internet?
I have a completely schizophrenic relationship with television. When I'm feeling lonely, I adore it, particularly since there's been cable. It's curious how cable offers an entire catalog of antidotes to the poisons of standard TV. If one network shows a ridiculous TV movie about Napoleon, you can flip over to the History Channel to hear Henri Guillermin's brilliantly mean commentary on it. If a literary program makes us submit to a parade of currently fashionable female monsters, we can change over to Mezzo to contemplate the luminous face of Hélène Grimaud surrounded by her wolves, and it's as if the others never existed. Now there are moments when I remember I am not alone, and that's when I fall apart. The exponential growth of stupidity and vulgarity is something that everyone has noticed, but it's not just a vague sense of disgust - it's a concrete quantifiable fact (you can measure it by the volume of the cheers that greet the talk-show hosts, which have grown by an alarming number of decibels in the last five years) and a crime against humanity. Not to mention the permanent aggressions against the French language. . . . And since you are exploiting my Russian penchant for confession, I must say the worst: I am allergic to commercials. In the early Sixties, making commercials was perfectly acceptable; now, it's something that no one will own up to. I can do nothing about it. This manner of placing the mechanism of the lie in the service of praise has always irritated me, even if I have to admit that this diabolical patron has occasionally given us some of the most beautiful images you can see on the small screen (have you seen the David Lynch commercial with the blue lips?). But cynics always betray themselves, and there is a small consolation in the industry's own terminology: they stop short of calling themselves so they call themselves creatives.

And the movies in all this?
For the reasons mentioned above, and under the orders of Jean-Luc, I've said for a long time that films should be seen first in theaters, and that television and video are only there to refresh your memory. Now that I no longer have any time at all to go to the cinema, I've started seeing films by lowering my eyes, with an ever increasing sense of sinfulness (this interview is indeed becoming Dostoevskian). But to tell the truth I no longer watch many films, only those by friends, or curiosities that an American acquaintance tapes for me on TCM. There is too much to see on the news, on the music channels or on the indispensable Animal Channel. And I feed my hunger for fiction with what is by far the most accomplished source: those great American TV series, like The Practice. There is a knowledge in them, a sense of story and economy, of ellipsis, a science of framing and of cutting, a dramaturgy and an acting style that has no equal anywhere, and certainly not in Hollywood.

Q: La Jetée inspired a video by David Bowie and a film by Terry Gilliam. And there's also a bar called 'La Jetée', in Japan. How do you feel about this cult? Does Terry Gilliam's imagination intersect with yours?
Terry's imagination is rich enough that there's no need to play with comparisons. Certainly, for me *12 Monkeys* is a magnificent film (there are people who think they are flattering me by saying otherwise, that *La Jetée* is much better - the world is a strange place). It's just one of the happy signs, like Bowie's video, like the bar in Shinjuku (Hello, Tomoyo! To know that for almost 40 years, a group of Japanese are getting slightly drunk beneath my images every night - that's worth more to me than any number of Oscars!), that have accompanied the strange destiny of this particular film. It was made like a piece of automatic writing. I was filming *Le Joli mai*, completely immersed in the reality of Paris 1962, and the euphoric discovery of direct cinema (you will never make me say "cinema verité") and on the crew's day off, I photographed a story I didn't completely understand. It was in the editing that the pieces of the puzzle came together, and it wasn't me who designed the puzzle. I'd have a hard time taking credit for it. It just happened, that's all.

Q: You are a witness of history. Are you still interested in world affairs? What makes you jump to your feet, react, shout?
Right now there are some very obvious reasons to jump, and we know them all so well that I have very little desire to talk more about them. What remains are the small, personal resentments. For me, 2002 will be the year of a failure that will never pass. It begins with a flashback, as in *The Barefoot Contessa*. Among our circle in the Forties, the one we all considered to be a future great writer was François Vernet. He had already published three books, and the fourth was to be a collection of short stories that he had written during the Occupation, with a vigor and an insolence that obviously left him little hope with the censors. The book wasn't published until 1945. Meanwhile, François had died in Dachau. I don't mean to label him as a martyr - that's not my style. Even if this death puts a kind of symbolic seal on a destiny that was already quite singular, the texts themselves are of such a rare quality that there is no need for reasons other than literary in order to love them and introduce them to others. François Maspero wasn't wrong when he said in an article that they "transverse time with only an extreme lightness of being as ballast." Because last year a courageous publisher, Michel Reynaud *(Tirésias)*, fell in love with the book and took the risk of reprinting it.

I did everything I could to mobilize people I knew, not in order to make it the event of the season but simply to get it talked about. But no, there were too many books during that season. Except for Maspero, there wasn't a word in the press. And so - failure.

Q: Was that reaction too personal?
By chance, it was paired with a similar event, to which no line of friendship attached me. The same year, Capriccio Records released a new recording by Viktor Ullman. Under his name alone, this time. Previously, he and Gideon Klein had been recorded as Theresienstadt composers (for younger readers: Theresienstadt was the model concentration camp designed to be visited by the Red Cross; the Nazis made a film about it called *The Führer Gives a City to the Jews.*) With the best intentions in the world, [calling them] that was a way of putting them both back in the camp. If Messiaen had died after he composed the 'Quartet for the End of Time', would he be the prison camp composer?

This record is astounding: it contains lieder based on texts by Holerlin and Rilke, and one is struck by the vertiginous thought that, at that particular time, no one was glorifying the true German culture more than this Jewish musician who was soon to die at Auschwitz. This time, there wasn't total silence - just a few flattering lines on the arts pages. Wasn't it worth a bit more? What makes me mad isn't that what we call "media coverage" is generally reserved for people I personally find rather mediocre - that's a matter of opinion and I wish them no ill. It's that the noise, in the electronic sense, just gets louder and louder and ends up drowning out everything, until it becomes a monopoly just like the way supermarkets force out the corner stores. That the unknown writer and the brilliant musician have the right to the same consideration as the corner store keeper may be too much to ask. And as long as you've handed me the microphone, I would add one more name to my list of the little injustices of the year: no one has said enough of the most beautiful book I have read for a long time, short stories again - *La Fiancée d'Odessa*, by [filmmaker] Edgardo Cozarinsky.

Q: Have your travels made you suspicious of dogmatism?
I think I was already suspicious when I was born. I must have traveled a lot before then!

Samuel Douhaire and Annick Rivoire write for the Paris daily Libération.
Originally published in Libération, March 5, 2003, with thanks to Antoine de Baecque.

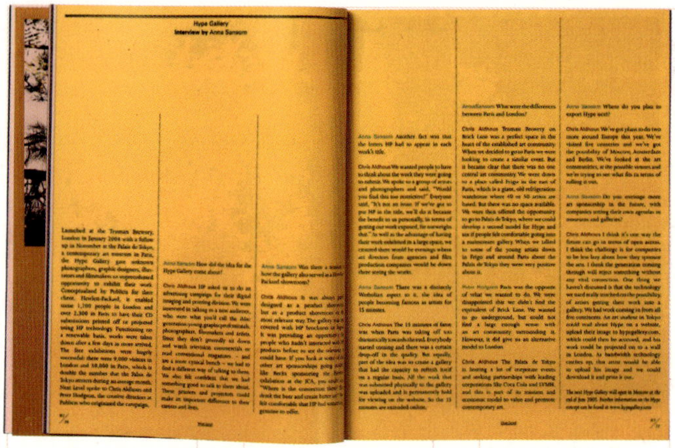

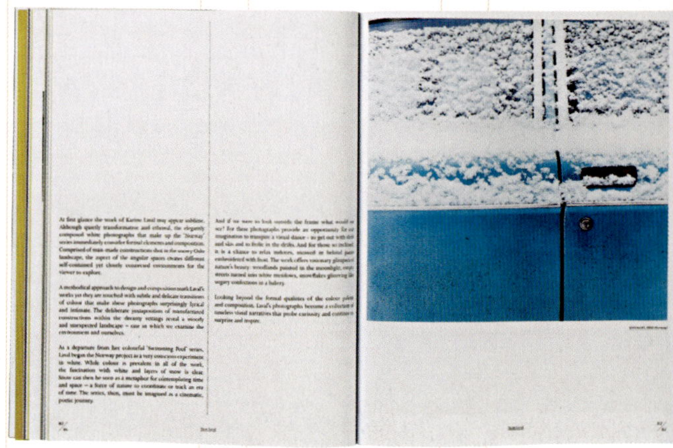

ESPECIFICAÇÕES DO GRID

Tamanho da página (refilado)	235 x 304 mm
Margem superior	9 mm
Margem inferior	30 mm
Margem externa	9 mm
Margem interna	15 mm
Número de colunas	5
Largura da medianiz	7 mm
Extras	N/D

NEXT LEVEL: IF...

Design: Nick Steel, Harriman Steel

Next Level, uma revista de fotografia, temas, artes e ideias, é uma publicação semestral em que cada tema exige um design diferente. Este número foi inspirado na ideia da simplificação. O objetivo do designer Nick Steel era que a publicação fosse visualmente ingênua, simples. Ele introduziu uma fonte maior que o padrão para o corpo do texto e alternou entre grids de duas e três colunas muito simples. Espaço é introduzido onde possível e as imagens geralmente são enquadradas conforme determinado pelo grid.

I arrive in Monterrey, north Mexico, after dark. To get there I have flown into and out of Mexico City by night. Thirty million people below me and I haven't seen one of them – just an infinite pattern of sodium light. I try to translate that into some kind of human presence: for every streetlight, say, a household. It's like looking at the night sky and trying to imagine each distant star as populous and as complex as planet Earth.

There is no seat belt in my taxi and I try to work up the courage to complain. I don't or can't. I'm weak-willed through lack of sleep. Feeling weirdly untethered I look outside at the view from the highway. A shabby industrial zone gives way to neon signs, billboards, a run of burger bars, car showrooms, low density housing, and a car wash chain that is styled as an African village, complete with a canopy that imitates grass huts.

The taxi driver pulls down a screen above the front passenger's seat: Jennifer Lopez in concert. She is wearing a bright red dress, but I don't recognise the song. He drives me to my hotel, paying more attention to the TV screen than the view through the windscreen. I'm thankful it is late on a Sunday night and the roads seem deserted. I arrive at my hotel, a neat tower at the heart of a downtown grid. They have never heard of me.

The texture of the city, its visual cues, the distinctive way we move through it, the familiarity and the strangeness of the urban fabric, these were the themes of *Sodium and Asphalt, Contemporary British Art in Mexico*. Curated by Ann Gallagher of the British Council and Tobias Ostrander, of the Tamayo Museum, Mexico City, it opened in July 2004 before transferring to MARCO, Monterrey until February 2005.

Sodium and Asphalt could not be described as a survey, nor as a generational show, but it does mark a number of significant developments in British art of the last decade or so. Some of these are age and stage-related, some geographic. Four of the 12 selected artists were Glasgow-based or trained. The youngest artists, Oliver Payne and Nick Relph, are based in New York City. Melanie Smith lives and works in Mexico City.

The exhibition, which grew out of a seminar series on colour and the city at the Tamayo Museum attended by artists David Batchelor and Melanie Smith, also marks a more collaborative structure for exhibition-making at the British Council and coincides with an increased synergy between artists in two countries without any emphatic historical or colonial ties. The last year or two has seen a number of significant shows of Mexican artists in London. In April Mexican collecting gets an airing when a number of works from the Jumex collection will be shown at Glasgow's Tramway as part of Glasgow International, 2005.

What distinguishes *Sodium and Asphalt* from any number of recent themed shows on cities and urbanism is its particular, although not exclusive, emphasis on formal qualities alongside social realities: on the distinctive visual vocabulary of the urban environment, and its relationship to the history of art, architecture, music and literature.

In the formal spaces of MARCO, a pristine modern concrete building designed by Ricardo Legoretta, the exhibition unfolds as a Baudelarian stroll through a series of different urban environments.

Melanie Smith's installation acts as a kind of transitional zone: a shop front for urban sensations. A series of vibrating striped paintings in acrylic colours of lime green, bright pink – rosa mexicana – and concrete, lean against the gallery wall as though just unpacked. A series of video pieces are shown on televisions sitting on their cardboard boxes. Her paintings form a kind of background hum, a Broadway boogie-woogie, to the more intimate structures of the films. In one of these the camera peers through a fluorescent-lettered window into a downtown aerobics class, the rhythm of pumping bodies, a kind of fleshy parody of the machine age. Above these elements, suspended from the ceiling, is a knot of fluorescent nylon string. An image of the city itself, perhaps, not as a coherent grid but as a tangle.

Nigel Cooke's landscape paintings, with their urban sublime of contemporary ruin and decay, form a kind of exterior wall, albeit one that is characteristically cracked and graffiti-strewn. Jim Lambie's 'Zobop' provides a disco interior, and the film 'Gentlemen' by Payne and Relph, a kind of psychological inner space for the city-dweller.

From David Batchelor's stack of lightboxes to Richard Wright's work 'Untitled (31.3.04)' – a painting of a simulated wooden surface, over which is floated a series of disconnected geometric shapes like ribbons – the language of signage, of simulation and stimulation is a persistent presence.

Kathrin Bohm's installation is part of her ongoing artwork, 'and millions and millions', in which graphic prints are flyposted onto the gallery walls and stacked up on shelves, freely available for visitors to take away.

Mark Titchner and Melanie Smith also contribute billboard projects, posted on commercial plots on the fringes of the city's highway. A set of Richard Wright's delicately modulated posters is slapped up on city walls in an insouciant manner that might make collectors weep (in Mexico City they were flyposted by a crack team specialising in Mexican wrestling posters) and allowed to deteriorate in wind, sun and competition.

Although in many ways some of the artworks selected apparently conform to formal abstraction or minimalism, many emphasise a deliberate disruption of conceptions of purity once associated with it. Mark Titchner's rhythmic billboard-sized piece, 'Y and Y', shown in the gallery, conceals complex coded content derived from industrial punch cards within its geometric patterning.

Opposite:
'The Magic Hour'
David Batchelor, 2004

23

Issue 1/Spring 2005/MAP

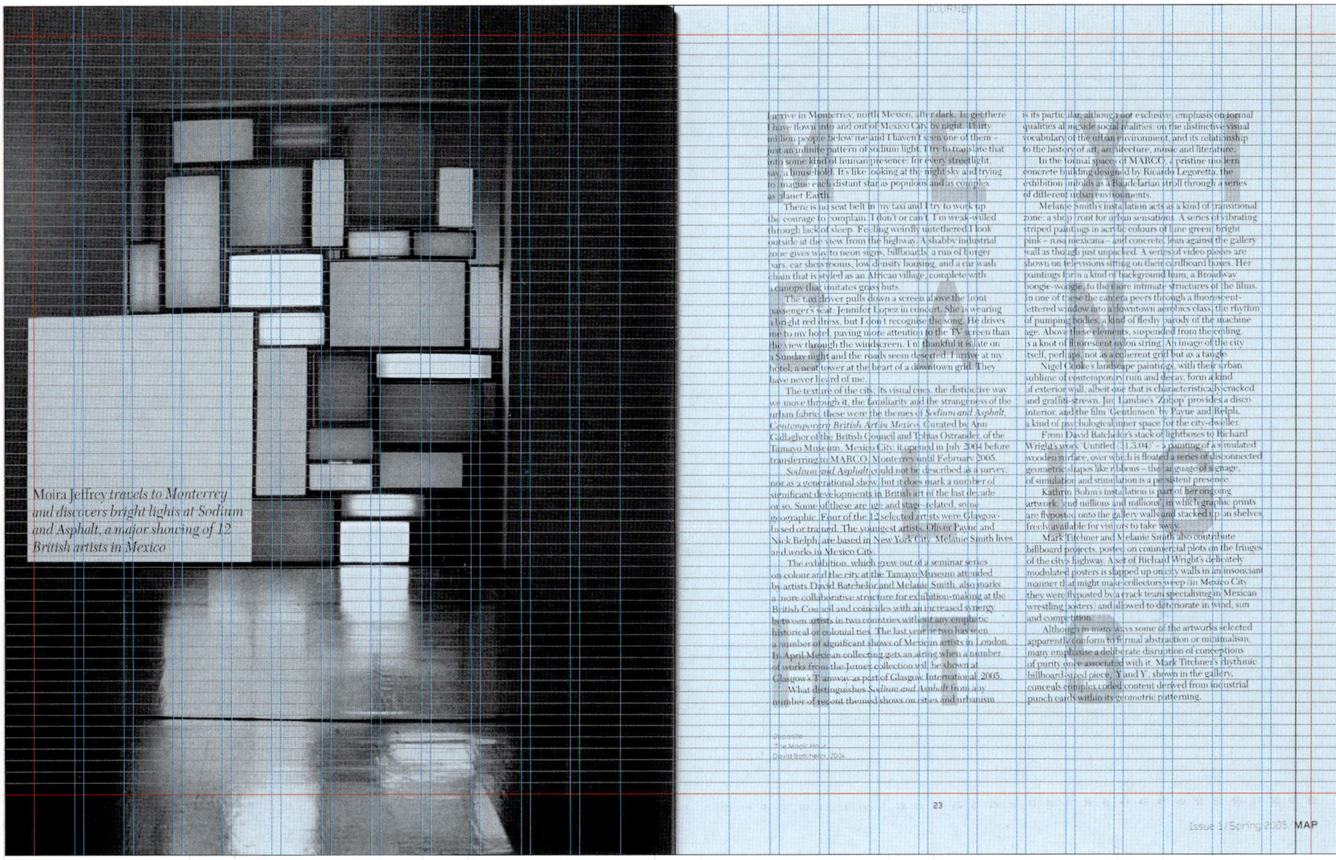

ESPECIFICAÇÕES DO GRID

Tamanho da página (refilado)	221 x 277 mm
Margem superior	10 mm
Margem inferior	20 mm
Margem externa	10 mm
Margem interna	18 mm
Número de colunas	12
Largura da medianiz	3 mm
Extras	Grid de linhas de base, 10,5pt

REVISTA MAP

Design: Matt Willey e Zoë Bather

MAP é uma revista internacional de arte publicada na Escócia. Desde o início, os designers Matt Willey e o Zoë Bather acharam que deviam exibir o trabalho de uma maneira visualmente atraente, mas respeitosa e clara. Willey e Bather escolheram a linguagem rica, porém funcional, da cartografia como ponto de partida visual. O grid da capa divide o espaço de modo que o nome da publicação ocupa uma das seis posições possíveis com base no seu relacionamento com a imagem atrás. O mesmo grid determina a posição das linhas finas que introduzem cada artigo. O grid nas páginas dos artigos são plotados utilizando sinais provenientes da linguagem cartográfica, enquanto o sistema de navegação utiliza linhas verticais azuis posicionadas ao lado dos fólios como linhas de longitude.

Right: An Tobar/Highland renewal project, Ursula Ziegler, 2004
Photo by Dom Morgan

Still, all is well, because we are each given the beautifully designed catalogue of Morrison's most recent show, and the paintings of slate quarries and cottages in the Easdale area, with the sea and islands looming, do make a positive impact. Apparently, Jolomo has had a couple of exhibitions organised by Kranenburg and Fowler on the Caledonian MacBrayne ferry. But there is no such luck for us, and our boat to Mull does not even have 'WE ARE NOT AFRAID OF THE INNER HEBRIDES' emblazoned along its flank. Nevertheless, we travel across the water in good spirits, with me wearing a brand new Oban-bought t-shirt that sports the slogan 'BOOTY FUN CLUB'. We give Mull a good going over. At least we

a primary blue job overprinted in red with the words 'NODDY GOES TO TOYLAND'. I switch on my mobile. Shit, there is no message from the director of Cove Park, which means I won't be bailing out of the bus journey back to Glasgow in order to visit that Open Studios site – just outside the territory of the Highlands and Islands development agency and so not scheduled into our tour. Never mind, because on a future journey I will explore Cove Park and investigate its seven annual residencies and close links with Glasgow School of Art. Never mind also, because I still have the present day at my disposal.

On one wall of my Tobermory Hotel bedroom is a recent oil by Jolomo whose nightscape – a dramatically moonlit bay – neatly complements the view through the window. The real Tobermory Bay presents a placid sunrise, with red infusing the otherwise pale blue sky. The wash of pink above the horizon takes me back to the very thing that started me off on this journey – the pink poster advertising the Chris Johanson show at the Modern Institute. Let me recall it in detail: from the mouth of a crudely drawn figure with the letters 'CONTEMPORARY' running

AND MULL

drive backwards and forwards along the coastal road that surrounds the great lump of a place. Our jaunt culminates in a visit to the arts centre, An Tobar (Gaelic for the well), in the island's capital of Tobermory. Again it's lottery funding that's responsible for the building itself, which contains studio space for both artists and musicians, a café and a gallery. And again, a shortage of revenue funding leaves the gallery scrabbling to make the most of its potential. The island's population is only 2,500, so perhaps it's not surprising that Lee Hendrick – the person we first met this morning in her Workshop Gallery nearby, whose prominent piece we came across on the island's sculpture trail, and who is responsible for the set design for the production of Jekyll and Hyde we will be seeing this evening – is here to greet us in her role as An Tobar's visual arts officer. One head, myriad hats. Isn't that how it goes in the film *Local Hero*?

Anyway, she introduces us to the gallery installation 'Passing', by Ursula Ziegler. This is a straight transfer of the artist's 2004 degree show from Glasgow School of Art. Every day for a month, Ziegler pushed a wheelbarrow through a circular route in the city centre, the flat-tyred, rusty old vehicle supporting a pane of glass in which the artist watched the world pass by upside down. The perversity, delicacy and tenacity of her viewing experience are captured in the photographs and slides that make up the uncompromising installation. German-born Ziegler, formerly a resident of Mull, was artist-in-residence at An Tobar for a month in 2004 in which period she developed further her ideas of self-consciously walking and looking by 'invigilating the land' with the use of the frame of a chair stripped of its furnishings. She both sat on the object and used it as a frame in which to regard the Mull landscape at different times of the day and in the endlessly varying weather conditions. An attempt is being made to get funding so that a future show in the gallery can bring together Ziegler's field-work for the people of the island to mull over.

When I awake on the last morning of the tour, conscious that the long drinking evenings and the early cooked breakfasts haven't been leaving much time for sleep, I feel surprisingly fresh. I pull on my second new t-shirt,

through him or her, is the observation, 'Gradually systems are breaking down'. A figure with a cube-shaped head replies via a voice-bubble of its own, 'Problem does not compute'. When in Glasgow, I appreciated the concern of the despairing city dweller. But now, after my – admittedly privileged – journey, and from a non-urban perspective, things simply don't look the same. To my mind it's the cube-headed modernist who laments, 'Gradually systems are breaking down'. The reply from the upright organic figure, whom I see as an amalgam of Renny Nesbit, Joseph Beuys, and Ursula Ziegler, is a resoundingly confident, 'Problem does not compute.'

M

Duncan McLaren is an author and arts writer. He has recently contributed to Infallible: In Search of the Real George Elliot, *published by ARTicle Press*

www.themoderninstitute.com
www.somewhere.org.uk Nina Pope, Karen Guthrie and their Bata-ville coach trip
www.kilmartin.org
www.blinkred.com Demarco and Beuys
www.kranenburg-fowler.com
www.antobar.co.uk

48

MAP/Issue 1/Spring 2005

GLASGOW
LONDON
PARIS
WASHINGTON
EDINBURGH
REVIEW

Focus

Glasgow

Paris

Stirling

Washington DC

Edinburgh

Aberdeen

London

49

Issue 1/Spring 2005/MAP

'Once there was a man who ... pushed a block of ice across a vast city until it melted and disappeared; an artist who sent a peacock to take his place in an important gathering of his peers; a man who persuaded a small army of workers to move an immense sand dune armed only with shovels; a solitary walker who one day emerged from a shop holding a loaded pistol...'

SÃO PAULO

STUDIO

Ruth Hedges *talks to artist Jim Lambie in his Glasgow studio. Portrait by* Luke Watson

41

Issue 1/Spring 2005/MAP

grotesque visions of railway architecture, a mish-mash of Otto Wagner urbanity and bizarre Gothick fantasy, complete with verbose quotes from an unknown source. Whether capricious or designed, both this and 'Mama, I got burned', on the opposite wall, are funny in a *Big Night Out* kind of way – a marriage of the avant-garde and kitsch.

At the back of the first room, Piper's 'Double Door' divides the usually open-plan (or at least open door) gallery into two separate spaces by means of swinging saloon doors. The centre of the doors is pierced by a cut-out star shape, which serves to frame the fixed, smiling face of the endlessly hula-hooping woman in 'Loop', Maurice Doherty's double-sided video projection in the room beyond. The doors, unmistakably celluloid-inspired, are such that the temptation to burst, rather than walk through, is hard to resist, and gallery etiquette is put at risk by the potential actions of wannabe cowboys.

This feast of Saturnalia may not be as licentious as its Roman precedent, but it's similarly impious, peppered with visual raillery and, like W G Sebald's book which shares its title, the *Rings of Saturn* might well be a meditation on the possibly restorative powers of art.

Susannah Thompson is an art writer and lecturer at Glasgow School of Art

Changing Room Gallery
3 Nov – 10 Dec 2004

W

Dan Flavin
Washington DC

Dan Flavin's was once reputed a difficult art – a fact difficult to grasp retrospectively when it can be seen for its sheer beauty. Should we now try to recapture the old sense of obduracy and negation, or rather give ourselves over to the visual fascination exercised by Flavin's bundles of light? Walking through the National Gallery, where Flavin's retrospective premiered before moving on to Fort Worth, then an international tour set to continue through 2007, it's easy to decide on the second course. The installation is ravishing, and the artist's ever-increasing mastery of his chosen medium, white and coloured fluorescent light in real architectural space, becomes patent as one follows his progress: from the early 'icons' (Johnsian painted monochrome boxes mounted with fluorescent or, more often, incandescent bulbs) through the inaugural pure fluorescent piece, 'the diagonal of May 25, 1963 (to Constantin Brancusi)' – a eureka point in Flavin's story comparable to, say, 'Onement I' (1948), in Barnett Newman's, marking the moment of greatest conceivable reduction or contraction (the Kabalistic *zimzum* that gave its name to one of Newman's sculptures) in which it momentarily seemed that 'little artistic craft could be possible' but from which all further creation would proceed. And then the polychromatic mixes with which Flavin began experimenting in 1964 but which really took off in richness and complexity around 1970, when Flavin made 'untitled (to Barnett Newman to commemorate his simple problem, red, yellow, and blue)'. As shown by this corner construction with its vertical red and blue lights facing away from the open space and back toward the wall while the horizontal yellow fluorescent tubes face outward, the 'simple' combination of three primary colours as they interfuse in space becomes something almost ungraspable, and indeed escapes language altogether with resulting colour combinations no longer nameable red, yellow, or blue.

What this indicates is that difficulty remains secreted within the suave beauty of Flavin's 'propositions' – an intellectual rather than an emotional difficulty, at least for the viewer. All the more curious, then, that it should have taken such an irascible character to produce this work. Although Flavin famously wrote of his material as 'common light repeated effulgently across anybody's wall' and of his subject as 'a neutral pleasure of seeing known to everyone', he was in fact notably possessive, one might even say 'illiberally close-fisted about the *notion* of his art, compulsively but always eloquently 'deflecting away from the methodological comprehension of his work,' as Jack Burnham put it. Whereas most artists seem to believe that their work will unfold itself through time to reveal unforeseeable meaning, Flavin mused of leaving 'a will and testament to declare everything void at my death . . . because only I know this work as it ought to be. All posthumous interpretations are less.' Robert Morris, of course, had already made 'Statement of Aesthetic Withdrawal' (1963) removing 'all esthetic quality and content' from a previous work of his but the result was the addition of a new work, not the subtraction of an existing one from what Arthur C. Danto was about to dub 'the art world' – meaning, not the social milieu of artists, dealers, collectors, and so on, but the realm of things accepted at a given point in history as belonging to art. No more could Flavin have asserted the ultimate control over the artistic existence of his work by the supreme and sovereign act of disowning it, yet he needed to believe in such control in order to produce something fine enough to escape it. His art's posthumous existence cannot be switched off like an electric light; despite all the situational uncertainties that surround the effort to represent the effects he sought, the work continues to shine forth, expansively.

Barry Schwabsky is an art critic and author of The Widening Circle: Consequences of Modernism in Contemporary Art *(Cambridge University Press)* and Opera: Poems 1981-2002 *(San Francisco: Meritage Press)*

National Gallery of Art Washington DC
3 Oct 2004 – 9 Jan 2005

Left: 'The diagonal of May 25, 1963 (to Constantin Brancusi)'
Dan Flavin, 1963

FLAVIN

56

MAP/Issue 1/Spring 2005

Mat Collishaw
Edinburgh

Mat Collishaw flatters to deceive. His best known work takes the form of exquisite photographs of flowers whose petals, on closer inspection, have been electronically replaced by close-ups of human skin diseases. Alongside these are his video installations: in one example, a video projection onto an ornate free-standing vanity mirror, depicting a beautiful young girl brushing her long blonde locks, fades into an image of what might well be the same girl 75 years later, still brushing, brushing, brushing her hair. Elsewhere, it's the deceptive power of the medium itself that interests Collishaw: an image of prisoners at the Abu Ghraib prison camp in Iraq is rendered in the form of a room-sized mosaic – in which a highly pixeliated internet image provides the pattern for a craft form that originated in Persia, and provided the spoils of war in a different age.

Collishaw's largest solo exhibition to date is located in the beautifully restored Inverleith House, and it comes at an important time for an artist who – amazingly – emerged from the epicentre of Young British Art without having been ripped apart by the media. How could Tracey Emin's (now ex) long-term lover have avoided the same tabloid mauling that was the daily grind for Tracey, Damien, Sarah and Gillian for so much of the past decade? Maybe it is precisely because the work is so hard to pin down. It can be so wilfully artificial that it feels resistant, even at times slippery.

Looking at a projection of blurry photos of victims of Operation Barbarossa lying dead in the frozen Russian winter, you steel yourself for some grim thoughts about the atrocities of the German-Russian war in the early 1940s. But no sooner have you prepared yourself for this emotional onslaught, than the image literally fizzles and melts away, as if the transparency inside the slide projector has just been destroyed by the heat. Again and again a grimly fuzzy image bubbles into oblivion, just as its content is becoming clear. It is hard to trust your judgement in Collishaw's work, because there's always a sense that, once you succumb to the sheer power or beauty of what you first see, that emotional response will be undermined by the realisation that things are definitely not what they first seemed.

In the end Collishaw's work frustrates because, despite its often very powerful ideas, it doesn't allow the viewer enough room in the work to engage with the artist's vision. Certainly, there's a sense that Collishaw's interests are sharply political. Yet by dickering about with the medium, he undermines the complexity of his message. Again and again he reminds us that what we see may not actually be the whole truth – but in the process each time he gives the impression that, when we get anywhere near his heartfelt convictions, he doesn't in fact hold them at all.

Staring at the 'Infectious Orchid' photographs with their skin-diseased petals, I found myself trying to think of something other than the trite aphorism, 'beauty is only skin deep', and wishing I could get to an understanding of his passions that went a little deeper.

Nick Barley is editor of The List

Inverleith House
15 Jan – 13 Mar 2005

Andy Warhol:
Self Portraits
Edinburgh

'He was always such a strong, strong man/ I saw him go to pieces/ I saw him go to pieces'

'Pieces of a Man' – Gil Scott Heron's 1971 hymn to his disenfranchised father could well have been penned after wandering the rooms housing this remarkably complete collection of Warhol's self portraits. Following a trajectory of gauche vulgarity, enthusiasm and playfulness through a tunnel of darkness into vanity and morbidity, his portraits move to a final reduction of form that, like the man himself in his later years, is almost translucent. At his best and worst Warhol was gifted and truly godless in his experimentation and this superb exhibition runs the gamut of the pope of pop art's (self) reflections and creativity.

Opening with Warhol's early childish but oddly effective graphite on paper sketches, his influence on future artists, even as a boy, can be identified in a drawing of Clint Hamilton, Nathan Gluck and himself (nicely stained with what looks like coffee). This graphite and coloured pencil sketch on Strathmore paper can now be seen as the reference point for a composition to which fellow artists David Hockney and Dennis Hopper (as photographer) frequently returned.

What follows next serves to illustrate what a funny, silly and joyful artist Warhol could be. His youthful visage bursts out of blue, pink and yellow acrylic screen prints: in some he looks like the Jackal, in others like blonde

Above left: 'Burning Flower'
Mat Collishaw, 2004
Left: Early Self-Portrait
Andy Warhol, 1964

57

Issue 1/Spring 2005/MAP

Certain of NOTHING:

IN THIS ISSUE

Welcome to Zero, issue one of our new magazine. Within these pages are the opinions, ideas and interests of the students of this fine institution. We hope you will also be contributing, at: **zeromagazine@duravenschool.org.uk**

The project itself is the brainchild of previous students of the school and was conceived almost three years ago as part of the joinedupdesignforschools programme, a national project. In late 2006 the editorial and design teams that have worked so hard to bring this magazine to you were formed.

Studio8 Design worked with the student design team and have come up with an original and professional concept which gave us the name "Zero". As you can see the page numbers form the layout of the page and the front cover was page "Zero".

This issue of the magazine feature articles on Chinese New Year, a feature on size zero models and the obscure, intense, Afgan sport of Buzkashi.

Truman Wright, Yr 10

ZERO_SUMMER_2007

EVENTS

AROUND TOWN

Places to go on your days off

Friday 30th March 2007
Gilbert & George exhibition at Tate modern

Monday 16th April 2007
Fortnum & Masons Tea

Monday 7th May 2007
Bloomsbury Bowling Alley

30th March 2007
Gilbert and George bring their large scale controversial work to the Tate Modern. Don't be put however, by the bad press: even if you think its s**t the work is worth seeing for the sheer power of the images. www.tate.org.uk/modern

Monday 16th April
Well, how about a spot of tea at Fortnum & Mason? Fortnum & Mason you say? But that's for archdukes and wealthy Cypriots or those who get fifty million pound Christmas bonuses. Correct if one is wishing to purchase a three course meal with Beluga Caviar and a one hundred and ten pound bottle of 1977 Tailor Vintage Port, but, if you only want an ice cream sundae it will not dent your pocket by more than about 23 pounds. www.fortnumandmason.com

Monday 7th May 2007
Situated in the classy center of London, the Bloomsbury Bowling Alley provides an experience well above the of the grotty Megabowl. With authentic imported American furnishings, a vintage cinema and shoes worthy of any 50s sitcom, a great atmosphere fill the place. It's cheap to (on Mondays) and the food is deliciously authentic. www.bloomsburybowling.com

And Weekends
Don't be alarmed, there are more than three days off for the entirity of next year, so we have come up with a list of other choses faire. Here they are: Brick Lane for bric-a-brac, records and the heigth of fashion. Go to the countryside, a coach trip to Oxford can cost as little as £1 and as a large number of people in the school have never experienced the joys of out-of-city life it is a fantastic thing to do. Brighton by train, includes shops, markets and fish and chips.
www.visitbricklane.com; www.eastlondonmarkets.com
www.oxfordcity.co.uk; www.nationalexpress.com
www.brighton.co.uk

Oscar Taylor & William Elliott, Yr 10

Above: Brighton's attractions exert their pull

Below: Gilbert and George, a menacing epic

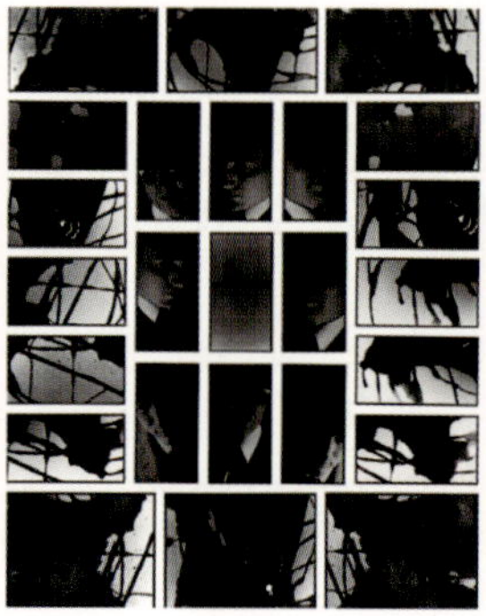

ZERO_SUMMER_2007

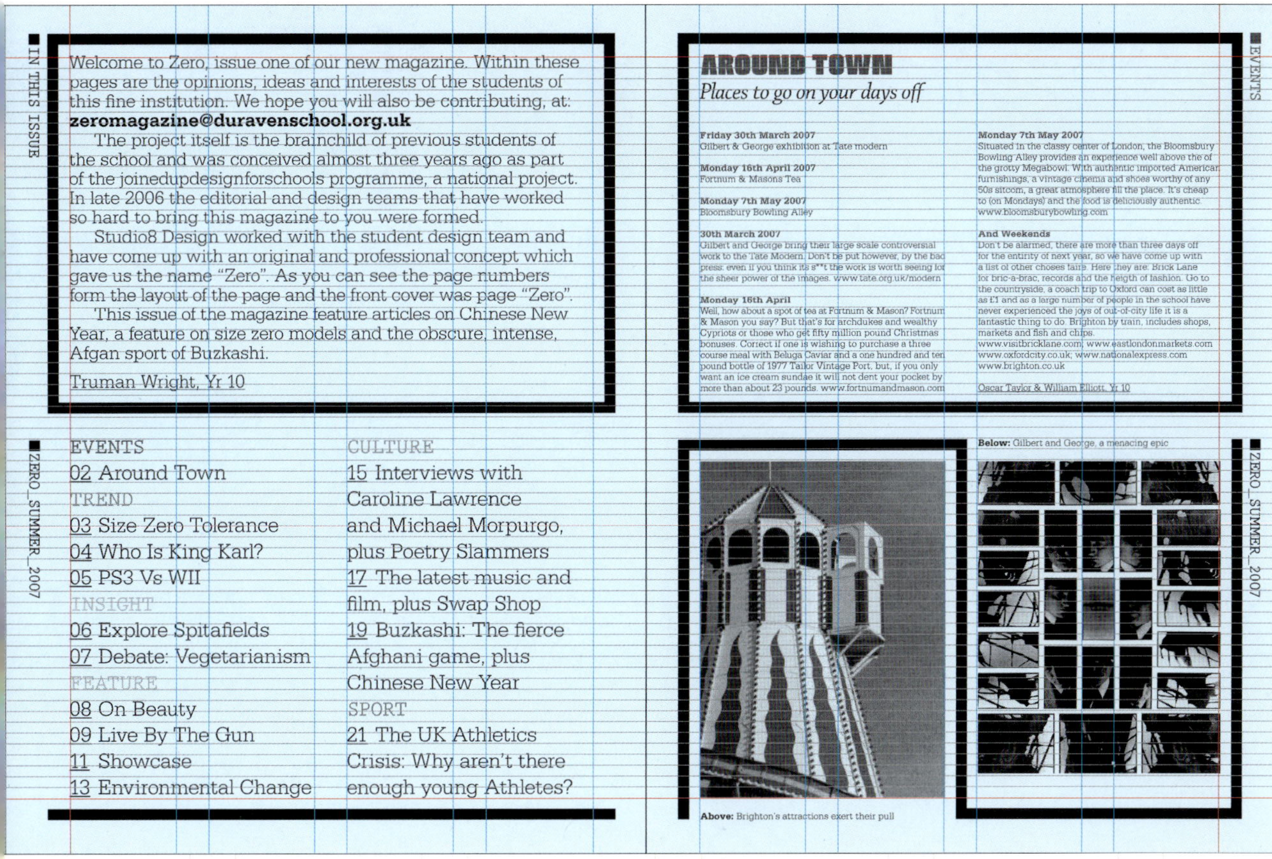

IN THIS ISSUE

Welcome to Zero, issue one of our new magazine. Within these pages are the opinions, ideas and interests of the students of this fine institution. We hope you will also be contributing, at: **zeromagazine@duravenschool.org.uk**

The project itself is the brainchild of previous students of the school and was conceived almost three years ago as part of the joinedupdesignforschools programme, a national project. In late 2006 the editorial and design teams that have worked so hard to bring this magazine to you were formed.

Studio8 Design worked with the student design team and have come up with an original and professional concept which gave us the name "Zero". As you can see the page numbers form the layout of the page and the front cover was page "Zero".

This issue of the magazine feature articles on Chinese New Year, a feature on size zero models and the obscure, intense, Afgan sport of Buzkashi.

Truman Wright, Yr 10

ZERO_SUMMER_2007

EVENTS

AROUND TOWN

Places to go on your days off

Friday 30th March 2007
Gilbert & George exhibition at Tate modern

Monday 16th April 2007
Fortnum & Masons Tea

Monday 7th May 2007
Bloomsbury Bowling Alley

30th March 2007
Gilbert and George bring their large scale controversial work to the Tate Modern. Don't be put however, by the bad press: even if you think its s**t the work is worth seeing for the sheer power of the images. www.tate.org.uk/modern

Monday 16th April
Well, how about a spot of tea at Fortnum & Mason? Fortnum & Mason you say? But that's for archdukes and wealthy Cypriots or those who get fifty million pound Christmas bonuses. Correct if one is wishing to purchase a three course meal with Beluga Caviar and a one hundred and ten pound bottle of 1977 Tailor Vintage Port, but, if you only want an ice cream sundae it will not dent your pocket by more than about 23 pounds. www.fortnumandmason.com

Monday 7th May 2007
Situated in the classy center of London, the Bloomsbury Bowling Alley provides an experience well above the of the grotty Megabowl. With authentic imported American furnishings, a vintage cinema and shoes worthy of any 50s sitcom, a great atmosphere fill the place. It's cheap to (on Mondays) and the food is deliciously authentic. www.bloomsburybowling.com

And Weekends
Don't be alarmed, there are more than three days off for the entirity of next year, so we have come up with a list of other choses faire. Here they are: Brick Lane for bric-a-brac, records and the heigth of fashion. Go to the countryside, a coach trip to Oxford can cost as little as £1 and as a large number of people in the school have never experienced the joys of out-of-city life it is a fantastic thing to do. Brighton by train, includes shops, markets and fish and chips.
www.visitbricklane.com; www.eastlondonmarkets.com
www.oxfordcity.co.uk; www.nationalexpress.com
www.brighton.co.uk

Oscar Taylor & William Elliott, Yr 10

Below: Gilbert and George, a menacing epic

Above: Brighton's attractions exert their pull

ZERO_SUMMER_2007

ESPECIFICAÇÕES DO GRID

Tamanho da página (refilado)	205 x 275 mm
Margem superior	17 mm
Margem inferior	18,06 mm
Margem externa	20,492 mm
Margem interna	17 mm
Número de colunas	4
Largura da medianiz	10,5 mm
Extras	Grid de linhas de base, 10pt

ZERO: REVISTA DISCENTE DA DUNRAVEN

Design: Matt Willey e Zoë Bather, Studio8 Design

Zero é a revista das atividades da Dunraven Secondary School. Ela foi encomendada pela Sorrell Foundation, que aproxima designers e estudantes em projetos colaborativos para aprimorar a qualidade de vida nas escolas. Os designers Matt Willey e Zoë Bather trabalharam estreitamente com os alunos à medida que o conteúdo editorial era desenvolvido para criar um modelo que fosse fácil de utilizar. O sistema baseia-se em grandes números de fólio que preenchem cada página e delimitam o texto. Os números começam em zero na capa e criam um conjunto de espaços de diferentes formas em que os estudantes adicionam o conteúdo. Esse grid rígido e explícito garante que os layouts dos estudantes sejam consistentes e profissionais e fornece uma identidade forte à revista.

20

CONTEMPORARY KALEIDOSCOPE

Kathy Battista surveys autumn highlights from the energetic British contemporary art scene

WILDER WEST
Rumours of the demise of the West End, long a bastion of the art trade, have been exaggerated. Recently, something of a renaissance has been taking place, with galleries such as Sprüth Magers Lee, Riflemaker, Blow de la Barra, Waddington Galleries and Annely Juda fighting back with an impressive array of exhibitions this autumn. Catch painters Richard Patterson at Timothy Taylor Gallery, and Federico Herrero at Blow de la Barra, and installation artist Jason Rhoades at Hauser & Wirth.

Not to be missed is Haunch of Venison's show of the late American artist Edward Kienholz and his wife Nancy Reddin Kienholz (7 Oct–9 Nov), known for their disturbing sculptural installations (below). The show features pieces from their recent joint retrospective at Baltic, including anti-war works, and new work previously unseen in the UK.

FRANCIS ALYS
The peripatetic artist Francis Alÿs has turned walking into an art form. Born in Antwerp, and now working in Mexico City, Alÿs sees the city as a huge open-air studio and makes work, such as animations, poetic films and paintings, that map cities in elusive ways. Over the past five years, he has walked the streets of London to create a new project for Artangel, called 'Seven Walks' (28 Sep–20 Nov), which explores the everyday rituals of the metropolis – from Coldstream Guards (below) to London's commuters. The show also provides a rare glimpse of one of London's most stunning buildings: Robert Adam's eighteenth-century townhouse in Portman Square, now a private club.

BRITISH ART SHOW 6
The British Art Show, which takes place every five years, provides an important opportunity to take the pulse of contemporary art in the UK. Each show selects a group of artists to represent the diversity and range of British art. This year, the show starts at Baltic (24 Sep–8 Jan 2006), the revamped flourmill in Gateshead that has changed the face of the contemporary art scene in the North.

Organised by London's Hayward Gallery and selected by independent curators Andrea Schlieker and Alex Farquharson, the exhibition features 49 of the most important emerging artists now working in Britain. Look out for Haluk Akakçe (below) and Saskia Olde Wolbers, both masters of digital and video installation. Other highlights include Juneau/Projects, an artists' collective who examine technology's role in consumer culture, and French-born Zineb Sedira, an artist with Algerian roots, who explores cultural identity. If you miss the Baltic show, there is still a chance to see it as it tours to Manchester, Nottingham and Bristol.

This page, clockwise from left 'The Bronze Pinball Machine with Woman Affixed Also', 1980, by Ed & Nancy Kienholz; 'Seven Walks', 2005, by Francis Alÿs; 'The Birth of Art', 2003, by Haluk Akakçe and 'It was hard to believe that just 24 hours earlier I had been sitting at my desk wrestling with the next round of deadlines', 2004, by Matthew Houlding (both in British Art Show 6)

Opposite, clockwise from left 'True North Series', 2004, by Isaac Julien; 'Whiteout, implant, spire', 2004, by Anish Kapoor RA; 'Untitled', 2004, by Cindy Sherman; 'Roundup – An Entomological Endeavour for the Smart Museum of Art', 2000, by Mark Dion; 'Work no. 329 – Half the Air in a Given Space', 2004, by Martin Creed

RA // Autumn 2005

Preview 21

WAY OUT EAST
London's East End has become an established hub of contemporary art. With a combination of existing venues such as White Cube – showing the Chapman brothers' new work this autumn (19 Oct–3 Dec) – and newcomers such as Herald Street and David Risley, East London offers endless opportunities for seeing new art. Highlights this autumn include paintings by the duo Muntean/Rosenblum at Maureen Paley's Interim Art, and Susanne Kühn at a new space called Fred. At Paul Stolper's gallery (13 Oct–19 Nov), Damien Hirst creates a chapel-like installation where religion meets pharmaceuticals, with an altar, a cedar cross and 40 newly commissioned silkscreen prints.

A particular highlight this autumn is a show of Isaac Julien's films at Victoria Miro Gallery (14 Oct–12 Nov). Julien is a master of creating impeccably crafted, lush film installations that focus on the impact of location – both cultural and physical. Victoria Miro Gallery will also host the UK premiere of two new films: *True North* (below), about Matthew Henson, the first African-American to reach the North Pole; and *Fantôme Afrique*, shot in the arid spaces of rural Burkina Faso, and features rich imagery of urban Ouagadougou, the centre for cinema in Africa.

FRIEZE (AND OTHER) ART FAIRS
The Frieze Art Fair (21–24 Oct), established two years ago, has become one of the most important events in London's contemporary art calendar. It hosts 150 galleries (selected from a field of over 450) from around the world in an elaborate tent in Regent's Park, designed by the young British architect David Adjaye. In addition to providing the opportunity to see and buy cutting-edge art, Frieze also hosts events, including talks, a music programme and high-profile public arts commissions. Peckish art-lovers are also well-catered for – the café menu has been created by Mark Hix, of The Ivy and Le Caprice.

Last year saw the birth of two satellite events around Frieze – Zoo Art Fair, located in Regent's Park Zoo, and ScopeLondon in the Meliá White House hotel just outside the park. Limited to UK-based galleries less than three years old, Zoo presents more experimental work than the grown-up fair and is an opportunity to see up-and-coming talent. Look out for RA graduate Francesca Lowe's exquisite and delicate paintings at Riflemaker's stand.

Meanwhile, ScopeLondon, a fair that also takes place in Miami, New York and LA, has had the bright idea of asking galleries to set up shop in their hotel rooms. By combining the costs of travel and exhibiting, international galleries can take the work of relatively young and affordable, emerging artists on the road.

NORTH/SOUTH
This autumn, art lovers need to cross the Thames for two shows that are not to be missed. The South London Gallery presents 'Microcosmographia' by American artist Mark Dion (until 30 Oct), a fantastic nature-inspired sculptural world inhabited by gigantic creatures, including a life-size replica of an Ichthyosaur, a prehistoric aquatic animal, considered to be the Tyrannosaurus rex of the sea.

In North London, Camden Arts Centre presents Runa Islam and Roderick Buchanan (23 Sep–13 Nov). The show includes Islam's *First Day of Spring*, a film featuring rickshaw drivers in Dhaka, and Buchanan's *History Painting*, which looks at soldiers in North Yorkshire and Madras. Elsewhere in North London, dealer Simon Gillespie has turned his Georgian townhouse in Islington into a contemporary art gallery, Rollo. This autumn he shows the atmospheric landscape work of Korean photographer Bae Bien-U (29 Sep–3 Nov).

RA // Autumn 2005

36

China 37

CHINESE
WHISPERS

46

Edvard Munch 47

BENEATH
THE SKIN

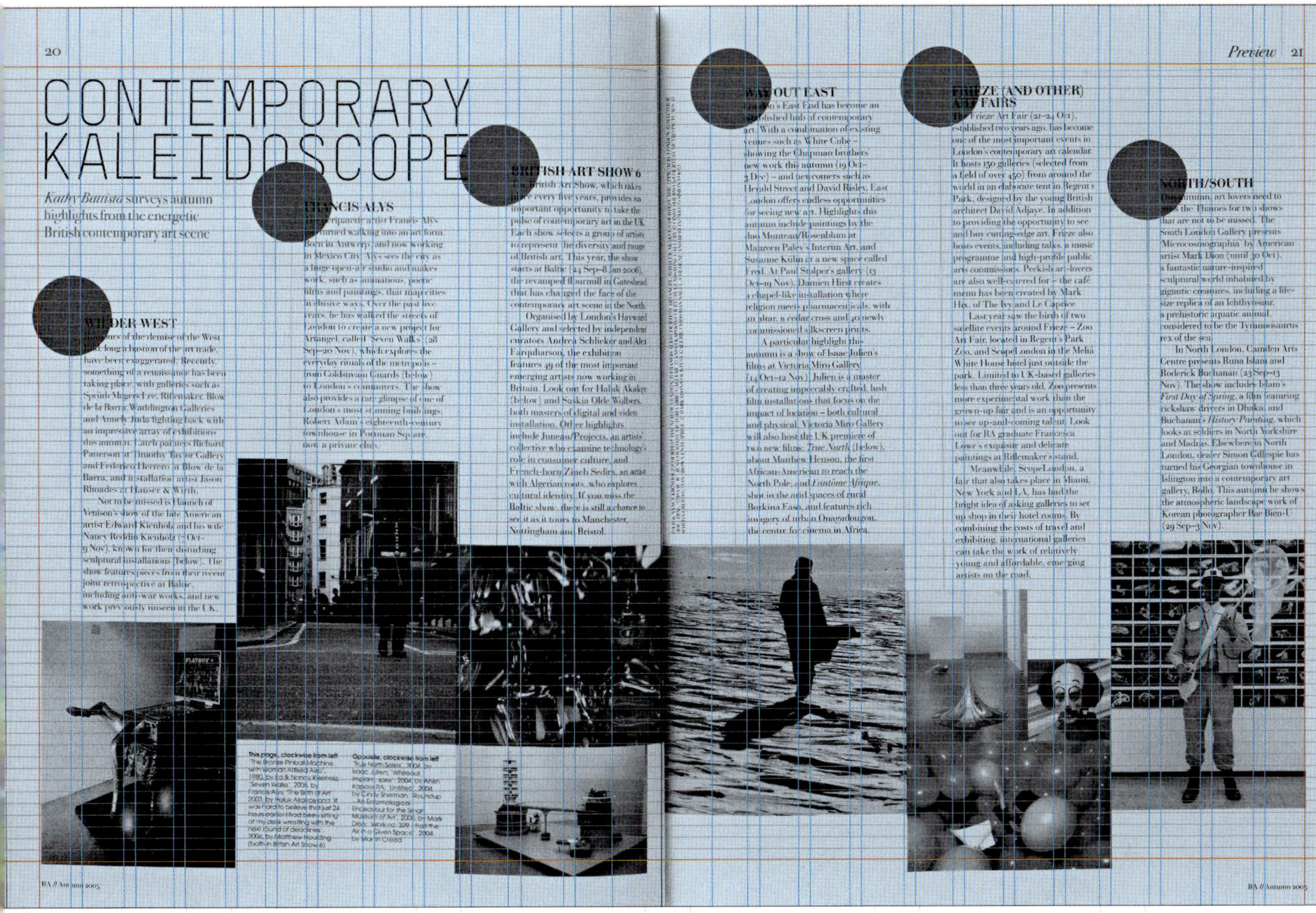

ESPECIFICAÇÕES DO GRID

Tamanho da página (refilado)	230 x 300 mm
Margem superior	20 mm
Margem inferior	16 mm
Margem externa	10 mm
Margem interna	18 mm
Número de colunas	12
Largura da medianiz	4 mm
Extras	Grid de linhas de base, 11 pt

REVISTA RA

Design: Matt Willey e Zoë Bather, Studio8 Design

A reformulação da *RA* foi um trabalho especialmente desafiador. Criada há 25 anos, a revista tem a maior circulação entre as revistas de arte na Europa e representa uma importante instituição. Seu público leitor demanda uma navegação fácil com design limpo e elegante, mas o designer Matt Willey também quis “colocar tempo e arte na criação de páginas que fossem dinâmicas e expressivas”. Willey acredita que os grids podem ser restritivos e, especialmente dentro do design editorial, podem impedir que as páginas tenham uma aparência interessante se o conceito de grid for seguido de maneira dogmática. Neste design, ele emprega uma estrutura flexível de múltiplas colunas para que seus designs respeitem o conteúdo e também agreguem um pouco de diversão.

China
ENTER THE DRAGON

Ruisdael
A NATURAL PHENOMENON

Americans in Paris
WE'LL ALWAYS HAVE
PARIS

Academy
MAN OF MYSTERY
Out to Lunch

Academy
TO BE PERFECTLY FRANK
In the Studio

Modigliani
NAKED AMBITION
Amedeo Modigliani's sensuous nudes and portraits are as captivating as the artist's legendary life story, argues Kenneth Wayne

RA Schools
55
THE CLASS OF
06
In a class of their own The RA Schools final-year students showcase their art this summer. On the following pages, photographer Nick Cunard visits their studios to capture the spirit of the young artists at work. Here Maurice Cockrill RA, Keeper of the RA Schools, explains what makes the place so special and praises the outgoing graduates

Preview
15
HOWARD'S
WAY

China
TREASURES

Anselm Kiefer
TOUR
DE
FORCE
Photographs by Anna Schori

NEWS

NEWS

1921 PREMIUM DENIM

86 years is a long time to perfect the art of jean craftsmanship. Fortunately 1921 Premium Denim have mastered it and are now bringing their cult LA jeans to London. Denim brand fads are often more fleeting than runway trends themselves, but as one of the oldest family-owned denim manufacturers in the world, heritage and endurance is something they clearly understand. Using Italian or Japanese denim, each piece is handcrafted, treated, washed and then finished with a special abrasion technique ensuring every pair is unique, and characterised by a vintage style finish. Not just lovingly crafted, but with a conscience too: all denim is spun from ecologically sound cottons. ■

SANDRA BACKLUND

Swedish knitwear genius, Sandra Backlund incorporated human hair into her first collection of architectural, madcap knits. That phase has passed and she is now using only the richest red wools instead. A knitwear couturier, Backlund plays with structure, creating outlandish tulip skirts, massive shoulders and kooky headgear. Not a Purl knit in sight, thank God, just futuristic sculptures that manage to retain romance and femininity in their shapes. Her inventiveness has earnt her a place in knitting's renaissance. ■

BALENCIAGA

If the metal leggings are just a little *too Tron* for you, one can still indulge in Nicholas Ghesquire's feminine, android futurism, with Balenciaga's first ever eyewear range. Echoing the space-cadet look for his spring/summer '07 ready-to-wear collection, the eyewear line is a first for Ghesquire at the Parisian house.

Large transparent framed wrap-arounds, house grey or yellow reflective lenses with giant chrome studs on the arms. Cyber-goggles they're not, but being bug-eyed has never been so chic.

Influenced heavily by sci-fi, this was Ghesquire's first full-on flirtation with the future – spurning plundering the archives of Cristobal like he's done in previous seasons. Decidedly creating his own legacy at Balenciaga, rather than just seizing the Spanish designers' radically formed silhouettes.

Think today, tomorrow, and what may be. Are the days of designers pilfering the past for inspiration gone? The future is now. ■

TOM FORD

The tanned Texan responsible for putting the sex back into Gucci is launching his first solo store in New York. 845 Madison Avenue, Manhattan is to be the home of the new TOM FORD signature menswear collection, which will include, RTW, footwear and eyewear. "My aim is to address an extremely discerning luxury customer who demands the highest quality product and service," claims Ford.

Fortunately for disciples of his suave and polished chic, he's plans to spread his wings over the next few years – opening stores in Milan, London, LA and Tokyo. ■

028/Plastique/Spring 07

Plastique/Spring 07/029

INTERVIEW

INTERVIEW

WHEN JODIE MET AMANDA

A CONVERSATION WITH AMANDA LEPORE

Photograph **Ben Charles Edwards**
Words **Jodie Harsh**

"I've known Amanda for a few years now. Before I met her for the first time, I expected a terrifying diva, perhaps reminiscent of Pete Burns. In the flesh, away from the camp, exaggerated images of her by LaChapelle, she is stunning. The moment I first met her, on an interview assignment for a magazine, my expectations were pleasantly shattered. When she answered the door to her hotel room in the East Village, NYC (the same room she's lived in for a decade) with a big smile on her face and a kiss on the cheek, we bonded immediately over lipsticks and hairpieces.

What Amanda has done to her body and what I do to mine are two contrasting things. We both work in clubs and get paid to look glamorous for the cameras but I'm happy being a boy who dresses up for a living and for fun not for sexual reasons. Amanda, who has an often publicly flaunted vagina, was born Armand. She has used hormones, gender re-assignment surgery, cosmetic surgery, silicone injections, make-up and fashion to transform herself into the 'Number One Transsexual in the World' ®, and deserves ultimate respect for it. There is quite possibly no one else who has worked so much on their physical appearance and, boy, does this woman work it..."

066/Plastique/Spring 07

Plastique/Spring 07/067

ESPECIFICAÇÕES DO GRID

Tamanho da página (refilado)	220 x 285 mm
Margem superior	15 mm
Margem inferior	15 mm
Margem externa	10 mm
Margem interna	20 mm
Número de colunas	12
Largura da medianiz	4 mm
Extras	Grid de linhas de base, 11 pt

PLASTIQUE

Design: Matt Willey e Matt Curtis, Studio8 Design

Plastique é uma revista trimestral de moda feminina. Os elementos básicos do seu design são muito simples. Há duas fontes para títulos, uma fonte para o corpo do texto, que também é utilizada para as legendas, e um grid de 12 colunas que é frequentemente ignorado! Os designers Matt Willey e Matt Curtis queriam trabalhar com o menor número possível de regras, de modo que as páginas pudessem ser diagramadas tanto de maneira instintiva como com base em um plano lógico. O esquema de cores basicamente monocromático foi escolhido para se adequar à natureza obstinada e não-apologética da revista. Como Willey diz, "não queríamos nada muito asséptico, nem muito enfeitado, sentimental ou adolescente".

NEWS

TODD LYNN

Todd Lynn is that kid at school that nobod noticed until parents' evening, where his mum and dad were unnecessarily cool a his report card gleamed, despite him being quie rebellious. With a bespoke-tailor CV reading like a rock 'n' roll-call of the last 40 years in music, it was no surprise his former mentor, Roland Mou looked on admiringly in the front row. Lynn's collection was rife with androgynous tailoring a fluid lines that effortlessly sexed up waistcoats, tuxedo jackets, and cropped trousers, which we swapped between the girls and the boys. ■

034/Plastique/Spring 07

NEWS

GIL CARVALHO

"Never under estimate the power of the stiletto," says Gil Carvalho. Given that he's followed the career route of Mr. Ford, who also gave up architecture for fashion design, Carvalho's ethos is on a par with his vigorous, towering platforms. Covered in vivid python and crocodile skins, with metallic leathers, they epitomize empowerment.

His architectural background is not entirely wasted however: like skyscrapers for the feet, Carvalho has produced a concept collection of soaring, polished steel stilettos – hand-laced elastic string, or satin cord that's woven to mould the foot – unmistakably requiring his construction precision and skill.

For something closer to the ground, Carvalho produces flat-of-foot sandals with slashed-leather fronts. Alternatively why not try his made-to-order black rubber and leather thigh-highs? ■

ALEXANDER WANG

Thank goodness he left his San Francisco frat boy beginnings at the door when joining Marc Jacobs as an intern. It no doubt ensured that despite being only 23, his own collection is one of hot sophistication and understatement. Sticking with the cashmere roots planted in his very first 2004 collection with some tasty cardigans and sweaters, Wang also channelled his NYC street cred' via sporty playsuits and sexy micro shorts. Think Debbie Harry circa 1977. ■

Plastique/Spring 07/035

B1
GREAT
EASTERN
STREET
PHOTOGRAPHY
DAVID DUNAN

PAULE KA
EDITORS ADDRESS
THIS IS IT.
CREATIVITY.
BRAVERY.
FEARLESSNESS.
LIFE IS A JOURNEY.
SO IS PLASTIQUE.
THINK
FOR
YOURSELF.
BRYLIE QUINN FOWLER

OSMAN YOUSEFZADA
KIM JONES
LAGERFELD RANGE

THE MAKING OF McQ
MYSPACE: CASTING AGENCY OF THE FUTURE?

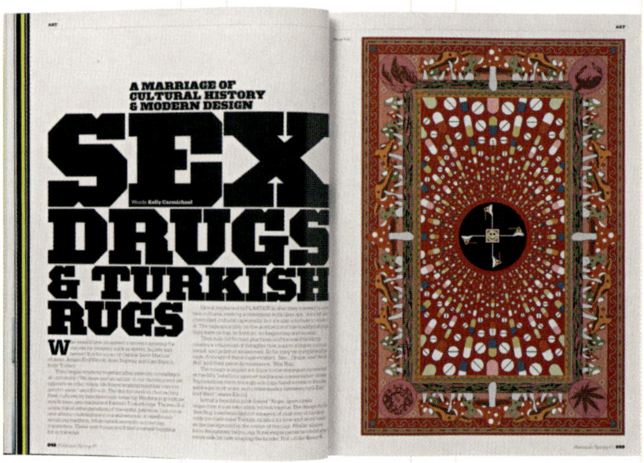
A MARRIAGE OF CULTURAL HISTORY & MODERN DESIGN
SEX DRUGS & TURKISH RUGS

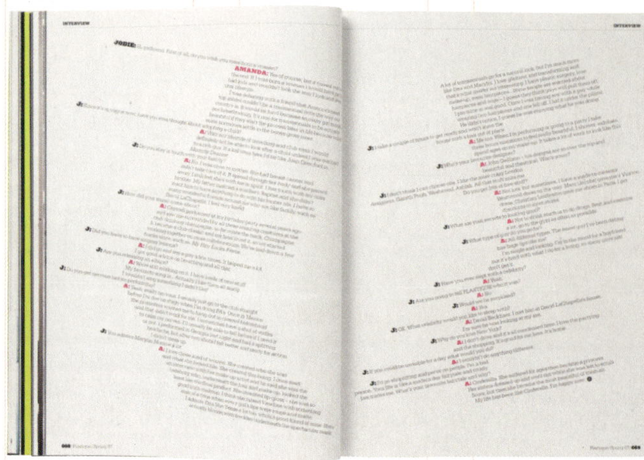

BOBS & BOY CUTS
THE SCISSORS ARE OUT AGAIN. THE BOB IS MOVING FORWARD INTO THE SPRING, REMAINING A STRONG TREND BUT WITH ADDED BITE. LOP A BIT MORE OFF AND GO WITH A BOY CUT

ZER
O
DEGREES

KILLAH KOLOR
PHOTOGRAPHY
JOHN LINDQUIST

AGGR
ESSO
RIES
URBAN ARMOUR –
FASHIONISTAS ARM THEMSELVES FOR
EVERYDAY BATTLE
Words Ellen Grace Jones

2
DAY
3
DAY

SUBSCRIBE NOW!
RECEIVE FOUR ISSUES A YEAR AND AN EXCLUSIVE JAE M.R
LEATHER FOLDER, HAND EMBOSSED WITH THE PLASTIQUE LOGO.
GO TO WWW.PLASTIQUEMAGAZINE.COM
ISS
UE 2
LOOK OUT FOR IT
SUMMER

CANADIAN
EXPORT
DRAGONETTE BRINGS PLASTIQUE
INTO THEIR WORLD OF ELECTRO-
POP ORGIES

AJ
13.10.05
RIBA STIRLING
PRIZE
THE ARCHITECTS' JOURNAL WWW.AJPLUS.CO.UK
ISSN 0003-8466
£3.25

BUILDING STUDY
THE FASCINATION WITH SURFACE GIVES THIS MOST BASIC OF BUILDING TYPES AN INTELLIGENCE AND ENQUIRY THAT IS PALPABLE

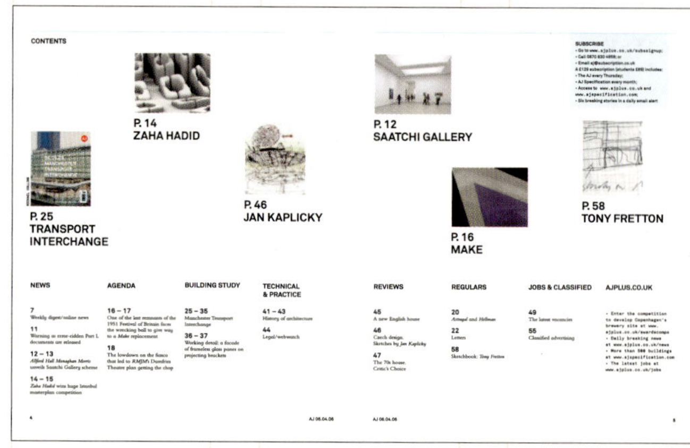
CONTENTS
P. 14 ZAHA HADID
P. 12 SAATCHI GALLERY
P. 25 TRANSPORT INTERCHANGE
P. 46 JAN KAPLICKY
P. 16 MAKE
P. 58 TONY FRETTON
NEWS
AGENDA
BUILDING STUDY
TECHNICAL & PRACTICE
REVIEWS
REGULARS
JOBS & CLASSIFIED
AJPLUS.CO.UK

CONTENTS

P. 14
ZAHA HADID

P. 12
SAATCHI GALLERY

SUBSCRIBE
• Go to www.ajplus.co.uk/subssignup;
• Call 0870 830 4959; or
• Email aj@subscription.co.uk
A £129 subscription (students £89) includes:
• The AJ every Thursday;
• AJ Specification every month;
• Access to www.ajplus.co.uk and www.ajspecification.com;
• Six breaking stories in a daily email alert

P. 25
TRANSPORT INTERCHANGE

P. 46
JAN KAPLICKY

P. 16
MAKE

P. 58
TONY FRETTON

NEWS

7
Weekly digest/online news

11
Warning as error-ridden Part L documents are released

12 – 13
Allford Hall Monaghan Morris unveils Saatchi Gallery scheme

14 – 15
Zaha Hadid wins huge Istanbul masterplan competition

AGENDA

16 – 17
One of the last remnants of the 1951 Festival of Britain faces the wrecking ball to give way to a *Make* replacement

18
The lowdown on the fiasco that led to *RMJM's* Dumfries Theatre plan getting the chop

BUILDING STUDY

25 – 35
Manchester Transport Interchange

36 – 37
Working detail: a facade of frameless glass panes on projecting brackets

TECHNICAL & PRACTICE

41 – 43
History of architecture

44
Legal/webwatch

REVIEWS

45
A new English house

46
Czech design. Sketches by *Jan Kaplicky*

47
The 70s house. Critic's Choice

REGULARS

20
Astragal and *Hellman*

22
Letters

58
Sketchbook: *Tony Fretton*

JOBS & CLASSIFIED

49
The latest vacancies

55
Classified advertising

AJPLUS.CO.UK

• Enter the competition to develop Copenhagen's brewery site at www.ajplus.co.uk/awardscomps
• Daily breaking news at www.ajplus.co.uk/news
• More than 500 buildings at www.ajspecification.com
• The latest jobs at www.ajplus.co.uk/jobs

4 AJ 06.04.06

AJ 06.04.06 5

ESPECIFICAÇÕES DO GRID

Tamanho da página (refilado)	210 x 265 mm
Margem superior	12 mm
Margem inferior	12 mm
Margem externa	12 mm
Margem interna	12 mm
Número de colunas	4
Largura da medianiz	4 mm
Extras	Grid de linhas de base, 3,883 mm

AJ: THE ARCHITECTS' JOURNAL

Design: APFEL (A Practice for Everyday Life) com Sarah Douglas

O APFEL reformulou o *The Architects' Journal* em colaboração com Sarah Douglas. Juntos, eles desenvolveram um design limpo e simples para que o processo e o progresso arquitetônicos recebessem o devido destaque. O grid é uma estrutura de quatro colunas simples e é utilizado discretamente. Os conjuntos de páginas duplas apresentam uma aparência cuidadosa, sem ser preciosista, para que os layouts possam acomodar o conteúdo efêmero e, ao mesmo tempo, mostrar o trabalho final. As imagens podem ser totalmente sangradas ou enquadradas e, algumas vezes, podem se sobrepor ou parecer penduradas em um fio no alto da página como um quadro na parede. Fólios, rodapés e fios no alto e no fundo de cada página estabelecem silenciosamente a arquitetura geral das páginas.

Redefining Green-ness

Green-ness is the obscure object of desire that has been driving the development of suburbia since its beginnings. People fled to suburbia to get away from the congested city and its dense housing blocks, polluted air and car-dominated public space. The endless plains of fields and woods became a utopian image countering the urban dystopia of continuously built fabric. But as city dwellers started to migrate into suburbia, they brought with them their civilised baggage from the city and inevitably dumped it wherever they chose to settle anew. Hence the longing image of green landscape that was the reason for most suburbanites to come here in the first place was replaced over time, the difference being that people now had no other place left to go in order to find what they were looking for.

It is this paradox that the projects assembled here attempt to tackle. Common to all is the thesis that the degradation of landscape in suburbia is caused by a constant misunderstanding, and misuse, of green space. In today's suburbia, green space is, in fact, only very rarely staged to complement the built fabric with landscape. In most cases it serves a completely different objective, namely the provision of privacy. Hence the insurpassable importance of the front garden, which is basically a set-back space texture-mapped with green lawn.

To satisfy both desires, the schemes presented here propose to deal with them separately. Privacy, on the one hand, is achieved by raising the house in the air (Greenurbia) or sinking it in the ground (Sub-'burb), which in return frees up ground space for other uses, for instance public programmes. On the other hand, landscape is maintained by programming parts of the site with non-building programmes such as parks, gardens or agricultural uses (Fischbek-Mississippi) or by introducing a strong topographical definition (Sonic Polder).

46 47

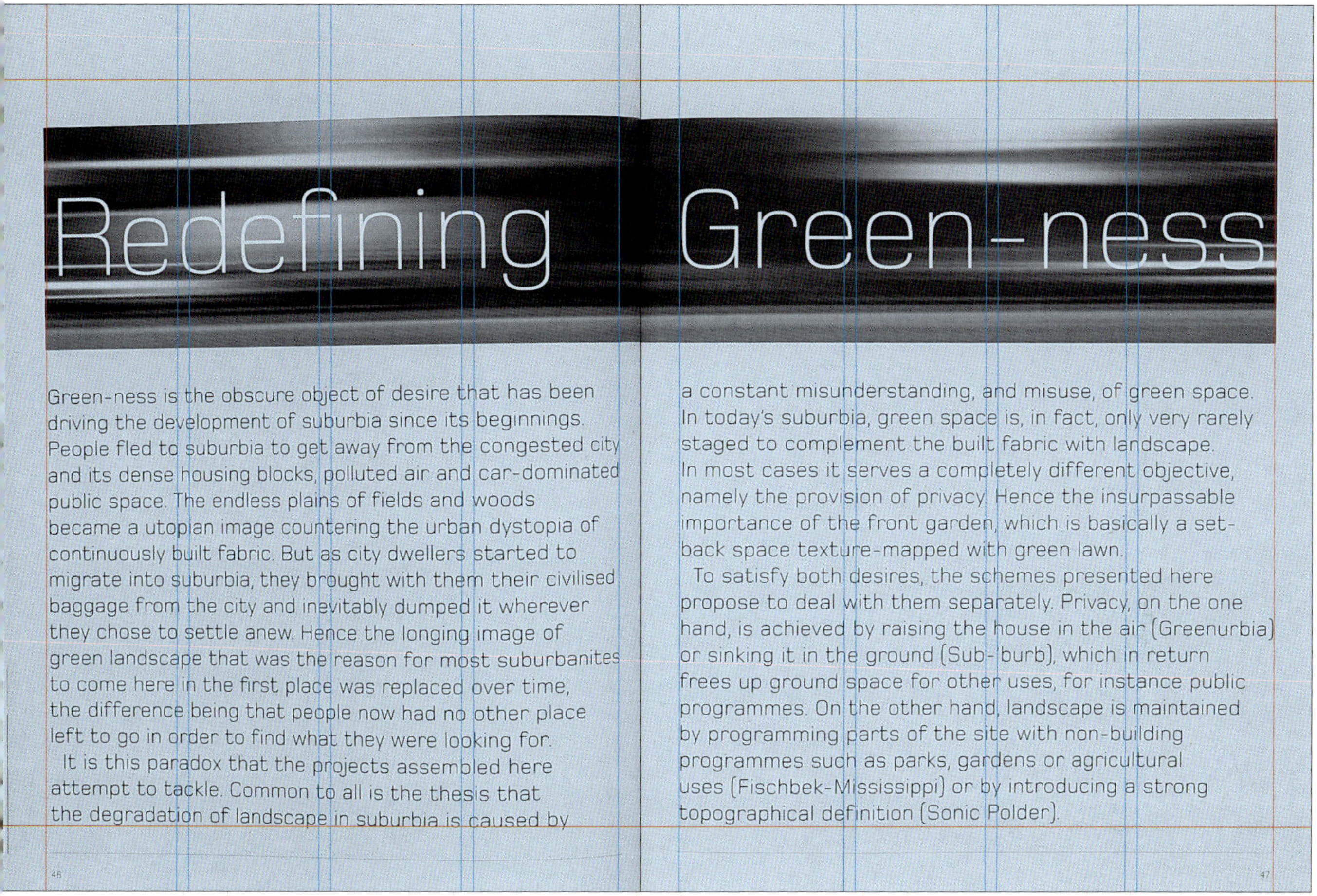

Redefining Green-ness

Green-ness is the obscure object of desire that has been driving the development of suburbia since its beginnings. People fled to suburbia to get away from the congested city and its dense housing blocks, polluted air and car-dominated public space. The endless plains of fields and woods became a utopian image countering the urban dystopia of continuously built fabric. But as city dwellers started to migrate into suburbia, they brought with them their civilised baggage from the city and inevitably dumped it wherever they chose to settle anew. Hence the longing image of green landscape that was the reason for most suburbanites to come here in the first place was replaced over time, the difference being that people now had no other place left to go in order to find what they were looking for.

It is this paradox that the projects assembled here attempt to tackle. Common to all is the thesis that the degradation of landscape in suburbia is caused by a constant misunderstanding, and misuse, of green space. In today's suburbia, green space is, in fact, only very rarely staged to complement the built fabric with landscape. In most cases it serves a completely different objective, namely the provision of privacy. Hence the insurpassable importance of the front garden, which is basically a set-back space texture-mapped with green lawn.

To satisfy both desires, the schemes presented here propose to deal with them separately. Privacy, on the one hand, is achieved by raising the house in the air (Greenurbia) or sinking it in the ground (Sub-'burb), which in return frees up ground space for other uses, for instance public programmes. On the other hand, landscape is maintained by programming parts of the site with non-building programmes such as parks, gardens or agricultural uses (Fischbek-Mississippi) or by introducing a strong topographical definition (Sonic Polder).

46 47

ESPECIFICAÇÕES DO GRID

Tamanho da página (refilado)	290 x 220 mm
Margem superior	25 mm
Margem inferior	22 mm
Margem externa	15 mm
Margem interna	18 mm
Número de colunas	1, 2 ou 4
Largura da medianiz	4 mm
Extras	N/D

AD (ARCHITECTURAL DESIGN)

Design: Christian Küsters, CHK Design

Inspirado na Bauhaus, Christian Küsters selecionou as formas "puras" do quadrado, do círculo e do triângulo como ponto de partida para criar o logo da AD. A reformulação da revista se baseou nessa abordagem. O uso de fontes e o grid são parte de um modelo flexível desenvolvido por Küsters para maximizar a variedade do conteúdo e refletir os diferentes temas de cada número.

ART AND POLITICS
ROGER COOK
THE LOVE THAT DARES TO SPEAK ITS NAME

THE PRINCE
CHAPTER VI

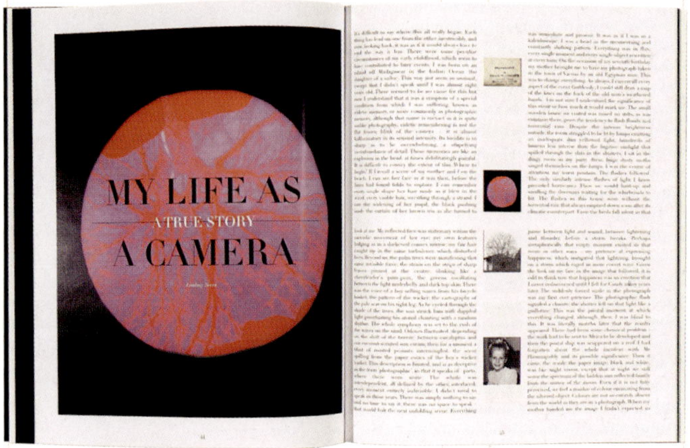
MY LIFE AS
A TRUE STORY
A CAMERA

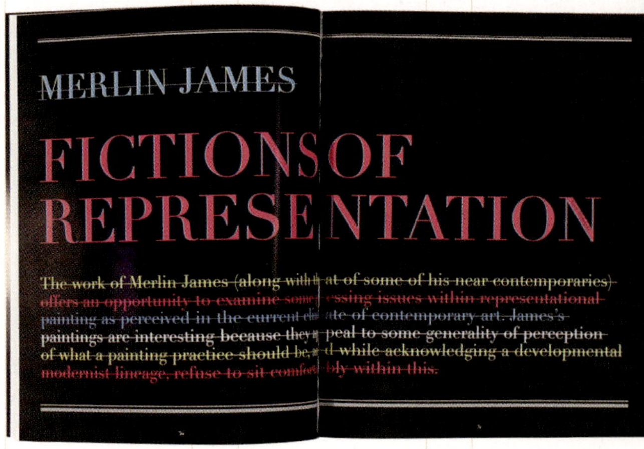
MERLIN JAMES
FICTIONS OF REPRESENTATION

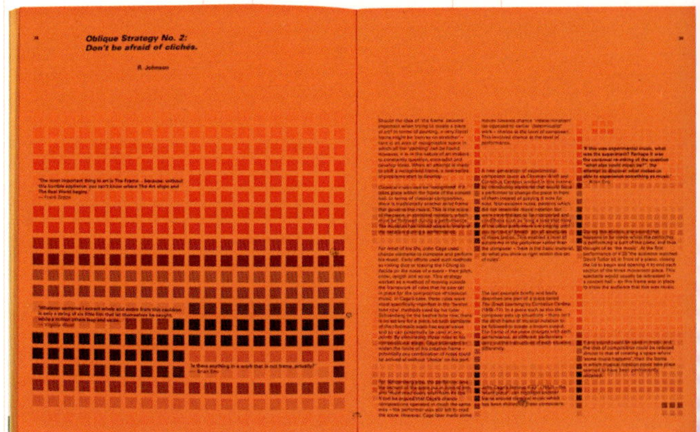
Oblique Strategy No. 2:
Don't be afraid of clichés.

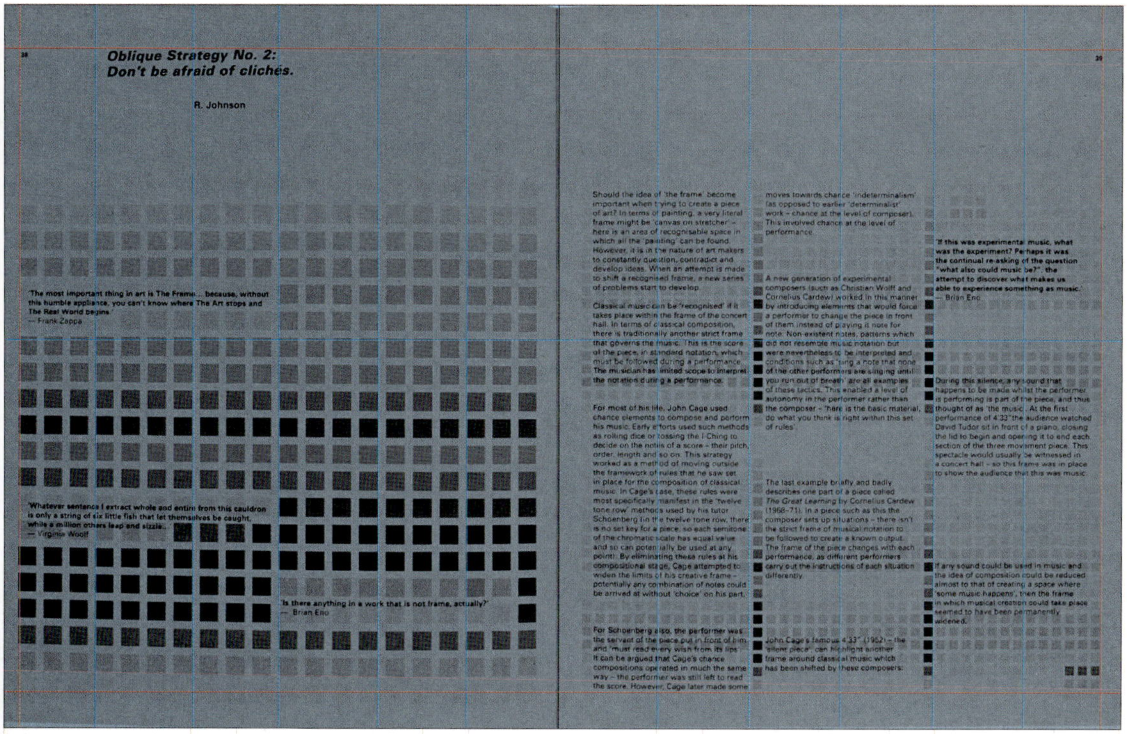

ESPECIFICAÇÕES DO GRID

Tamanho da página (refilado)	210 x 265 mm
Margem superior	18,8 mm
Margem inferior	18,8 mm
Margem externa	7,8 mm
Margem interna	5,6 mm
Número de colunas	6
Largura da medianiz	N/D
Extras	N/D

MISER & NOW

Design: Hannah Dumphy, CHK Design

Miser & Now (um anagrama com os nomes dos editores – Simon e Andrew) é uma revista de artes visuais sem periodicidade definida publicada pela Keith Talent Gallery. O diretor de arte Christian Küsters selecionou o design de cédulas como ponto de partida – uma lembrança subliminar do relacionamento entre finanças e mercados de artes plásticas. Küsters e a designer Hannah Dumphy respondem ao conteúdo editorial de cada número e criam o design de acordo com ele – às vezes não há um grid convencional, outras vezes cada artigo é criado para ajustar-se à página utilizando um sistema de grids flexível e às vezes as páginas de abertura são configuradas de modo que possam ser lidas como um pôster.

Embalagens

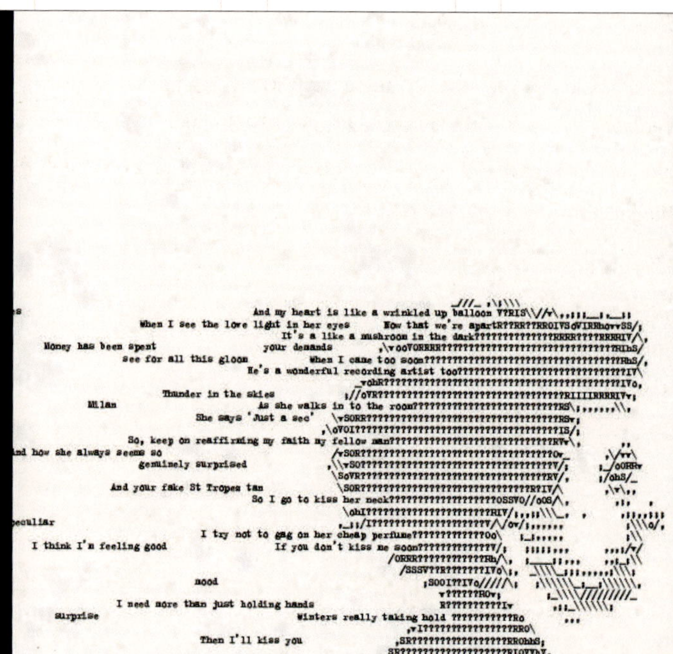

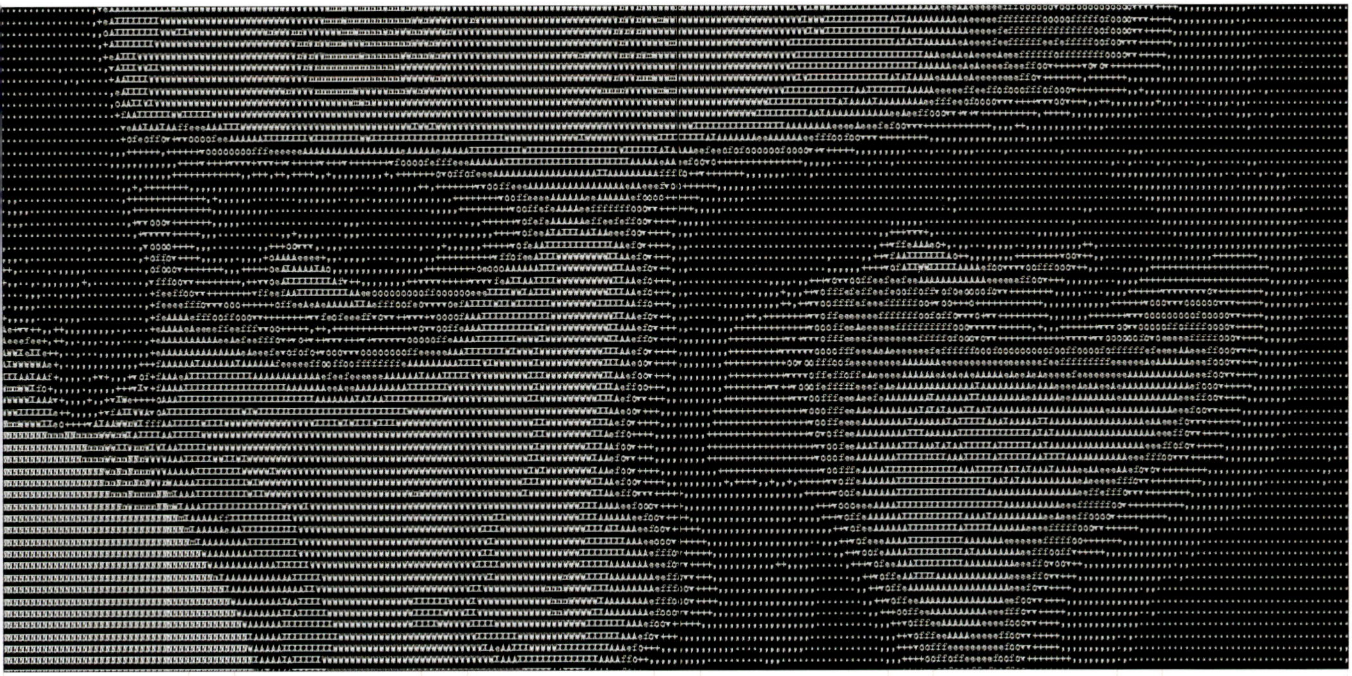

ESPECIFICAÇÕES DO GRID

Tamanho da página (refilado)	Encarte do CD: 150 x 117,5 mm Livreto: 120,65 x 119,89 mm
Margem superior	N/D
Margem inferior	N/D
Margem externa	N/D
Margem interna	N/D
Número de colunas	1
Largura da medianiz	N/D
Extras	Grid de linhas de base, como estabelecido por uma máquina de datilografia; 56 linhas horizontais

FREDDIE STEVENSON: A BODY ON THE LINE

Design: Rian Hughes, Device

Embora a arte-final de fato tenha sido feita em um Macintosh, com imagens criadas utilizando um programa de arte ASCII, a impressão geral do design de Rian Hughes para a embalagem deste CD é de que ela foi produzida mecanicamente e, de modo geral, é uma arte low-tech, isto é, simples e barata. A intenção de Hughes era criar um eco visual da música de Stevenson, produzida com poucos equipamentos modernos de estúdio e sem a ajuda de truques de computador. Embora nenhum grid de coluna tenha sido empregado, o texto e as imagens utilizam uma série bem-compacta de linhas horizontais que conferem uma estrutura repetitiva ao design geral e aumentam sua sensação mecânica.

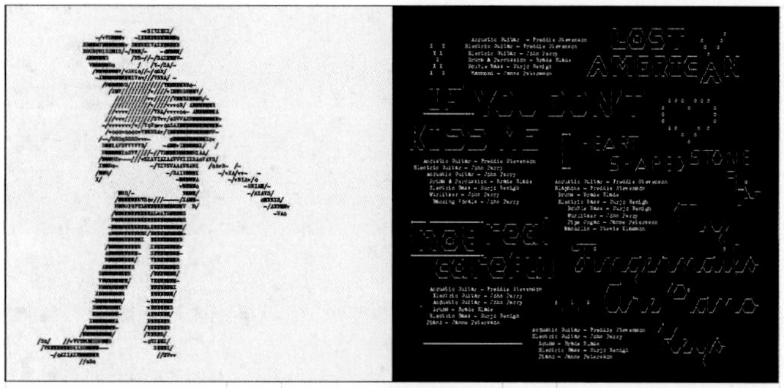

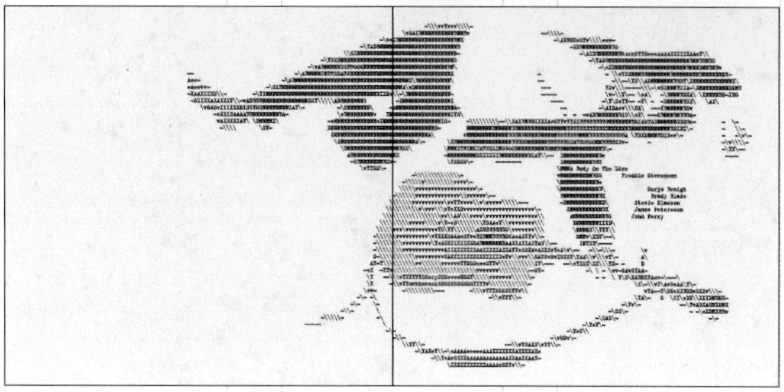

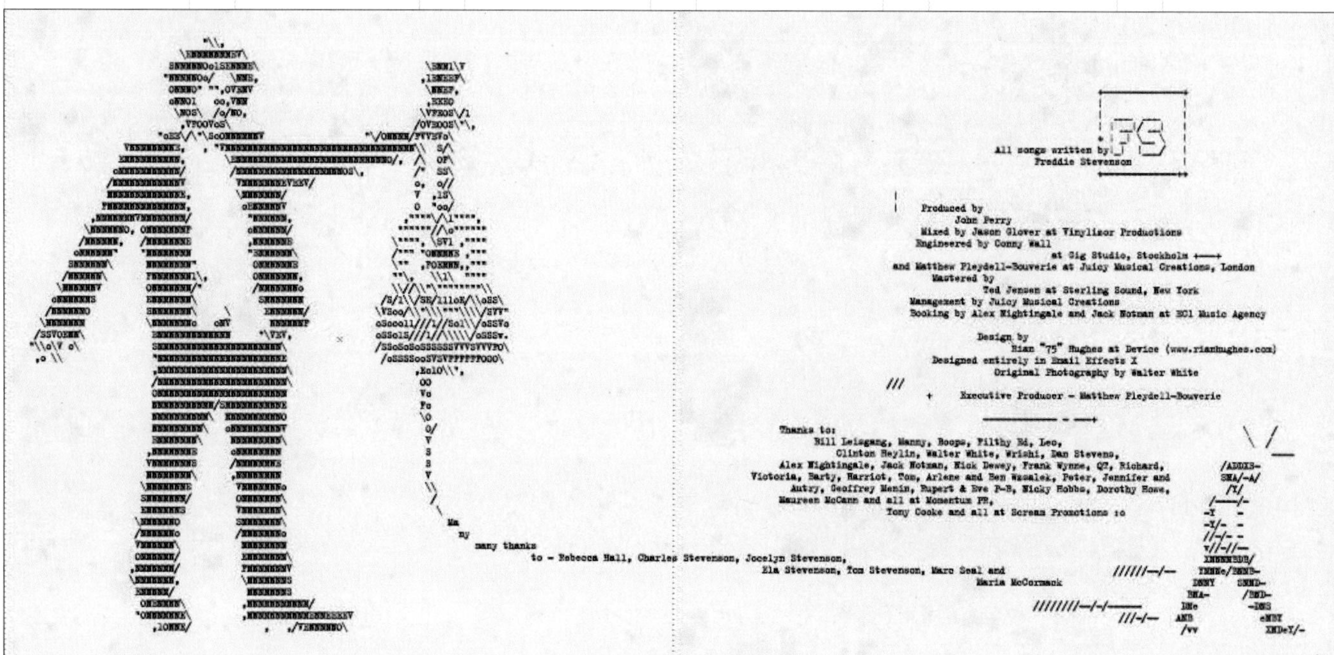
All songs written by
Freddie Stevenson
Produced by
John Perry
Mixed by Jason Glover at Vinylizor Productions
Engineered by Conny Wall
at Gig Studio, Stockholm
and Matthew Pleydell-Bouverie at Juicy Musical Creations, London
Mastered by
Ted Jensen at Sterling Sound, New York
Management by Juicy Musical Creations
Booking by Alex Nightingale and Jack Notman at EC1 Music Agency
Design by
Rian "75" Hughes at Device (www.rianhughes.com)
Designed entirely in Email Effects X
Original Photography by Walter White
Executive Producer - Matthew Pleydell-Bouverie
Thanks to:
Bill Leisgang, Manny, Boops, Filthy Ed, Leo,
Clinton Heylin, Walter White, Wrishi, Dan Stevens,
Alex Nightingale, Jack Notman, Nick Dewey, Frank Wynne, QT, Richard,
Victoria, Barty, Harriet, Tom, Arlene and Ben Wasalek, Peter, Jennifer and
Autry, Geoffrey Menin, Rupert & Eve P-B, Nicky Hobbs, Dorothy Howe,
Maureen McCann and all at Momentum PR,
Tony Cooke and all at Scream Promotions to
Many many thanks
to - Rebecca Hall, Charles Stevenson, Jocelyn Stevenson,
Ela Stevenson, Tom Stevenson, Marc Seal and
Maria McCormack

Adobe Systems Incorporated 2003 Annual Report
Adobe

ESPECIFICAÇÕES DO GRID

Tamanho da página (refilado)	256,1 x 359,8 mm
Margem superior	4,939 mm
Margem inferior	4,233 mm
Margem externa	4,939 mm
Margem interna	12,7 mm
Número de colunas	2
Largura da medianiz	4,233 mm
Extras	N/D

RELATÓRIO ANUAL DE 2003 DA ADOBE SYSTEMS INCORPORATED

Design: Julian Bittiner e Brett Wickens, MetaDesign San Francisco

O briefing para o Relatório Anual de 2003 da Adobe era destacar a tradição e a visão da empresa. Com isso em mente, o estúdio MetaDesign criou a estrutura da marca com base em três temas distintos: comunicação de ideias, troca de informações e compartilhando de lembranças. Depois de identificados, esses temas determinaram o design, e o MetaDesign desenvolveu uma abordagem tipográfica e fotográfica simples e clara utilizando uma estrutura de grids tradicional para dar suporte aos seus designs de aparência moderna.

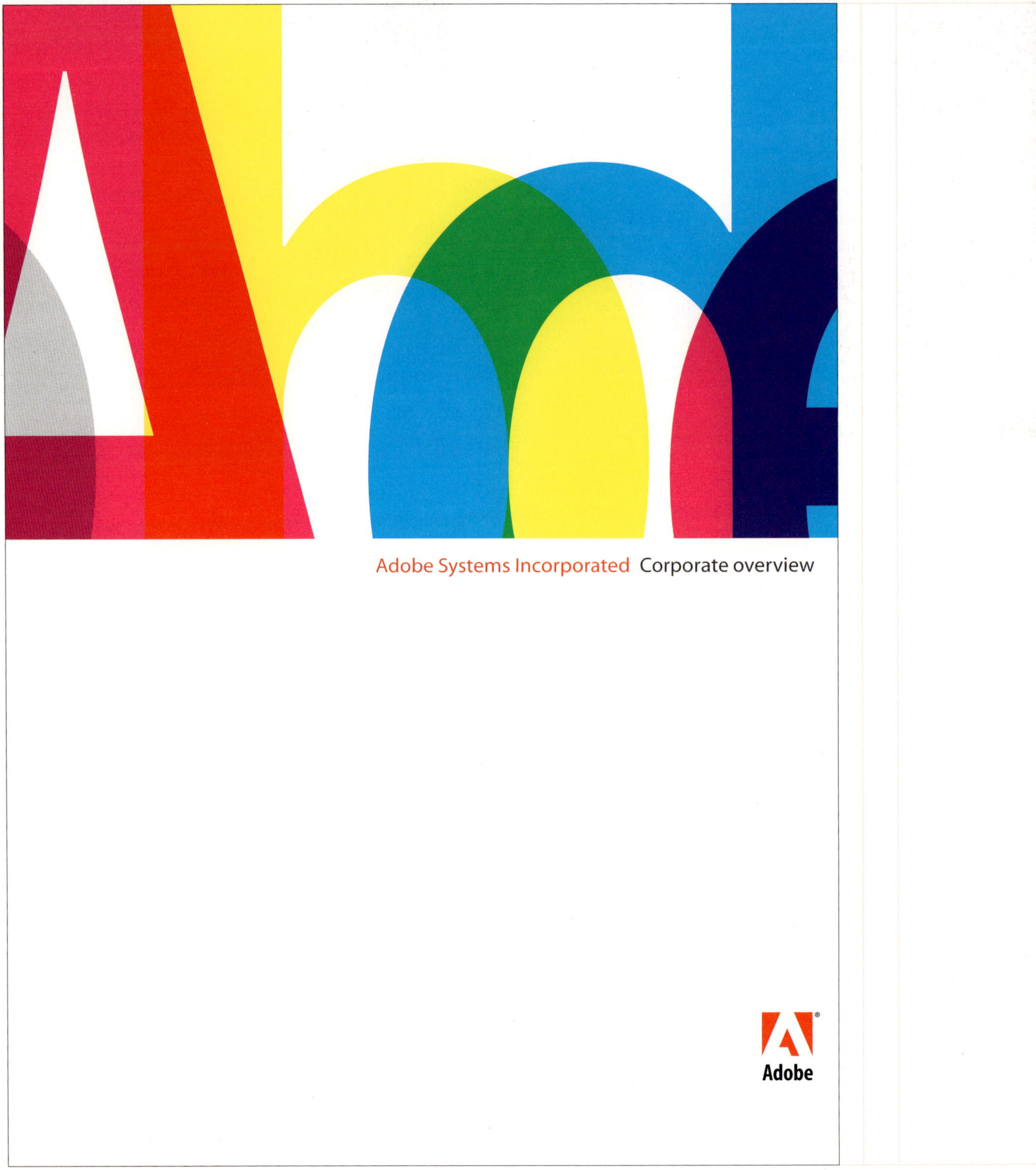
Adobe
Adobe Systems Incorporated Corporate overview
Adobe

ESPECIFICAÇÕES DO GRID

Tamanho da página (refilado)	260,35 x 378,9 mm
Margem superior	14,817 mm
Margem inferior	21,167 mm
Margem externa	14 mm
Margem interna	14 mm
Número de colunas	3
Largura da medianiz	4,233 mm
Extras	N/D

CATÁLOGO CORPORATIVO DA ADOBE SYSTEMS INCORPORATED

Design: Julian Bittiner, MetaDesign San Francisco

Nesta brochura, o MetaDesign expandiu os temas escolhidos para o Relatório Anual de 2003 da Adobe (consulte as páginas 176-177). A estrutura geral era semelhante, mas foram introduzidas cores mais fortes, fotografias mostrando como os aplicativos são utilizados e grandes enunciados tipográficos, todos criados para transmitir o dinamismo da empresa e refletir sua posição como uma marca líder.

Adobe Illustrator CS2
Adobe
Adobe Illustrator CS2
Vector graphics reinvented
Adobe

ESPECIFICAÇÕES DO GRID

Tamanho da página (refilado)	241 x 233 mm
Margem superior	8,46 mm
Margem inferior	9,87 mm
Margem externa	9 mm
Margem interna	45 mm
Número de colunas	5
Largura da medianiz	N/D
Extras	N/D

EMBALAGEM DO ADOBE ILLUSTRATOR CS2:

Design: Hui-Ling Chen e Brett Wickens, MetaDesign San Francisco

Em 2003, a Adobe introduziu o Creative Suite e contratou o MetaDesign para que ajudasse a criar um novo "vínculo emotivo" com seu público graficamente sofisticado, reformulando a embalagem e os materiais relacionados. O artista Nick Veasey, que trabalha em um estúdio especialmente equipado para radiografia, capturou as radiografias utilizadas na embalagem e no sistema de ícones. Essas imagens revelam as fórmulas matemáticas que definem muitas formas encontradas na natureza – e muitas vezes são utilizadas pelos designers para desenvolver estruturas de grid geométricas. Mas, embora o padrão de crescimento de uma concha ou a forma de uma folha sejam determinados por uma fórmula fixa, não existem duas conchas ou folhas exatamente iguais – o Meta Design utilizou isso como uma metáfora para ilustrar a variedade de resultados possíveis ao se utilizar um software de computador.

Abbeydale Grange
visual identity guidelines
and digital templates

Identity
ABBEYDALE GRANGE
SPECIALIST MEDIA
ARTS SCHOOL
Logo

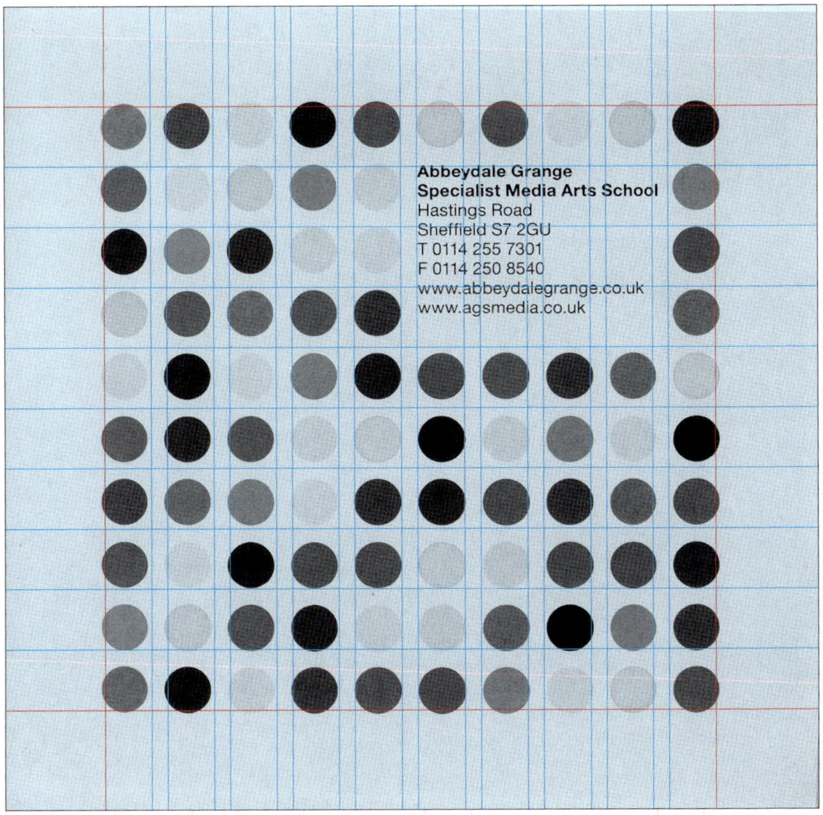

ESPECIFICAÇÕES DO GRID

Tamanho da página (refilado)	1.763 x 160 mm
Margem superior	20 mm
Margem inferior	20 mm
Margem externa	20 mm
Margem interna	20 mm
Número de colunas	140
Largura da medianiz	3,131 mm
Extras	10 campos horizontais

IDENTIDADE VISUAL DA ESCOLA ABBEYDALE GRANGE

Design: Zoë Bather, Studio8 Design

A Abbeydale é uma das escolas envolvidas na iniciativa Joinedupdesignforschools dirigida pela Sorrell Foundation. Essa iniciativa aproxima designers e escolas em que os alunos são os clientes contratantes. Trabalhando com os estudantes, o Studio8 desenvolveu uma nova identidade visual para a escola, criando um logo, artigos de papelaria, um sistema de sinalização, pôsteres, brochuras e diretrizes de design para garantir a implementação da identidade. Para garantir a flexibilidade e a consistência, a designer Zoë Bather empregou uma estrutura de múltiplas colunas, subdividida em uma série de pequenos campos ao longo dos vários itens. O multiculturalismo vibrante da escola – mais de 50 idiomas diferentes são falados lá – é celebrado nos elementos gráficos vivos e coloridos.

80729717521-9 KY05100-6

80729717531-8 KY05101-6

80729721031-6 CUTS-003

RAZ OHARA
HYMN MIXES
A1/JAHCOOZI REMIX//A2/RICHARD DAVIS REMIX//B1/RICHARD DAVIS ACID REPRISE//B2/LITWINENKO REMIX//33RPM
ALL TRACKS WRITTEN AND COMPOSED BY PATRICK RASMUSSEN//A1 REMIXED BY ROBOT KOCH/MIXED DOWN BY OREN GERLITZ AT JAHCOOZI STUDIO//A2 AND B1 REMIXES AND ADDITIONAL PRODUCTION BY RICHARD DAVIS//B2 REMIX AND ADDITIONAL PRODUCTION BY LITWINENKO//ALL TRACKS PUBLISHED BY EDITION BIATHLON/BUDDE MUSIKVERLAG//MASTERED BY HELMUT ERLER AT DUBPLATES AND MASTERING/DESIGN BY ALORENZ BERLIN/MANUFACTURED BY HANDLE WITH CARE/WWW.HANDLEWITHCARE.DE/MADE IN GERMANY/GEMA/LC02816//P AND C 2005 KITTY-YO/WWW.KITTY-YO.COM//WORLDWIDE DISTRIBUTION BY INTERGROOVE/FAX 49(0)69-94547555/ORDER NO. CUTS-003-6//THIS IS SIDE B

CHIKINKI
ETHER RADIO REMIXES
A1/ETHER RADIO JAN DRIVER & SIRIUSMO – BOLT REMIX//A2/ASSASSINATOR 13 ED LALIQ'S ALBION CALL REMIX//B1/ETHER RADIO SERGE SANTIAGO VOCAL 45RPM
ALL TRACKS WRITTEN BY CHIKINKI/COPYRIGHT CONTROL//A1 REMIX AND ADDITIONAL PRODUCTION BY JAN DRIVER AND SIRIUSMO/RECORDED AT THE SUPER-SOUND-SUITE BERLIN/JAN DRIVER APPEARS COURTESY OF GRAND PETROL RECORDINGS GERMANY/WWW.GRANDPETROL.INFO//A2 REMIX AND ADDITIONAL PRODUCTION BY E. BURDIS AND M. LANCASTER//B1 REMIX AND ADDITIONAL PRODUCTION BY SERGE SANTIAGO//MASTERED BY LUPO AT DUBPLATES AND MASTERING//DESIGN BY ALORENZ BERLIN/MANUFACTURED BY HANDLE WITH CARE/MADE IN GERMANY/GEMA/LC02816//A1 AND A2 P AND C 2005 KITTY-YO/WWW.KITTY-YO.COM//B1 P AND C 2004 AND 2005 UNIVERSAL ISLAND RECORDS LTD. UNDER EXCLUSIVE LICENSE TO KITTY-YO//WORLDWIDE DISTRIBUTION BY INTERGROOVE/FAX 49(0)69-94547555/ORDER NO. CUTS-001-6//THIS IS SIDE B

SEX IN DALLAS AND BILADOLL
GRAND OPENING EP
A1/GRAND OPENING//A2/THREADS//B1/THREADS KIDNAP'S PITCH BLACK LAKE MIX//B2/GRAND OPENING KONDYLOM REMIX BY GUI.TAR//33RPM
ALL TRACKS WRITTEN AND COMPOSED BY ADRIEN WALTER/MIA VON MATT/DAVID DUCARUGE//COPYRIGHT CONTROL//B1 ADDITIONAL REMIX PRODUCTION BY KIDNAP/THORSTEN MINNING AND CORINNA VIDIC/WWW.THEKIDNAP.NET//B2 ADDITIONAL REMIX PRODUCTION BY GUI.TAR WHO APPEARS COURTESY OF CARELESS//ALL TRACKS RECORDED MIXED AND PRODUCED BY KIDNAP/A2 COPRODUCED BY SEX IN DALLAS AND BILADOLL//MASTERED BY ANDREAS AT SCHNITTSTELLE//DESIGN ALORENZ BERLIN/MANUFACTURED BY HANDLE WITH CARE/MADE IN GERMANY/GEMA//P AND C KITTY-CUTS 2005//WORLDWIDE DISTRIBUTION BY INTERGROOVE/FAX 0049(0)69-94547555/ORDER NO KY05100-6//THIS IS SIDE B

LITWINENKO
REISEFIEBER EP
A1/REISEFIEBER//B1/KAUBEAT//B2/OLTIMER//45RPM
ALL TRACKS WRITTEN AND PRODUCED BY LITWINENKO/TIMING MUSIC PUBLISHING/ARABELLA MUSIKVERLAG//MASTERED BY ANDREAS AT SCHNITTSTELLE//DESIGN ALORENZ BERLIN/MANUFACTURED BY HANDLE WITH CARE/MADE IN GERMANY/GEMA//P AND C KITTY-CUTS 2005//WORLDWIDE DISTRIBUTION BY INTERGROOVE/FAX 0049(0)69-94547555/ORDER NO KY05101-6//THIS IS SIDE B

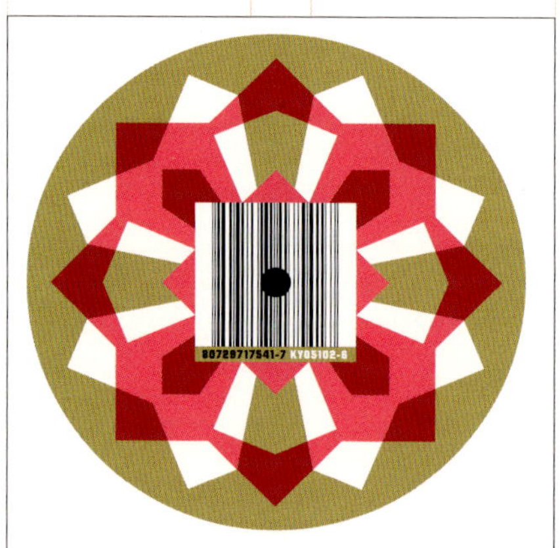
80729717541-7 KY05102-6

GOLD CHAINS & SUE CIE
CROWD CONTROL REMIXES
A1/CROWD CONTROL PHON.O REMIX//A2/CROWD CONTROL TOPHER LA FATA'S ALTERNATE VERSION//B1/CROWD CONTROL CB FUNK REMIX//33RPM
ALL TRACKS WRITTEN AND COMPOSED BY TOPHER LAFATA AND SUE COSTABILE/SEASIDE CITY MUSIC//A1 ADDITIONAL REMIX PRODUCTION BY PHON.O WHO APPEARS COURTESY OF SHITKATAPULT WWW.SHITKATAPULT.COM//A2 ADDITIONAL REMIX PRODUCTION BY TOPHER LA FATA//B1 ADDITIONAL REMIX PRODUCTION BY CB FUNK WHO APPEARS COURTESY OF PUNKT MUSIC//PRODUCED BY TOPHER LA FATA/VLADISLAV DELAY/SUE COSTABILE//RECORDED AT ZOMBIE STUDIOS SAN FRANCISCO BY GCSC//MIXED BY VLADISLAV DELAY AND TOPHER LAFATA AT BASSDRESS BERLIN//MASTERED BY ANDREAS AT SCHNITTSTELLE//DESIGN ALORENZ BERLIN/MANUFACTURED BY HANDLE WITH CARE/MADE IN GERMANY/GEMA//UNDER EXCLUSIVE LICENSE OF KILL ROCK STARS/P KILL ROCK STARS/C KITTY-CUTS 2005//WORLDWIDE DISTRIBUTION BY INTERGROOVE/FAX 49(0)69-94547555/ORDER NO KY05102-6//SIDE B

KITTY CUTS

Design: Angela Lorenz, alorenz, Berlin/Wien

Tomando o nome da série ao pé da letra (em alemão "cortar" é "Schnitt" e "intersecção" é "Schnittmenge"), Angela Lorenz criou o design do rótulo desses EPs de 12 polegadas fazendo parecer que ele corta o quadrado central que contém o código de barras. Girando, ampliando e repetindo essa forma ao longo da sua diagonal, a artista criou formas de estrela que se parecem com as imagens criadas por um caleidoscópio ou pelos reflexos de uma jóia lapidada. Embora Lorenz não trabalhe com um grid horizontal/vertical tradicional, as formas resultantes são repetitivas e geometricamente derivadas.

ESPECIFICAÇÕES DO GRID

Tamanho da página (refilado)	100 x 100 mm
Margem superior	Sangrada
Margem inferior	Sangrada
Margem externa	Sangrada
Margem interna	Sangrada
Número de colunas	N/D
Largura da medianiz	N/D
Extras	Grid desenvolvido a partir do quadrado de 32 mm de unidade de base

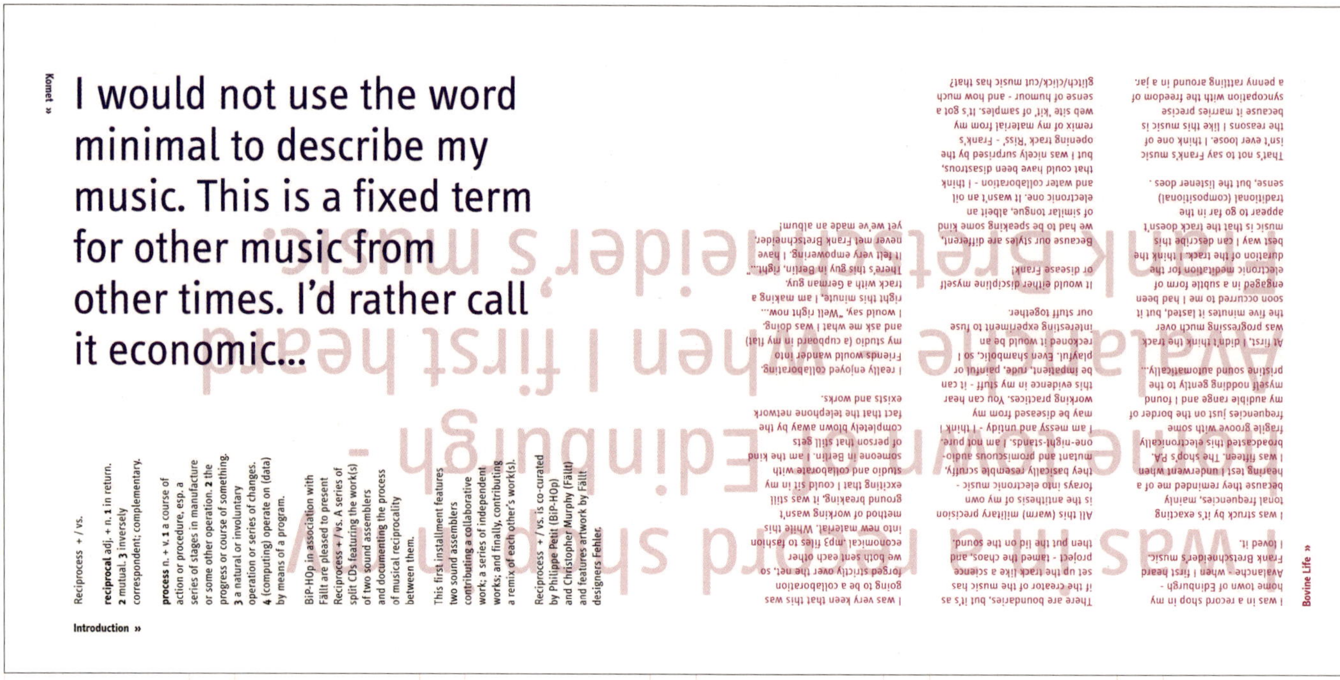
Komet »
I would not use the word minimal to describe my music. This is a fixed term for other music from other times. I'd rather call it economic...
Introduction »
Reciprocess + / vs.
reciprocal adj. + n. 1 in return. 2 mutual. 3 inversely correspondent; complementary.
process n. + v. 1 a course of action or procedure, esp. a series of stages in manufacture or some other operation. 2 the progress or course of something. 3 a natural or involuntary operation or series of changes. 4 (computing) operate on (data) by means of a program.
BiP-HOp in association with Fällt are pleased to present Reciprocess + / vs. A series of split CDs featuring the work(s) of two sound assemblers and documenting the process of musical reciprocality between them.
This first installment features two sound assemblers contributing a collaborative work; a series of independent works; and finally, contributing a remix of each other's work(s).
Reciprocess + / vs. is co-curated by Philippe Petit (BiP-HOp) and Christopher Murphy (Fällt) and features artwork by Fällt designers Fehler.

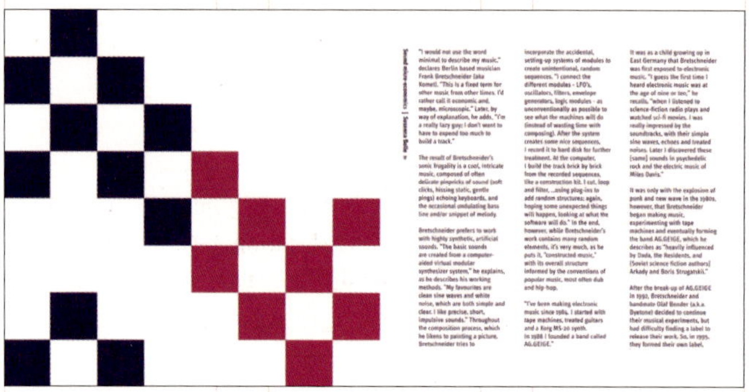

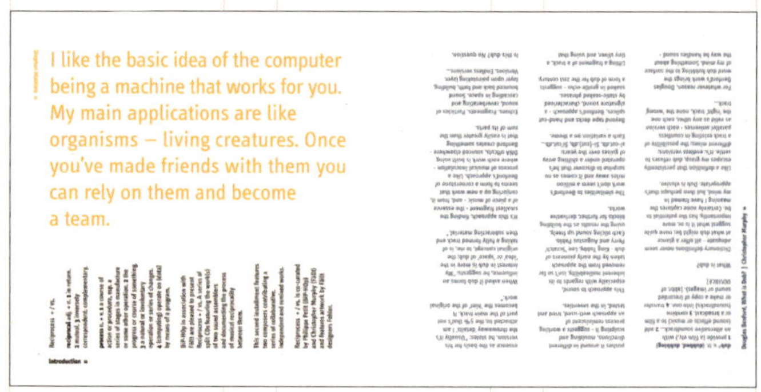
I like the basic idea of the computer being a machine that works for you. My main applications are like organisms – living creatures. Once you've made friends with them you can rely on them and become a team.
Introduction »

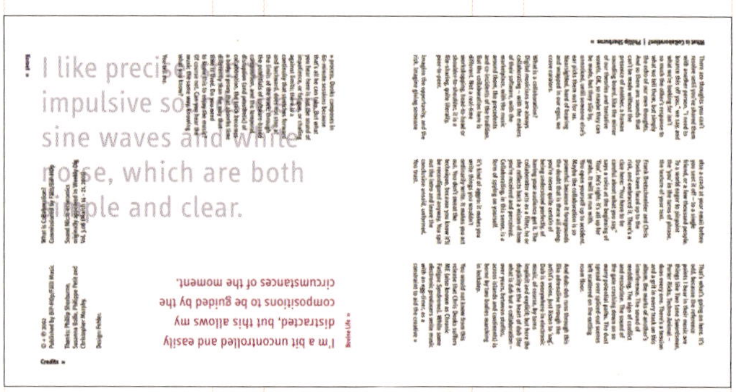
Credits »

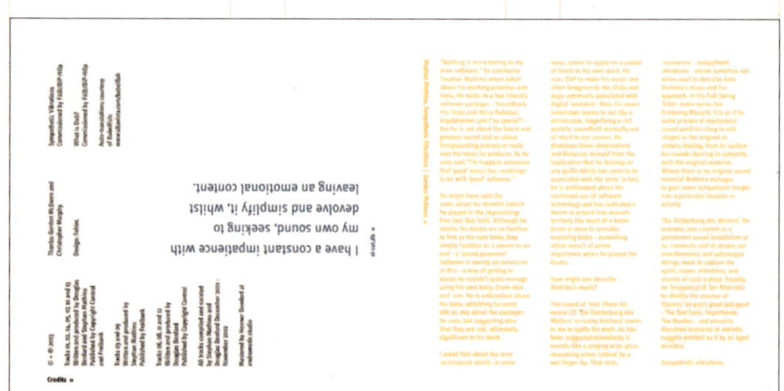
Credits »

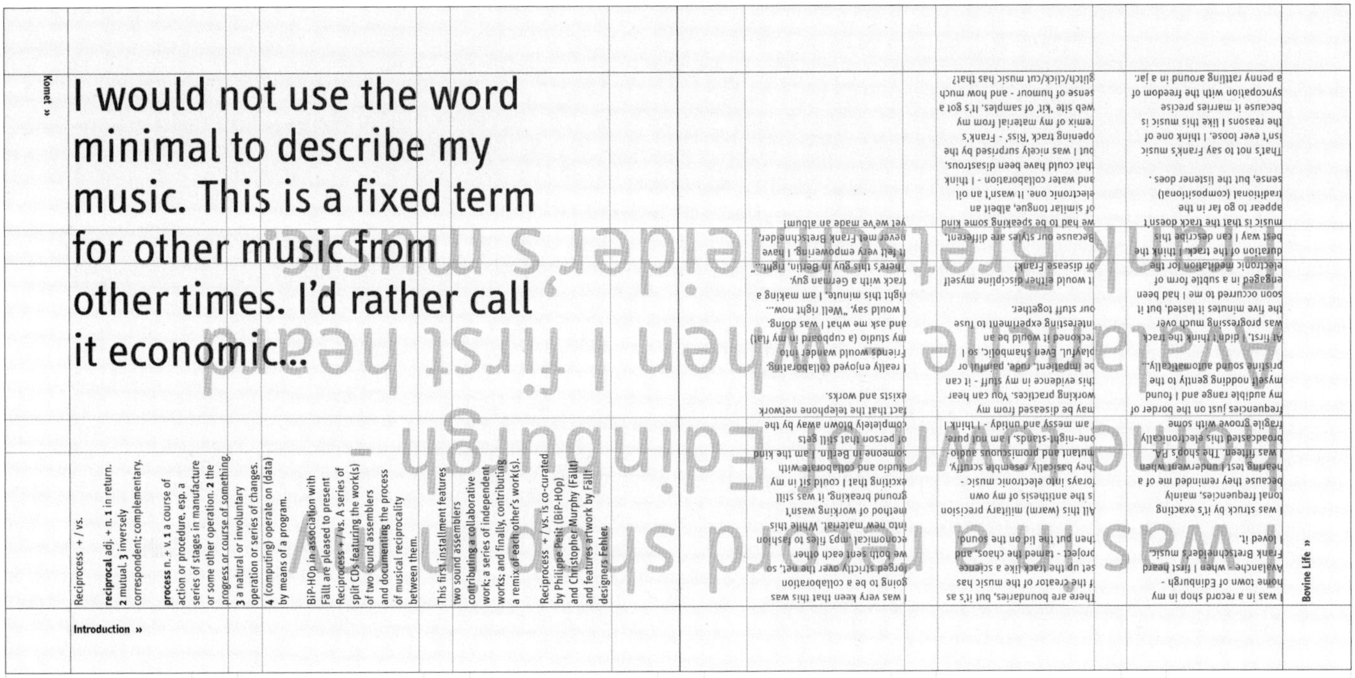

ESPECIFICAÇÕES DO GRID

Tamanho da página (refilado)	120 x 120 mm
Margem superior	12 mm
Margem inferior	12 mm
Margem externa	12 mm
Margem interna	12 mm
Número de colunas	3
Largura da medianiz	6 mm
Extras	Grid de linhas de base, 12,7 mm; 3 campos horizontais

+/VS.

Design: Fehler

Esta série de CDs apresenta trilhas sonoras de dois artistas diferentes. Cada um contribui com faixas solo e também com um remix do trabalho do outro, portanto, o briefing era criar um design que não privilegiasse um artista em detrimento do outro. Uma solução democrática foi alcançada criando um grid que é lido em quatro direções: lado direito superior para um artista, lado direito inferior para o outro, com outros dois eixos para comentários e ensaios.

Pôsteres & flyers

SUNSHINE
ICARUS II
MISSION STATEMENT
SUN'S COMPOSITION
CREW
CAPA
CASSIE
CORAZON
HARVEY
KANEDA
MACE
SEARLE
TREY
TEAM PHOTO
SPACESUIT
TECHNICAL
SUN FACTS
SUN FACTS
MISSION BADGE
ICARUS II
奔日計劃

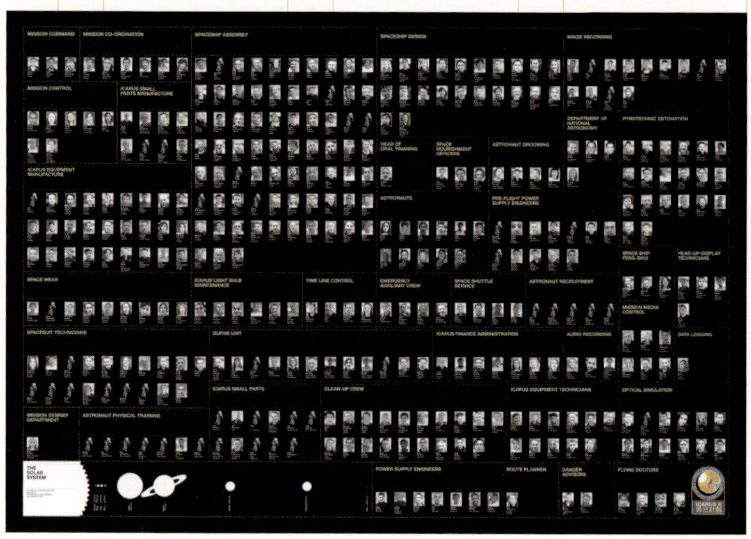

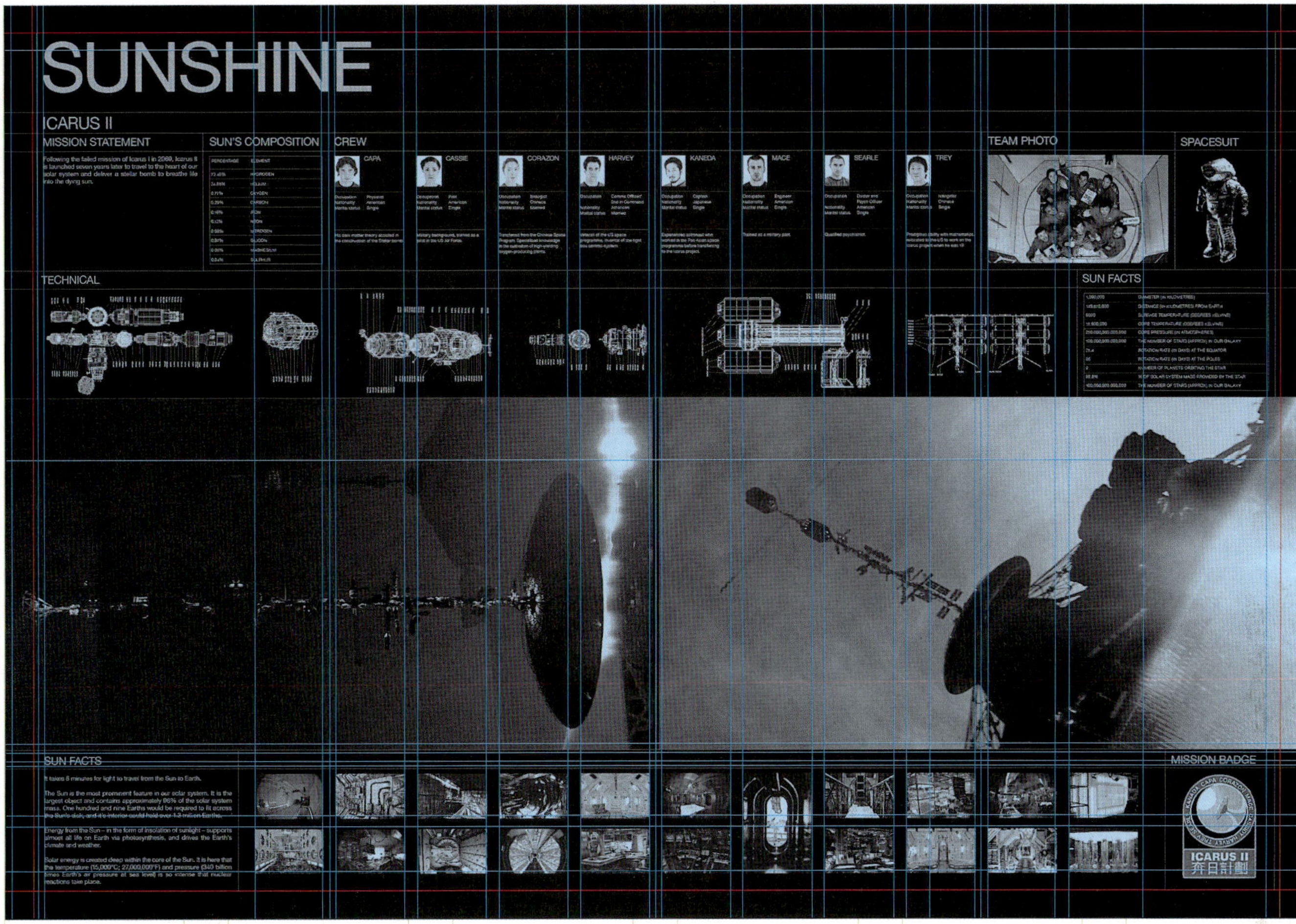

ESPECIFICAÇÕES DO GRID

Tamanho da página (refilado)	100 x 700 mm
Margem superior	21 mm
Margem inferior	21 mm
Margem externa	21 mm
Margem interna	21 mm
Número de colunas	38
Largura da medianiz	37 mm
Extras	Frente: 10 campos horizontais
	Verso: 17 campos horizontais

SUNSHINE

Design: Airside

Este pôster desdobrável com dupla face foi criado para a DNA Films como um presente para a equipe que participou da produção do filme *Sunshine*. O verso do pôster mostra os créditos da equipe de produção como membros de uma missão espacial. O grid não foi determinado apenas pelo conteúdo e tamanho da página, mas planejado para que as imagens dos mais de 400 membros da equipe, e todas as informações relevantes, se ajustassem em um dos lados do pôster sem que qualquer imagem ou texto caísse em uma das três dobras.

fad
la incubadora
del fad
PFC
Per Fi
Comencem!
el termòmetre
de la creativitat
emergent de catalunya
inauguració
dilluns 04.12.06
19:30 h.
L'exposició que, per primer cop i en un sol espai, recull els millors Projectes Final de Carrera 2005-2006 de les escoles de disseny, arquitectura, art i comunicació de Catalunya. També hi trobareu els projectes guanyadors de la
darrera edició dels premis per a estudiants organitzats per les associacions del FAD.
Exposició
05-22.12.06
De dilluns a divendres, d'11:00 a 20:00 h.
Sala d'exposicions del FAD
FAD
Plaça dels Àngels 5-6
08001 Barcelona
T 93 443 75 20
F 93 329 60 79
fad@fadweb.org
www.fadweb.org
Amb la col·laboració de:
Generalitat de Catalunya
Departament
de Cultura
Institut de
cultura

fad
Contactes
Anuari
de la creativitat
del FAD 2007
Contactos
Anuario
de la creatividad
del FAD 2007
Socis professionals i estudiants
Socios profesionales y estudiantes
català > www.fadweb.org/contactos/
castellano > www.fadweb.org/contactos/CAST/
Empreses col·laboradores
Empresas colaboradoras
català > www.fadweb.org/contactos/empreses/ca
castellano > www.fadweb.org/contactos/empreses/es
Escoles
Escuelas
català > www.fadweb.org/contactos/escoles/ca
castellano > www.fadweb.org/contactos/escoles/es

mestres
la cadena del fad
Rosa Ventós
mestres
la cadena del fad
Oriol Bohigas
mestres
la cadena del fad
Albert
Ràfols-Casamada

N.05
gener
2007
agenda
del fad
fadzine
Foment
de les Arts
i del Disseny
la mosca
del fad
altres
activitats
fad

adi
fad
Associació de Disseny Industrial
Asociación de Diseño Industrial
Association of Industrial Design

moda
fad
Associació d'Imatge i Moda
Asociación de Imagen y Moda
Association of Image and Fashion

fad
Foment de les Arts i del Disseny
Fomento de las Artes y del Diseño
Fostering Arts and Design
Plaça dels Àngels 5-6
08001 Barcelona
Tel. +34 93 443 75 20
Fax +34 93 329 60 79
fad@fadweb.org
www.fadweb.org
Amb el suport de
Con el apoyo de
Supported by
arquia

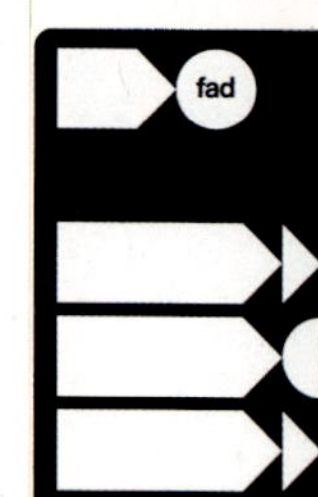
fad

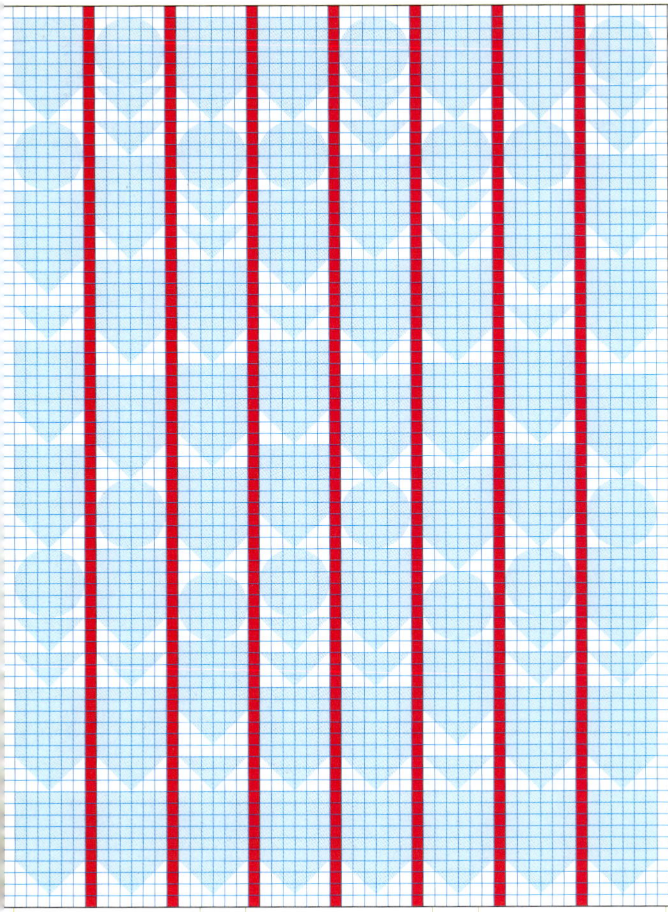

ESPECIFICAÇÕES DO GRID

Tamanho da página (refilado)	Redimensionável, conforme necessário
Margem superior	1 unidade de base
Margem inferior	1 unidade de base
Margem externa	1 unidade de base
Margem interna	1 unidade de base
Número de colunas	Flexível
Largura da medianiz	1 unidade de base
Extras	Grid desenvolvido a partir da unidade de base – quadrado

DIRETRIZES DA FAD

Design: BaseDESIGN

Três formas básicas – o quadrado, o triângulo e o círculo – constituem o núcleo do sistema gráfico da identidade visual feito pela BaseDESIGN para a FAD (Foment de les Arts Decoratives), uma agência cultural espanhola sem fins lucrativos que promove o design, a arquitetura e a arte. O grid é determinado por múltiplos dessas formas, criando faixas verticais e horizontais ao longo da página. Essas faixas são então utilizadas como colunas e os campos ficam em um grid convencional.

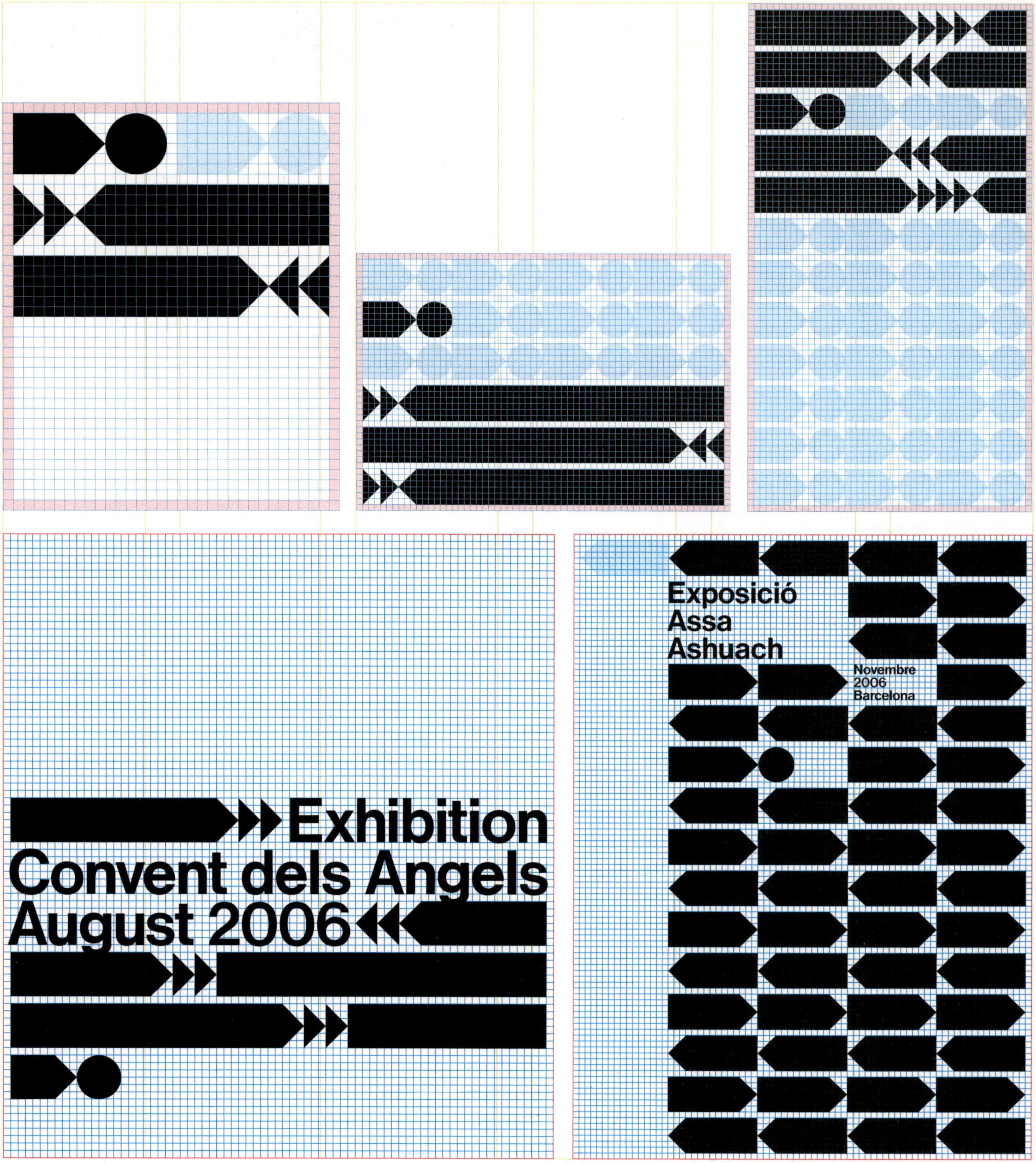
Exhibition
Convent dels Angels
August 2006
Exposició
Assa
Ashuach
Novembre
2006
Barcelona

Encuentros
Camper
FAD
Campana Brothers
Conferència
01.12 / 19:30h
FAD
CAMPER
fad

Encuentros
Camper
FAD
Campana Brothers
Conferència
01.12 / 19:30h
FAD
CAMPER
fad

01/11
02/11
03/11
THE
04/11
05/11
06/11
WAS
I
07/11
06/11
05/11
04/11
I
WAS
THERE
01/11
02/11
03/11
YOU
ARE
HERE

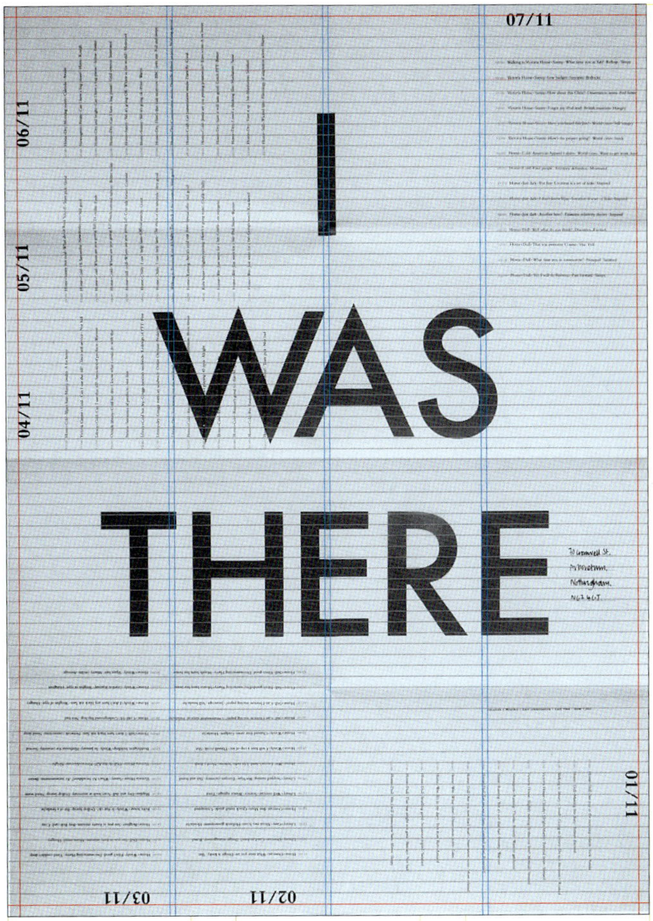

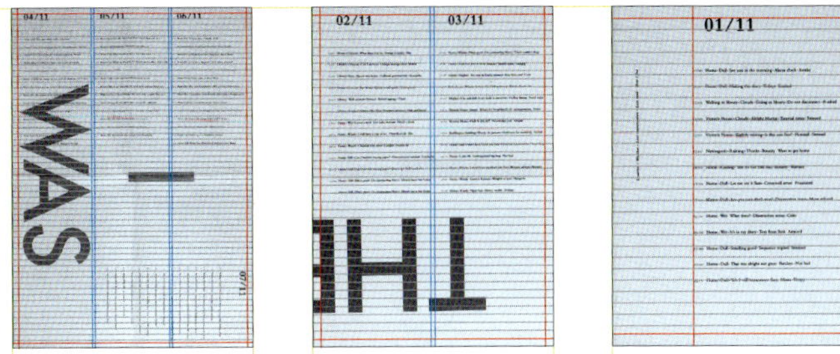

PROJETO PESSOAL

Design: George Adams

Este é um projeto pessoal que documenta uma semana na vida do designer George Adams. Cada hora do dia é representada tipograficamente utilizando categorias como "minha localização" e "minha última conversa" para ajudar o espectador a navegar pela peça. Adams estava interessado na maneira como os tamanhos de papel padrão A poderiam ser divididos em áreas que representassem unidades de tempo. Quando dobrada em A4 (210 x 297 mm [8⅛ x 11⅝ pol.]), somente o primeiro dia permanece visível – a semana completa é exibida quando a folha é desdobrada no formato A1 (594 x 841 mm [c. 23½ x 33 pol.]).

ESPECIFICAÇÕES DO GRID

Tamanho da página (refilado)	A1 (594 x 841 mm [c, 23½ x 33 pol.]) dobrada para A4 (210 x 297 mm [c. 8⅛ x 11⅝ pol.])
Margem superior	Todas as folhas: 10 mm
Margem inferior	Todas as folhas: 10 mm
Margem externa	A1, A2 e A3: 10 mm / A4: 70 mm
Margem interna	Todas as folhas: 10 mm
Número de colunas	A1: 4 / A2: 3 / A3: 2 / A4: 1
Largura da medianiz	5 mm
Extras	Grid de linhas de base, 10 mm

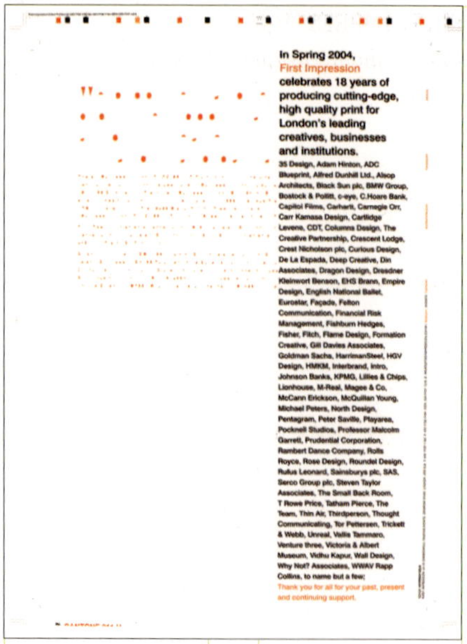

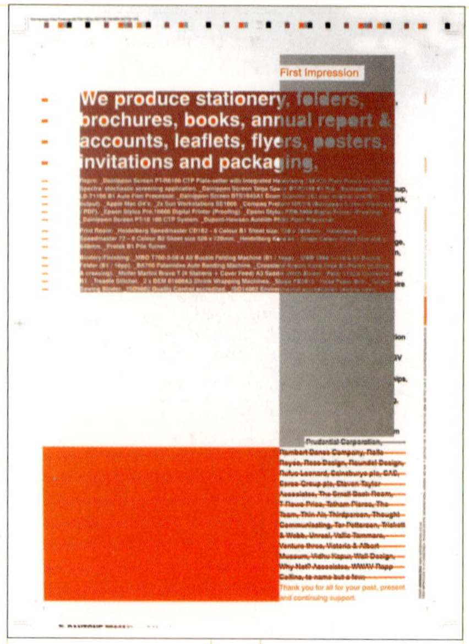

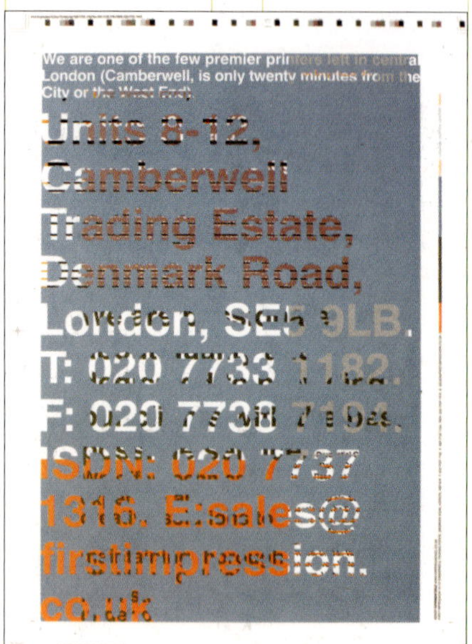

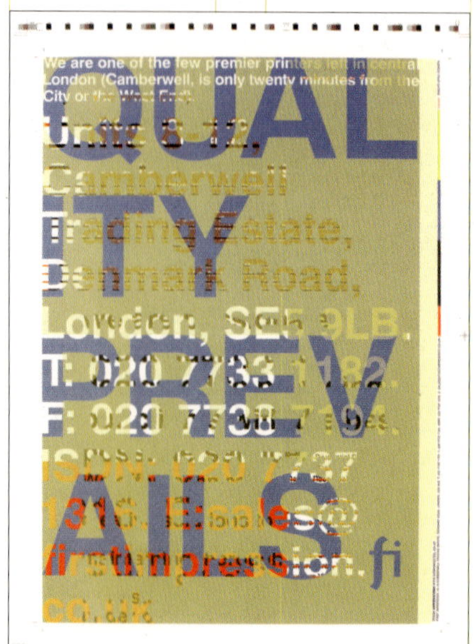

ESPECIFICAÇÕES DO GRID

Tamanho da página (refilado)	495 x 694 mm
Margem superior	67 mm
Margem inferior	40 mm
Margem externa	40 mm
Margem interna	40 mm
Número de colunas	1
Largura da medianiz	N/D
Extras	N/D

FIRST IMPRESSION

Design: Julian Harriman-Dickinson, Harriman Steel

Quando Julian Harriman-Dickinson foi solicitado a criar uma nova mala-direta comercial para uma gráfica, ele decidiu transformar o briefing em um desafio, a fim de criar o trabalho de impressão mais difícil que uma gráfica já fez. Estes cinco pôsteres utilizam sobreimpressão para demonstrar a alta qualidade do registro e da impressão. Na primeira tiragem de 5 mil, mil foram distribuídos e os 4 mil restantes foram superimpressos com informações adicionais; mil destes foram distribuídos e assim por diante, até que todas as malas-direta fossem distribuídas. Dessa maneira, a estrutura subjacente foi gradualmente revelada.

Luke Wood is the Head of Design at the University of Canterbury and a practising designer. He designed and exhibited a typeface replicating the script of Colin McCahon's word paintings, and recently held a residency at Hatch Show Prints in Nashville.
Hamish Thompson is the author and designer of Paste-up: A Century of New Zealand Poster Art. Trained at the Basel School of Design in Switzerland, he has taught, written about and practised design for over 20 years.
Catherine Griffiths is an innovative typographer who designed the BEST Design Award-winning Wellington Writers Walk and gave a new meaning to concrete poetry. Design from her Wellington studio, Epitome, spans print and architecture.
OLD SCHOOL
NEW SCHOOL
TRUETYPE SCHOOL
3 DESIGNERS SPEAK
Hamish Thompson 'Poster Design'
Mon 15 Aug 12-1pm
St David 1
Catherine, Hamish & Luke Tues 16
Open Lecture Aug 6.30pm
Archway 3
Catherine & Luke 'Design & Typography'
seminar Wed 17 Aug 1-2pm
Design Studies CApSc 1.05
Brought to you by:
New Zealand Print Culture Area of Research Strength
DINZ (Designers Institute of New Zealand)
Design Studies | Te Toki a Rata

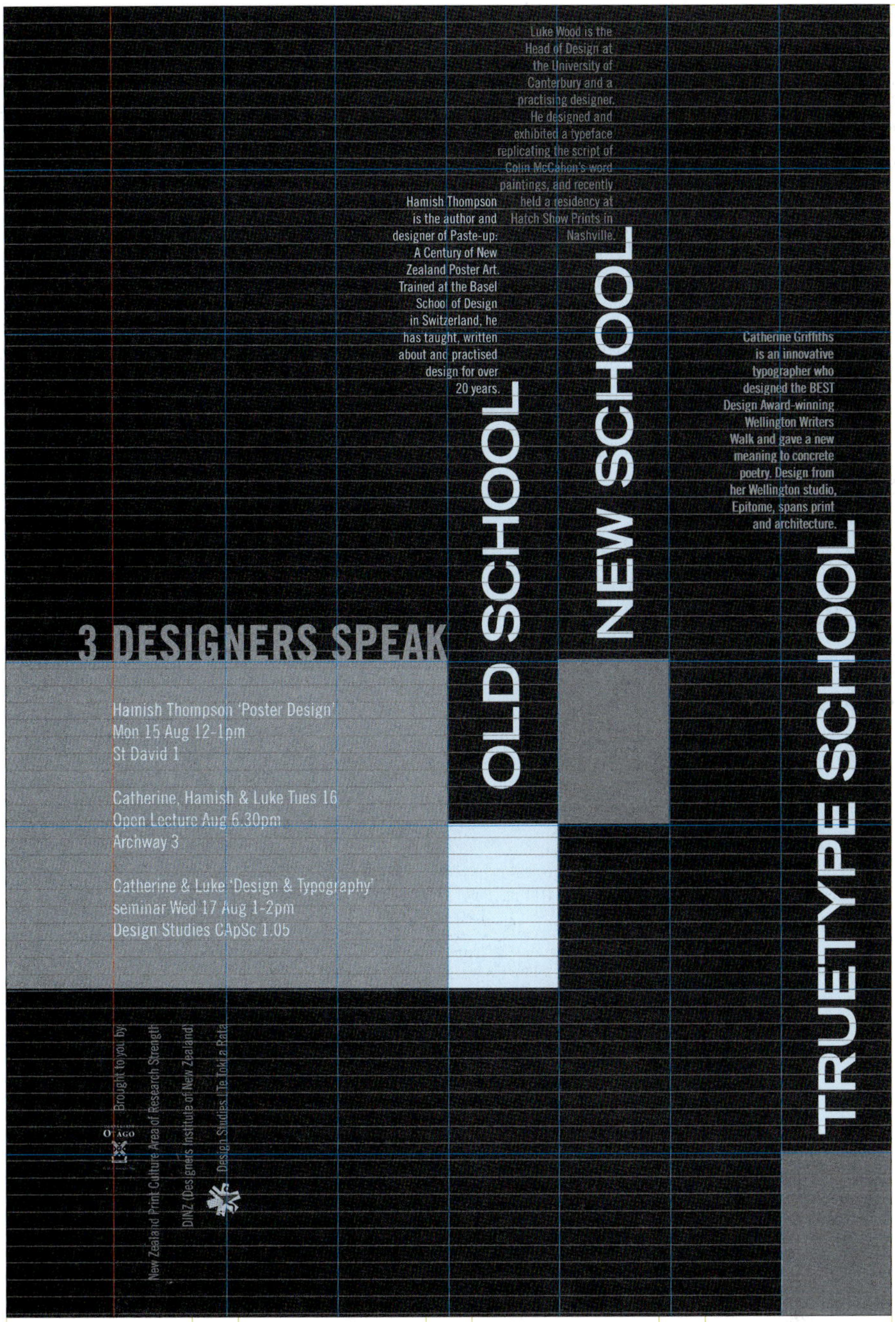

ESPECIFICAÇÕES DO GRID

Tamanho da página (refilado)	400 x 600 mm
Margem superior	N/D
Margem inferior	N/D
Margem externa	N/D
Margem interna	50 mm
Número de colunas	8
Largura da medianiz	N/D
Extras	Grid desenvolvido a partir da unidade de base – retângulo com a razão de 2:3; grid de linhas de base, 22 pt; 8 campos horizontais

OLD SCHOOL, NEW SCHOOL, TRUETYPE SCHOOL

Design: Lightship Visual

Este pôster foi criado para uma série de conferências sobre design gráfico na University of Otago, Nova Zelândia. A área superficial do pôster é dividida para formar oito campos verticais e oito campos horizontais. O fundo cinza fornece uma base neutra para os painéis retangulares coloridos que correspondem a esse sistema de organização subjacente e dirigem a atenção para a estrutura do pôster. A decisão do designer Stuart Medley de posicionar o grid no primeiro plano como um princípio organizacional veio do quadro de conferencistas, que incluía designers que tiveram aulas com Emil Ruder e Wolfgang Weingart.

In 1968...
Adrian Frutiger «
was commissioned to develop a signage system suited to the
architecture of the new Charles de Gaulle Airport
outside Paris;
he designed
a simple, clean, robust sans serif type that is highly legible.
In 1976...
Frutiger completed the family
for the Stempel foundry.
Despite its original intention as airport signage,
Frutiger has a universal quality that makes it appropriate for many applications;
a favorite typeface
among advertising agencies,
it is equally successful in text and display work.
frutiger.
november
30
Typography Lecture Series
Spotlight on ADRIAN FRUTIGER
Gutenberg Lecture Hall @ 8:00pm
For more information, please visit
www.TYPOGRAPHIA.com

ESPECIFICAÇÕES DO GRID

Tamanho da página (refilado)	457,2 x 609,6 mm
Margem superior	Sangrada
Margem inferior	Sangrada
Margem externa	Sangrada
Margem interna	Sangrada
Número de colunas	11
Largura da medianiz	N/D
Extras	Grid rotacionado; 8 campos horizontais

PÔSTER DA SÉRIE DE CONFERÊNCIAS DO DESIGNER ADRIAN FRUTIGER

Design: Reggie Hidalgo, The Art Institute of California

Este pôster promove uma série de conferências sobre tipografia, em particular, sobre o trabalho de Adrian Frutiger. O pôster utiliza uma série de alinhamentos angulados e é dividido em 11 colunas e oito campos horizontais. Embora esse não seja um grid convencional, composto de colunas iguais ou de campos e medianizes, ele lembra a abordagem organizacional seguida pelos expoentes da escola suíça no design de pôsteres. Utilizando esses métodos, a diretora de arte Maggie Rossoni e a designer Reggie Hidalgo criaram uma peça dinâmica de informações de design fácil de navegar.

the
Babyshambles Sessions
1, 2 & 3
available for download from : http://www.babyshambles.net
....at the end of his tether, Barât quit the session halfway through. Doherty, true to form, made the abandoned demos available for free on the internet, calling them The Babyshambles Sessions.

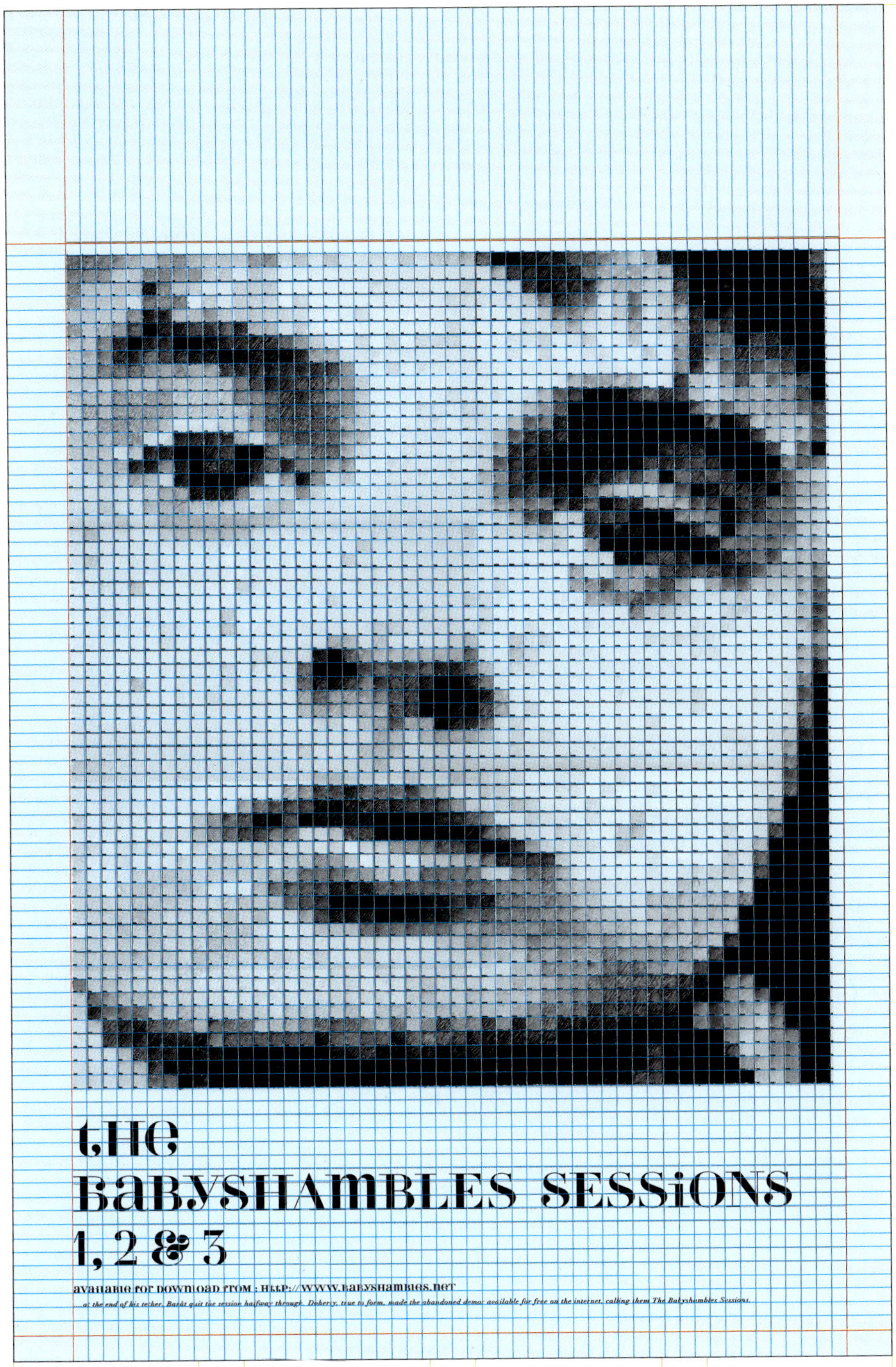

ESPECIFICAÇÕES DO GRID

Tamanho da página (refilado)	580 x 990 mm
Margem superior	170 mm
Margem inferior	20 mm
Margem externa	30 mm
Margem interna	40 mm
Número de colunas	26
Largura da medianiz	N/D
Extras	40 linhas horizontais

BABYSHAMBLES SESSIONS

Design: Peter Crnokrak, ±

As Babyshambles Sessions são uma série de sessões de estúdio da banda The Libertines gravadas alguns meses antes da separação do grupo e disponibilizadas para download gratuito por Pete Doherty. Esse protótipo de pôster promocional apresenta um grid de 3.050 quadrados de 1 x 1 cm – cada um pintado à mão utilizando canetas de marcação Pantone Tria sobre Lambda Duraflex – que compõem uma imagem do rosto de Doherty. O designer Peter Crnokrak quis que os quadrados pintados à mão comunicassem o contraste entre o meio digital das sessões e o conteúdo acústico lo-fi das músicas.

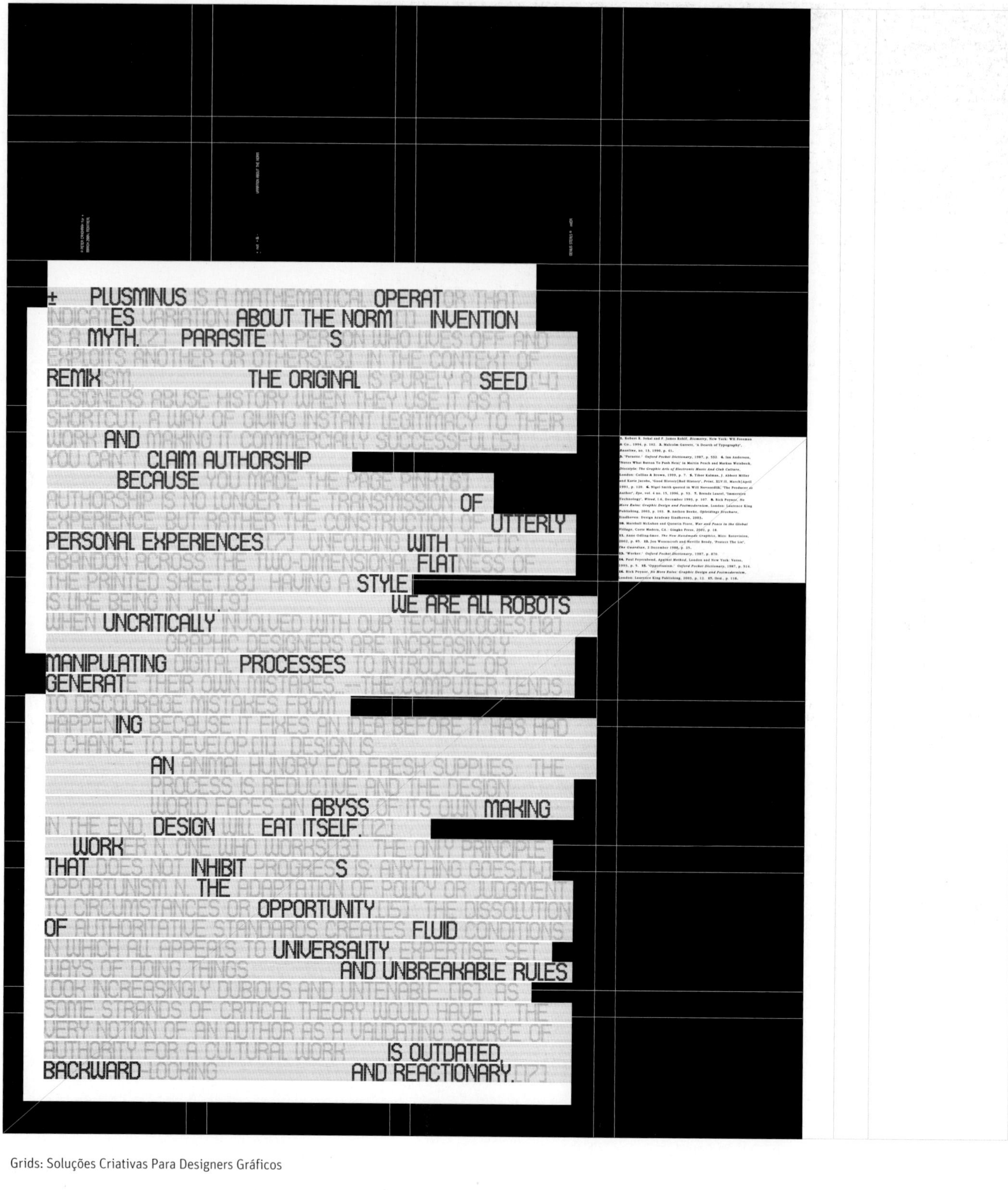
± PLUSMINUS IS A MATHEMATICAL OPERATOR THAT
INDICATES VARIATION ABOUT THE NORM.[1] INVENTION
IS A MYTH.[2] PARASITE N. PERSON WHO LIVES OFF AND
EXPLOITS ANOTHER OR OTHERS.[3] IN THE CONTEXT OF
REMIXISM, THE ORIGINAL IS PURELY A SEED.[4]
DESIGNERS ABUSE HISTORY WHEN THEY USE IT AS A
SHORTCUT, A WAY OF GIVING INSTANT LEGITIMACY TO THEIR
WORK AND MAKING IT COMMERCIALLY SUCCESSFUL.[5]
YOU CAN'T CLAIM AUTHORSHIP
BECAUSE YOU MADE THE PAGE PINK.[6]
AUTHORSHIP IS NO LONGER THE TRANSMISSION OF
EXPERIENCE, BUT RATHER THE CONSTRUCTION OF UTTERLY
PERSONAL EXPERIENCES.[7] UNFOLDING WITH KINETIC
ABANDON ACROSS THE TWO-DIMENSIONAL FLATNESS OF
THE PRINTED SHEET.[8] HAVING A STYLE
IS LIKE BEING IN JAIL.[9] WE ARE ALL ROBOTS
WHEN UNCRITICALLY INVOLVED WITH OUR TECHNOLOGIES.[10]
GRAPHIC DESIGNERS ARE INCREASINGLY
MANIPULATING DIGITAL PROCESSES TO INTRODUCE OR
GENERATE THEIR OWN MISTAKES...–THE COMPUTER TENDS
TO DISCOURAGE MISTAKES FROM
HAPPENING BECAUSE IT FIXES AN IDEA BEFORE IT HAS HAD
A CHANCE TO DEVELOP.[11] DESIGN IS
AN ANIMAL HUNGRY FOR FRESH SUPPLIES. THE
PROCESS IS REDUCTIVE AND THE DESIGN
WORLD FACES AN ABYSS OF ITS OWN MAKING.
IN THE END, DESIGN WILL EAT ITSELF.[12]
WORKER N. ONE WHO WORKS.[13] THE ONLY PRINCIPLE
THAT DOES NOT INHIBIT PROGRESS IS: ANYTHING GOES.[14]
OPPORTUNISM N. THE ADAPTATION OF POLICY OR JUDGMENT
TO CIRCUMSTANCES OR OPPORTUNITY.[15] THE DISSOLUTION
OF AUTHORITATIVE STANDARDS CREATES FLUID CONDITIONS
IN WHICH ALL APPEALS TO UNIVERSALITY, EXPERTISE, SET
WAYS OF DOING THINGS AND UNBREAKABLE RULES
LOOK INCREASINGLY DUBIOUS AND UNTENABLE...[16] AS
SOME STRANDS OF CRITICAL THEORY WOULD HAVE IT, THE
VERY NOTION OF AN AUTHOR AS A VALIDATING SOURCE OF
AUTHORITY FOR A CULTURAL WORK IS OUTDATED,
BACKWARD-LOOKING AND REACTIONARY.[17]
1. Robert R. Sokal and F. James Rohlf, Biometry, New York: WH Freeman & Co., 1994, p. 102. 2. Malcolm Garrett, 'A Dearth of Typography', Baseline, no. 13, 1990, p. 41.
3. 'Parasite.' Oxford Pocket Dictionary, 1987, p. 552. 4. Ian Anderson, 'Notes What Button To Push Next' in Martin Pesch and Markus Weisbeck, Discstyle: The Graphic Arts of Electronic Music And Club Culture, London: Collins & Brown, 1999, p. 7. 5. Tibor Kalman, J. Abbott Miller and Karie Jacobs, 'Good History|Bad History', Print, XLV:II, March|April 1991, p. 120. 6. Nigel Smith quoted in Will Novosedlik, 'The Producer as Author', Eye, vol. 4 no. 15, 1996, p. 55. 7. Brenda Laurel, 'Immersive Technology', Wired, 1.6, December 1993, p. 107. 8. Rick Poynor, No More Rules: Graphic Design and Postmodernism, London: Laurence King Publishing, 2003, p. 105. 9. Anthon Beeke, Opleidings Brochure, Eindhoven: Design Academy Eindhoven, 2003.
10. Marshall McLuhan and Quentin Fiore, War and Peace in the Global Village, Corte Madera, CA.: Gingko Press, 2001, p. 18.
11. Anne Odling-Smee, The New Handmade Graphics, Mies: Rotovision, 2002, p. 85. 12. Jon Wozencroft and Neville Brody, 'Protect The Lie', The Guardian, 2 December 1988, p. 25.
13. 'Worker.' Oxford Pocket Dictionary, 1987, p. 870.
14. Paul Feyerabend, Against Method, London and New York: Verso, 1993, p. 5. 15. 'Opportunism.' Oxford Pocket Dictionary, 1987, p. 514.
16. Rick Poynor, No More Rules: Graphic Design and Postmodernism, London: Laurence King Publishing, 2003, p. 12. 17. Ibid., p. 118.

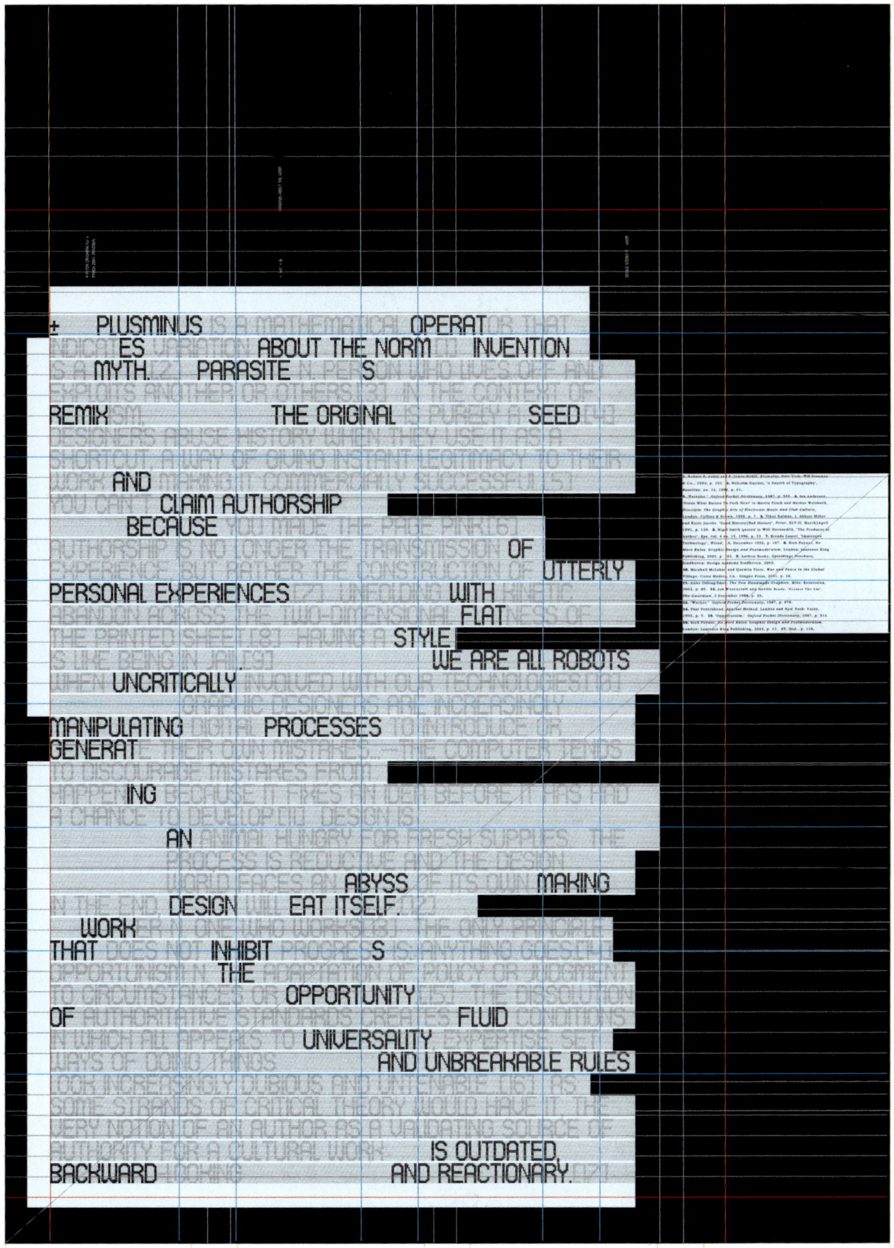

ESPECIFICAÇÕES DO GRID

Tamanho da página (refilado)	840 x 1.170 mm
Margem superior	193 mm
Margem inferior	41 mm
Margem externa	154 mm
Margem interna	49 mm
Número de colunas	4
Largura da medianiz	N/D
Extras	8 campos horizontais, 6 linhas por campo

MANIFESTO WORKER/PARASITE

Design: Peter Crnokrak, ±

O manifesto ± worker/parasite utiliza declarações apropriadas e elementos gráficos "remixados" pelo designer Peter Crnokrak. O original cita tudo aquilo relacionado de alguma forma a noções de originalidade, autoria e regras (incluindo o uso do grid) no design gráfico. Eles foram impressos em linhas horizontais cinza-claro que só podem ser lidas a partir de certa distância, enquanto o texto do manifesto é destacado em preto, deixando claro o que é um paradoxo para Crnokrak.

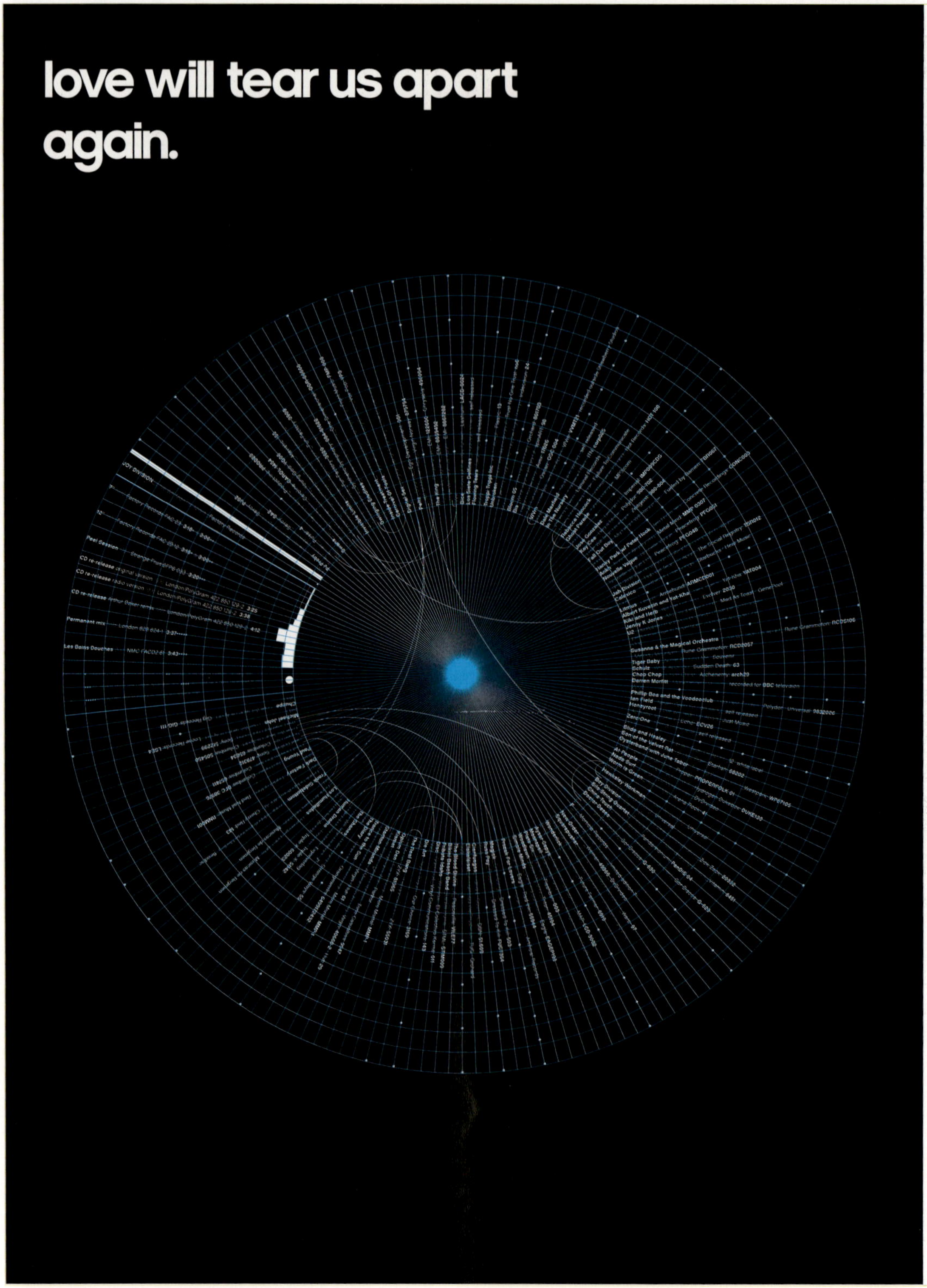
love will tear us apart
again.

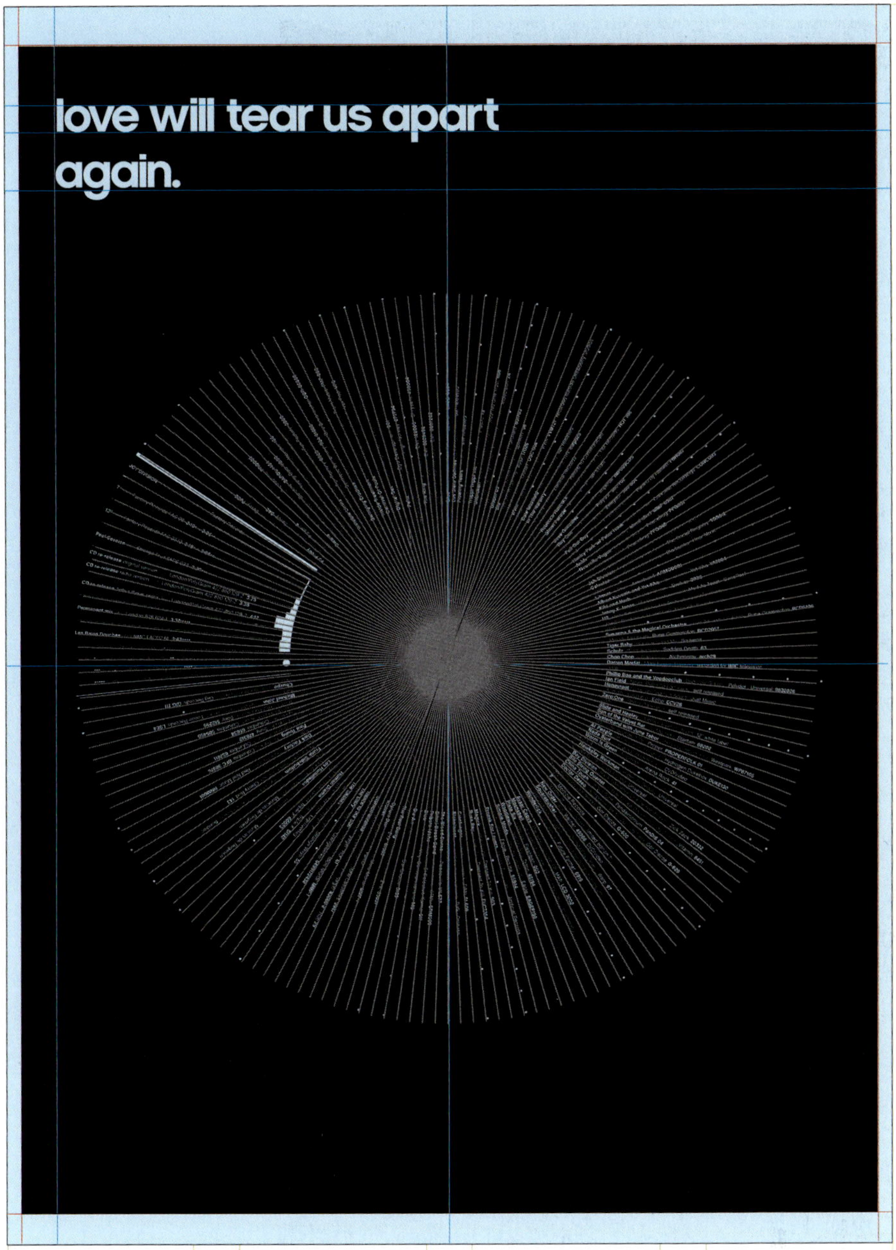

ESPECIFICAÇÕES DO GRID

Tamanho da página (refilado)	594 x 841 mm
Margem superior	27,5 mm
Margem inferior	9,7 mm
Margem externa	9,7 mm
Margem interna	9,7 mm
Número de colunas	N/D
Largura da medianiz	N/D
Extras	N/D

LOVE WILL TEAR US APART AGAIN

Design: Peter Crnokrak, ±

Este pôster utiliza os princípios do design informacional para comparar 85 versões cover da música "Love Will Tear Us Apart" da banda Joy Division. Cada versão é mapeada para mostrar quanto tempo depois do original ela foi gravada, juntamente com o nome do artista que a gravou, a data do lançamento e o nome da gravadora. O design utiliza o recurso visualmente sedutor de linhas que se irradiam a partir de um círculo para estruturar as informações. A impressão em papel amarelo-pálido de alta gramatura é uma lembrança do material gráfico original produzido para o Joy Division pelo designer Peter Saville.

1. Prémio Fernando Távora
Apresentação / 20 Novembro
Salão Nobre da Faculdade de Ciências, UP / 21:30
2. Obra Pedagógica
Ciclo de conferências e vídeo + projecção de desenhos e fotografias de viagens lectivas 1980–1993
Salão Nobre e átrio da Faculdade de Ciências (Praça dos Leões), 21:30
Ciclo de Conferências
4ª feiras • 21:30
23 Nov: "A Viagem"
Alexandre Alves Costa, Joaquim Vieira
30 Nov: "Viajar / Coleccionar"
Eduardo Souto Moura
07 Dez: "Fernando Távora – Eu sou a Arquitectura Portuguesa"
Manuel Mendes
Ciclo de Vídeo
Reposição das "Aulas de Teoria Geral da Organização do Espaço, Fernando Távora, FAUP, 92/93" introduzidas por arquitectos e historiadores que com ele partilharam a docência
Domingos • 21:30
20 Nov: "A Aula"
Álvaro Siza Vieira
27 Nov
António Lousa
04 Dez
Manuel Graça Dias
11 Dez
Rui Lobo
(a confirmar)
15 Jan
Nuno Tasso de Sousa
08 Jan
João Mendes Ribeiro
22 Jan
Rui Tavares
29 Jan
Carlos Machado
05 Fev
Paulo Varela Gomes
(a confirmar)
3. Reunião de Obra – Exposição
Palácio do Freixo, Porto (1996–03)
Local Museus dos Transportes, Alfândega do Porto /15 Dezembro
4. Obra Aberta
Visitas guiadas a obras de arquitectura de Fernando Távora,
5 de Fev — 6 Maio (Sábados)
Mercado Municipal de Santa Maria da Feira
11 Fevereiro
Casa da Covilhã, Guimarães
25 de Fevereiro
Casa de Férias no Pinhal de Ofir
11 de Março
Pousada de Stª Marinha, Guimarães / 25 de Março
Centro Histórico de Guimarães
8 de Abril
Quinta da Conceição e Quinta de Santiago, Leça da Palmeira
6 de Maio
Casa dos 24, Porto
22 de Abril
5. A Festa
I Love Távora
Quinta da Conceição, Leça da Palmeira
06 de Maio, 22 horas
* Entrada livre
em todos os eventos!
Comissariado:
Luís Tavares Pereira
Teresa Novais
Filipa Guerreiro
Beatriz Madureira (Ciclo de vídeo)
José Gigante (Festa)
Produção:
Ana Maio
Carlos Alberto Faustino
Comemorações do dia Mundial da Arquitectura
Ordem dos Arquitectos
Secção Regional do Norte
OASRN
I love Távora
20 Nov—06 Maio
2005/06
OASRN
Secção Regional Norte da Ordem dos Arquitectos
Rua de D. Hugo, 5–7
4050-305 Porto – Portugal
F 222 074 250 · F 222 074 259
www.oasrn.org
cultura@oasrn.org
faup
Banif
Miele
TUPAI

ESPECIFICAÇÕES DO GRID

Tamanho da página (refilado)	1.200 x 1.700 mm
Margem superior	28 mm
Margem inferior	28 mm
Margem externa	28 mm
Margem interna	28 mm
Número de colunas	6
Largura da medianiz	16 mm
Extras	Grid de linhas de base, 48 pt

I LOVE TÁVORA

Design: Lizá Ramalho, Artur Rebelo e Liliana Pinto, R2 design

Este pôster promove uma série de eventos que foram tributos para o arquiteto modernista português Fernando Távora. Os designers Lizá Ramalho e Artur Rebelo queriam que o pôster evocasse os princípios ideológicos e filosóficos que caracterizam o trabalho de Távora. O texto é organizado utilizando um grid de seis colunas, mas a maior parte do pôster é preenchida com uma sugestiva composição tipográfica de um plano urbano, dentro do qual um coração pode ser identificado.

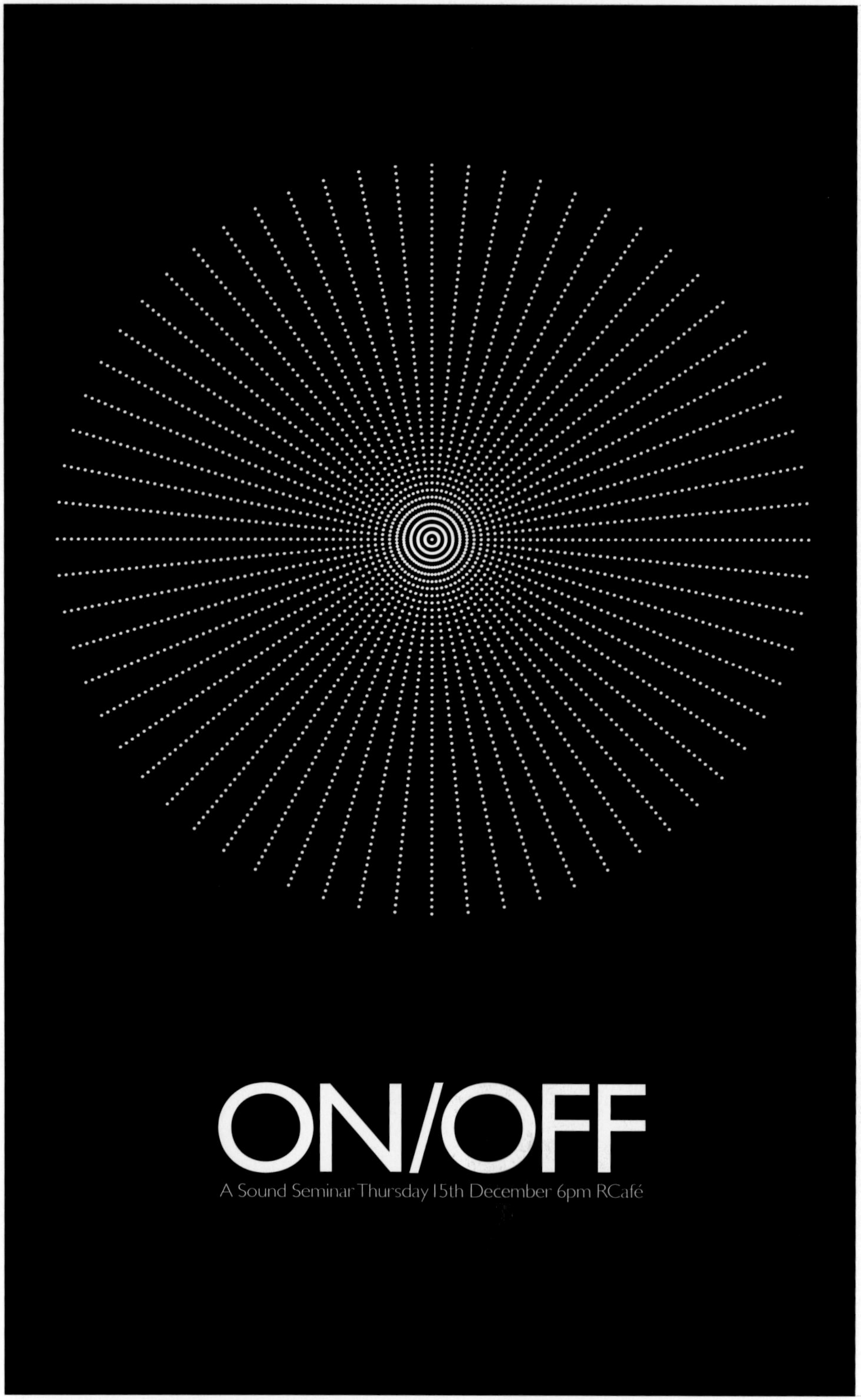
ON/OFF
A Sound Seminar Thursday 15th December 6pm RCafé

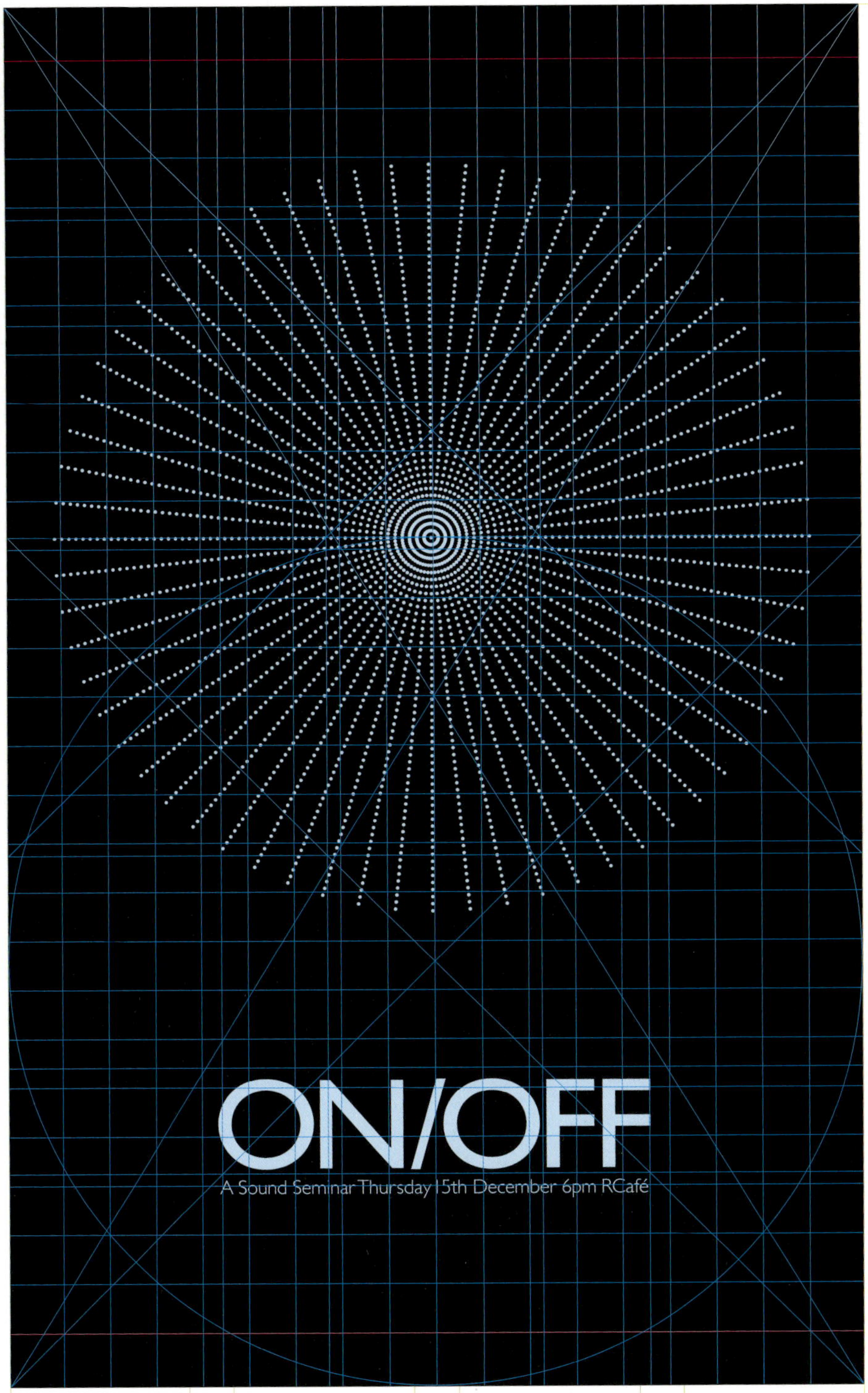

ESPECIFICAÇÕES DO GRID

Tamanho da página (refilado)	512 x 832 mm
Margem superior	32 mm
Margem inferior	32 mm
Margem externa	32 mm
Margem interna	32 mm
Número de colunas	16
Largura da medianiz	N/D
Extras	Grid de linhas de base, 3,2 mm; 28 campos

ON/OFF

Design: Richard Sarson

Este pôster serviu para divulgar uma série de seminários sobre sons realizados no Royal College of Art, em Londres, onde Richard Sarson estudou. Inspirado por Josef Müller-Brockmann e Jan Tschichold, Sarson utilizou formas abstratas para explorar representações visuais dos ritmos e sons e utilizou a geometria para desenvolver seu grid selecionando a proporção áurea como seu ponto de partida.

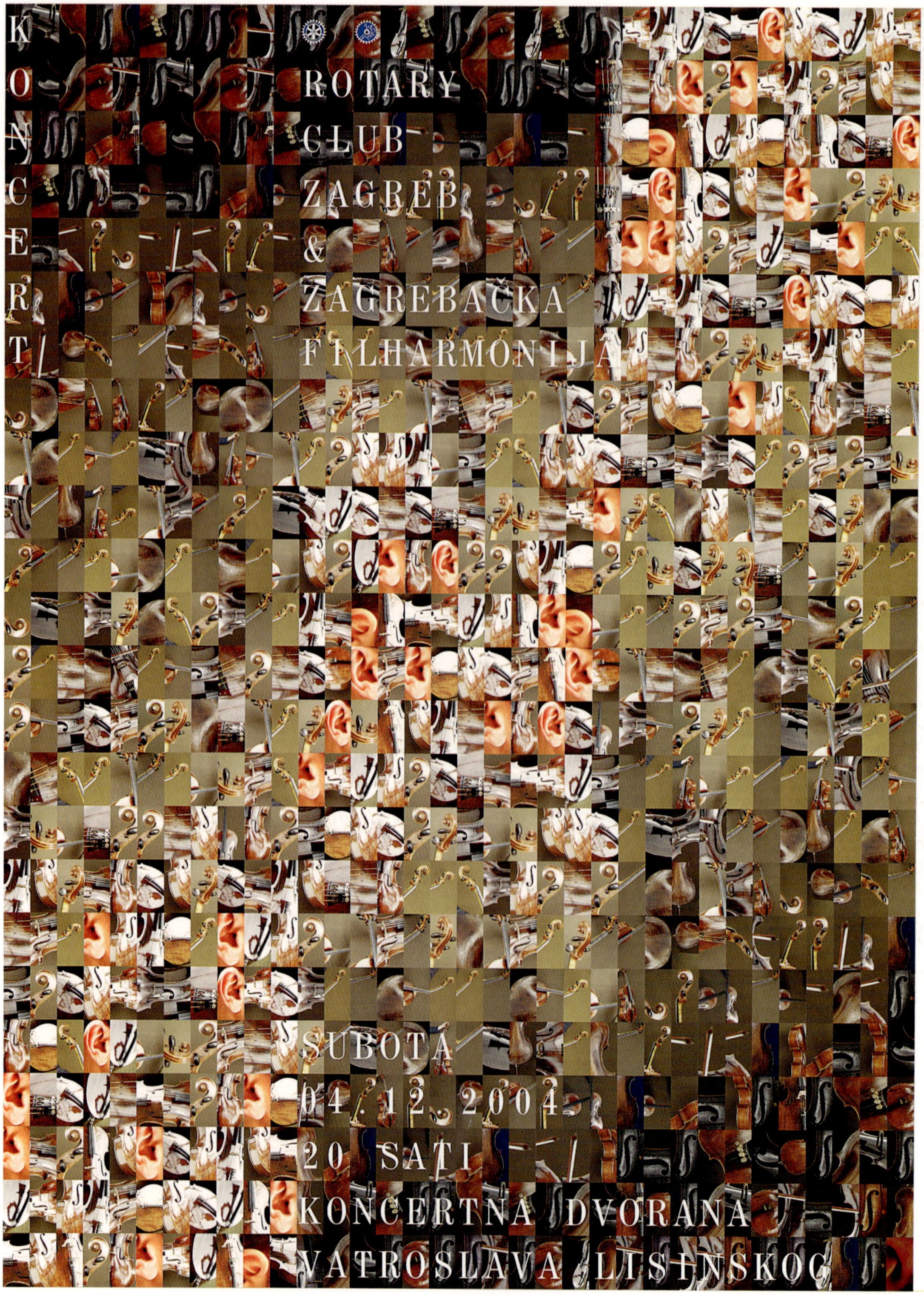
KONCERT
ROTARY
CLUB
ZAGREB
&
ZAGREBAČKA
FILHARMONIJA
SUBOTA
04. 12. 2004.
20 SATI
KONCERTNA DVORANA
VATROSLAVA LISINSKOG

ESPECIFICAÇÕES DO GRID

Tamanho da página (refilado)	700 x 1.000 mm
Margem superior	Sangrada
Margem inferior	Sangrada
Margem externa	Sangrada
Margem interna	Sangrada
Número de colunas	34
Largura da medianiz	N/D
Extras	Grid desenvolvido a partir do retângulo formado pelo retrato que serve como unidade de base

CONCERTO FILARMÔNICO DO ROTARY CLUB

Design: Boris Ljubicic, Studio International

A inspiração criativa do designer Boris Ljubicic para este pôster foi a escala tritonal da música. O pôster foi dividido em um grid de colunas e campos estreitos, cada um preenchido com uma imagem para formar um mosaico das fotografias – uma representação visual da rica música orquestral a ser tocada no concerto. Ljubicic descreve o processo de importação dessas imagens para o grid como semelhante à composição de uma música virtual.

The Mediterranean as it once was

The Mediterranean as it once was

ESPECIFICAÇÕES DO GRID

Tamanho da página (refilado)	1.400 x 1.000 mm
Margem superior	Sangrada
Margem inferior	Sangrada
Margem externa	Sangrada
Margem interna	Sangrada
Número de colunas	16; 8 por imagem
Largura da medianiz	N/D
Extras	O grid é quebrado ao longo de colunas verticais para intercalar duas imagens separadas

PÔSTERES 3D

Design: Boris Ljubicic, Studio International

A intenção de Boris Ljubicic no design destes pôsteres para o Croatian National Tourist Board era fornecer um contraste com o pôster fotográfico convencional direcionado a turistas. Estes pôsteres são tridimensionais, com as dobras formando o grid. As fotografias dos locais turísticos tradicionais são justapostas com imagens dos próprios turistas para estimular a curiosidade e a participação dos espectadores. Quando visualizados a partir de diferentes ângulos, os pôsteres mostram uma imagem alternativa.

SOUTHWARK LIVE

Design: Tim Sawford, Wire

O Southwark Live é um dos maiores programas de eventos culturais de Londres. O briefing era criar uma identidade visual funcional e flexível para transmitir a vibração e a diversidade das atividades oferecidas. O designer Tim Sawford utilizou formas abstratas, inspiradas nas bandeiras frequentemente vistas em eventos locais, dentro de um sistema de múltiplas colunas e campos. As caixas de texto coloridas ajudam a tornar clara a hierarquia das informações mesmo sobre imagens fotográficas mais complexas.

ESPECIFICAÇÕES DO GRID

Tamanho da página (refilado)	297 x 420 mm
Margem superior	10 mm
Margem inferior	13,5 mm
Margem externa	12 mm
Margem interna	8,5 mm
Número de colunas	16
Largura da medianiz	4 mm
Extras	Grid de linhas de base, 0,5 mm

MyHome
SIEBEN EXPERIMENTE FÜR EIN NEUES WOHNEN
SEVEN EXPERIMENTS FOR CONTEMPORARY LIVING
Interventions by:
Interventionen von:
Jurgen Bey, Ronan & Erwan Bouroullec, Fernando & Humberto Campana, Hella Jongerius, Greg Lynn, Jürgen Mayer H., Jerszy Seymour
AN EXHIBITION AT THE
EINE AUSSTELLUNG IM
VITRA DESIGN MUSEUM
14. JUNI–16. SEPTEMBER 2007
Opening hours
Monday–Sunday 10 am–6 pm
Wednesday 10 am–8 pm
Guided tours
Saturday and Sunday 11 am
Öffnungszeiten
Montag–Sonntag 10–18 Uhr
Mittwoch 10–20 Uhr
Führungen
Samstag und Sonntag 11 Uhr
Vitra Design Museum
Charles-Eames-Strasse 1 / D-79576 Weil am Rhein
info-weil@design-museum.de / www.design-museum.de
phone +49 (0)7621 / 702 3200
fax +49 (0)7621 / 702 3590
Vitra Design Museum

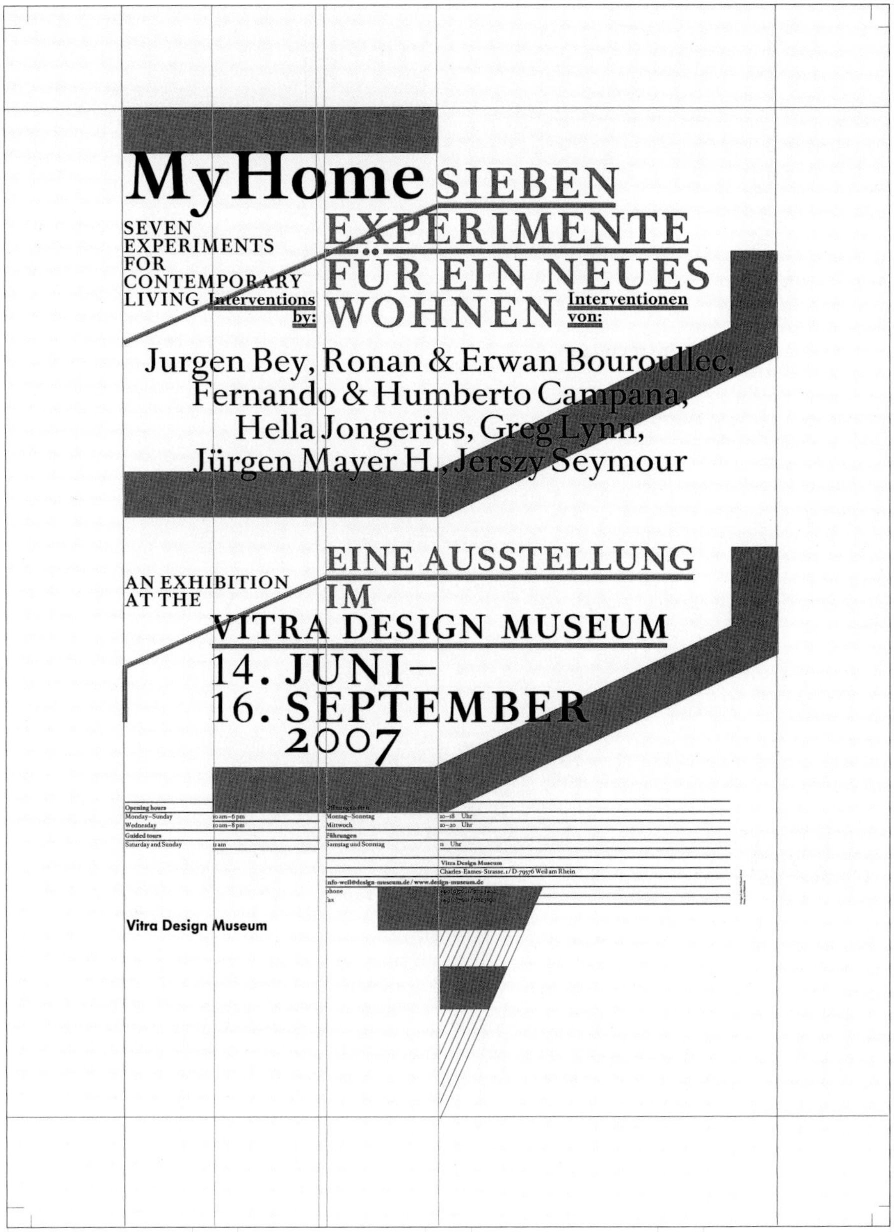

ESPECIFICAÇÕES DO GRID

Tamanho da página (refilado)	895 x 1.280 mm
Margem superior	85 mm
Margem inferior	100 mm
Margem externa	100 mm
Margem interna	100 mm
Número de colunas	4
Largura da medianiz	N/D
Extras	N/D

MY HOME

Design: Ludovic Balland

Este pôster para a exposição Seven Experiments for Contemporary Living, realizada no Vitra Design Museum, obviamente tem muito a ver com estrutura, embora um grid tradicional tenha sido empregado apenas parcialmente. O designer Ludovic Balland utilizou formas abstratas bidimensionais para sugerir os espaços tridimensionais, criando duas "salas" na forma de um trapézio para serem preenchidas com informações tipográficas.

Índice